Zivilrechtspraktikum

Zum Selbststudium und zum Lehrgebrauche

Von

Dr. jur. et phil. Richard Schück
Kammergerichtsrat a. D.

Vierte, vermehrte Auflage

herausgegeben von

Geh. Justizrat Gustav Schreiber
Kammergerichtsrat i. R.

Berlin und Leipzig 1930

Walter de Gruyter & Co.

vormals G. J. Göschen'sche Verlagshandlung — J. Guttentag, Verlagsbuchhandlung — Georg Reimer — Karl J. Trübner — Veit & Comp.

Druck von Walter de Gruyter & Co., Berlin W 10

Vorwort zur ersten Auflage.

Die Fälle sind teils der Praxis entlehnt, teils konstruiert. Überall ist darauf Bedacht genommen, daß sie an der Hand möglichst einfacher Tatbestände zur Erläuterung wichtiger Rechtssätze oder zur Ergründung fruchtbarer Probleme dienen. Vielfach wird es dabei von besonderem Werte sein, sich die Beweisfrage klarzumachen und das neue Recht mit dem alten zu vergleichen.

Die Fälle sind, soweit tunlich, nach der Reihenfolge des Bürgerlichen Gesetzbuchs geordnet.

Möge die kleine Sammlung in ihrer Weise dazu beitragen, sein Studium zu fördern.

Berlin, im Januar 1899.

Vorwort zur zweiten Auflage.

Die neue Auflage ist um 170 Fälle vermehrt. Verschiedene Fälle der ersten Auflage sind teils abgeändert, teils erweitert worden.

Zu 80 Fällen der ersten Auflage hat Herr Referendar Heinrich von der Mosel in Dresden Lösungen verfaßt, welche in demselben Verlage erschienen sind. Sie können als ein Muster dafür dienen, wie das Praktikum mit Erfolg zu benutzen ist.

Berlin, im Januar 1908.

Richard Schück.

Vorwort zur dritten Auflage.

Die Vermehrung der dritten Auflage umfaßt nur 11 Fälle, die unter Beibehaltung der Nummernfolge der zweiten Auflage eingeschaltet sind. Vermieden wird durch die Einschaltung jede Erschwerung in der Benutzung der Lösungen des Herrn Rechtsanwalt von der Mosel zu insgesamt 360 Fällen, die in zwei Bänden in zweiter Auflage in demselben Verlage erschienen sind. Zur Raumersparung ist auch davon abgesehen worden, den Gruppen nach den Abschnitten des BGB. besondere Überschriften zu geben, wie es der Herr Verfasser für diese Auflage im Sinne hatte; da die Reihenfolge der Fälle der Anordnung des Stoffes im BGB. entspricht, bietet das Auffinden der ein bestimmtes Gebiet behandelnden Fälle keine Schwierigkeiten.

Dem Herrn Verfasser, dem der Herausgeber auch an dieser Stelle für die ihm in uneigennützigster Weise gewährte Förderung Dank sagt, mag es genügen, daß das Bedürfnis einer neuen Auflage den besten Beweis für den Wert seiner Arbeit erbracht hat. Nachdem er in den Ruhestand getreten ist und sich von jeder Betätigung auf rechtswissenschaftlichem Gebiete zurückgezogen hat, besteht die Aufgabe eines Nachfolgers vorzüglich darin, das von ihm Geschaffene möglichst unverändert zu erhalten.

Berlin, im August 1919.

Gustav Schreiber.

Vorwort zur vierten Auflage.

Lösungen des Herrn Rechtsanwalt von der Mosel zu den gestellten Aufgaben, geordnet nach den Nummern der früheren Auflagen, liegen in vierter Auflage des gleichen Verlages vor. Die schon im Vorwort zur dritten Auflage des Praktikums angegebenen Gründe für die Beibehaltung der Nummernfolge bestehen mithin noch fort. Abgesehen von einer geringfügigen Abänderung des Falles 1 — die Änderung bezweckt vor allem eine schärfere Hervorhebung der Beweisführung durch Registereintragungen — und von der Weglassung der bedeutungslos gewordenen Nummern 590, 592, 594—599 der vorigen Auflage zu Rechtsfragen aus dem Einführungsgesetze enthält die neue Auflage nur eine Wiedergabe der Rechtsfälle jener Auflage unter Einschaltung von 12 weiteren Fällen der Nummern 17a, 120a, 159a, 164a, 186a, 200a, 213a, 224a, 381a, 489a, 501a und 519a. Es ist nicht bloß der Trieb der Dankbarkeit gegen den Herrn Verfasser, der mich zur unveränderten Beibehaltung auch derjenigen Fälle veranlaßt hat, die bloß die Frage nach einem einzelnen Rechtssatze stellen; aus meiner früheren Betätigung als Leiter eines Referendarkursus weiß ich, daß solche leichten Fälle allseitig gern mitgenommen werden.

Für ihre Bemühungen um die Sammlung dem Herrn Verfasser, dem Herrn Verleger und Herrn von der Mosel herzlichen Dank.

Berlin, im April 1930.

Der Herausgeber.

Inhaltsverzeichnis.

Zivilrechtspraktikum.

Erstes Buch.

Allgemeiner Teil.

1. Der Rentner A. in Berlin vermacht in seinem kurz vor Ableben errichteten Testamente seine Potsdamer Villa dem erstgeborenen Enkel. Seine gleichzeitig verheirateten Zwillingstöchter kamen drei Tage nach dem Tode des A. um die nämliche Stunde, 9 Uhr vormittags, je mit einem Knaben nieder, die eine, Frau des Professors N., in Königsberg, die andere, Frau des Fabrikbesitzers O., in Aachen. Der Sohn des N. wurde nur in das Sterberegister eingetragen. N. nimmt als Erbe des Sohns für sich und die Miterbin die Villa in Anspruch, weil dieser in Wirklichkeit der ältere Enkel sei; in Königsberg gehe die Sonne früher auf als in Aachen, das Kind habe schon während der Geburt geschrien und demnach sogar schon vor der völligen Ausstoßung aus dem Mutterleibe das eigene Leben begonnen, endlich habe O. in einer Drahtung 9 Uhr 10 Minuten als genaue Zeit der Geburt seines Sohnes angegeben. O. verweist lediglich auf die Eintragung in das Sterberegister und folgert daraus, daß der Sohn des N. schon in der Geburt verstorben sei. Was wird durch die Urkunde bewiesen? Ist ein Zeugenbeweis dafür, daß das Kind des N. vor 9 Uhr 10 Minuten gelebt habe, zuzulassen?

2. a) Der berühmte Professor der Philosophie X. in Heidelberg wird von dem ihm feindlich gesinnten Autor eines Lustspiels mit vollem Namen auf die Bühne gebracht und darin als eine lächerliche Figur dargestellt.

b) Ein Weinbergsbesitzer nennt einen von ihm produzierten Schaumwein „Fürst Bismarck". Zur Anpreisung bedient er sich in Zirkularen eines von ihm selbst ersonnenen und mit Fürst Bismarck unterzeichneten Belobigungsschreibens.

c) Dem Referendar Moritz Cohn wird von der zuständigen Behörde die Erlaubnis erteilt, sich Martin Conrad zu nennen. Ein in derselben Stadt wohnender Schustergeselle namens Conrad fühlt sich dadurch verletzt und bestreitet ihm das Recht zum Gebrauche des Namens.

Was kann der Berechtigte in den vorstehenden Fällen verlangen? Wie ist Moritz Cohn zu diesem und zu seinem neuen Namen gekommen?

3. Der Forstmeister Ohnekummer nimmt den Leutnant Leichtsinn mittels gerichtlich bestätigten Vertrags an Kindes Statt an. Die Parteien sind dabei übereingekommen, daß durch den Vertrag nicht ein Kindesverhältnis hergestellt, sondern nur die Übertragung des Namens herbeigeführt werden soll.

Gegen den Leutnant, der sich seitdem Ohnekummer nennt, klagt ein Bruder des Forstmeisters mit dem Antrag auf Unterlassung der Führung des Namens Ohnekummer.

4. Die A.schen Eheleute hatten bestimmt, daß der Überlebende im Falle der Wiederverheiratung die Hälfte des gemeinschaftlichen Vermögens an die nächsten Blutsverwandten des Erstverstorbenen zur Zeit der Wiederverheiratung herauszugeben habe. Der Fall trat ein. Der verstorbene A. hatte eine verschollene Schwester. Ihr Abwesenheitspfleger klagt auf Herausgabe der Hälfte des Vermögens.

Wird er mit dem Anspruche durchdringen? Durch welchen Nachweis kann ihn die Beklagte beseitigen? (§§ 19, 1911.)

5. A. bezieht als Mitglied einer Rentenversicherungsgesellschaft auf Gegenseitigkeit alljährlich am 1. April eine Rente, deren Auszahlung an den Beweis seines Lebens geknüpft ist, sowie auf Grund eines Testaments als Nießbraucher eines Kapitals dessen jährliche Zinsen. Er ist verschollen. Sein Abwesenheitspfleger (§ 1911) begehrt Auszahlung der verfallenen Renten und Zinsen unter Berufung auf die Lebensvermutung des § 19. (Vgl. ferner § 1061.)

6. Der Portier einer Aktiengesellschaft hat es entgegen einer städtischen Polizeiverordnung und der ihm von dem Vorstande der Gesellschaft erteilten Instruktion unterlassen, bei Glatteis den Bürgersteig vor dem Gesellschaftshause zu bestreuen. A. fällt beim Vorübergehen hin und bricht sich ein Bein. Er macht den Portier und unter Bezugnahme auf § 31 BGB. den Verein für den Schaden verantwortlich.

7. Der gemeinnützige Bauverein „Heimat" hat dem Arbeiter A. ein Haus vermietet, das, wie sein Vorstand wußte, mit Schwamm behaftet war. A. verlangt dieserhalb Schadensersatz. Der Verein macht geltend, daß er als juristische Person überhaupt nichts wisse und daß die Kenntnis eines pflichtwidrig handelnden Vorstandes ihm nicht zur Last gelegt werden dürfe (§ 31).

8. A. ist Vorstandsmitglied des eingetragenen Vereins „Volksbad".

In seiner Gegenwart äußert B.: „Das Volksbad ist eine Lumpengesellschaft." A. erblickt darin eine Beleidigung des Vereins wie seiner selbst und versetzt dem B. einen so heftigen Schlag ins Gesicht, daß B. einen Zahn verliert. B. nimmt, da A. inzwischen schon verstorben ist, den Verein gemäß § 31 BGB. auf Schadensersatz in Anspruch.

9. Der eingetragene Gesangverein Harmonie wird statutengemäß durch A. als einziges Vorstandsmitglied vertreten. A. mietet von B. einen besonderen Vereinsraum und nimmt den C. als Vereinsdiener gegen 20 M. monatliches Gehalt an. Wegen Mißhelligkeiten treten die Mitglieder bis auf A., X. und Y. aus. A. verstirbt. Das Amtsgericht entzieht dem Vereine die Rechtsfähigkeit.

Das Vereinsinventar ist zum Teil in den Mietsräumen untergebracht, zum Teil ist es im Besitze der Erben A.s.

B. klagt wegen rückständiger Miete. — C. klagt wegen rückständigen Lohns.

Wie und gegen wen haben sie zu klagen? Welche Rechte können die Beklagten wegen des Inventars geltend machen?

10. Die Mitglieder des im Vereinsregister eingetragenen Schlittschuhklubs „Eissport" treffen sich eines Tages zufällig vollzählig auf der Eisbahn. Zufolge Anregung eines Mitglieds beschließen sie einstimmig, daß in Abänderung der Satzung, welche den Austritt aus dem Verein nur nach dem Ablauf einer sechsmonatigen Kündigungsfrist zuläßt, zukünftig der Austritt jederzeit statthaft sein solle. Ist der Beschluß gültig? (§§ 32, 39, 40.)

11. In den Statuten des im Vereinsregister eingetragenen Turnvereins „Alt-Berlin" ist bestimmt, daß zu einer Änderung der Satzung der Beschluß einer Mehrheit von drei Vierteilen der erschienenen Mitglieder erforderlich ist. In einer ordentlichen Generalversammlung beschließen sämtliche Anwesende unter Widerspruch des durchaus unmusikalischen A., künftig nur noch Gesangsabende zu veranstalten, weil diese gleichfalls die Lungen kräftigten und unterhaltender wären. Ist der Beschluß gültig? Wird das Amtsgericht ihn eintragen? (§§ 39, 40, 71.) Kann A. ihn anfechten? Was kann er dadurch erreichen?

12. A., eines der vier Vorstandsmitglieder des im Vereinsregister eingetragenen Richard-Wagner-Vereins, wollte gegen diesen Wechselklage erheben und ließ sie zwei Tage vor dem Ablauf der Verjährung sich selbst für den Beklagten zustellen. Eine wiederholte Zustellung an einen anderen Liquidator fand erst nach Eintritt der

Verjährung statt. Ist die Einrede der Verjährung begründet? (§§ 28, 34, 181.)

13. Dem A. ist als Mitbegründer des staatlich konzessionierten Bauvereins „Fortschritt" laut Satzung in Anerkennung seiner Verdienste ein unentgeltliches lebenslängliches Wohnungsrecht im Vereinshause eingeräumt worden. Da die Räume zur Erweiterung des Kontors dringend notwendig sind, beschließt die im März abgehaltene Generalversammlung trotz seines Widerspruchs mit allen Stimmen, ihm die Wohnung zum 1. Oktober zu kündigen und dafür eine einmalige Geldabfindung zu gewähren. A. bleibt auch nach dem 1. Oktober in der Wohnung und wird von dem Verein unter Berufung auf jenen Beschluß mit dem Antrage, die Wohnung gegen Empfangnahme der Abfindungssumme zu räumen, verklagt.

14. Die Mitglieder des eingetragenen Skatklubs „Kreuzbube" sind statutenmäßig bei Vermeidung einer Vertragsstrafe von 500 M. verpflichtet, zeitlebens Mitglieder zu bleiben. A. ist seit Jahren im Verluste und erklärt deshalb zum April, daß er mit dem Schluß des Jahres ausscheide. Da er im neuen Jahre trotz wiederholter Aufforderung ausbleibt und den Beitrag nicht zahlt, verklagt ihn der Verein auf Zahlung des Beitrags und der Vertragsstrafe. (§§ 39, 344.)

15. In den Statuten des im Vereinsregister eingetragenen Schachklubs „Matt" ist bestimmt, daß der bei der Begründung des Vereins gewählte Vorstand es lebenslänglich bleiben solle. Die Generalversammlung beschließt dessenungeachtet seine Absetzung. Nützt dem Vorstande die Berufung auf die Statuten? (§§ 40, 27.)

16. In dem Konkurse über das Vermögen des eingetragenen Kasinos „Zur Erholung" hat der Konkursverwalter nach Versilberung der Masse und Befriedigung der Gläubiger 50000 M. übrigbehalten. Die Vorstandsmitglieder sind während des Konkurses verstorben. Nach den Statuten sind die bei der Auflösung vorhandenen Mitglieder zu gleichen Teilen anfallberechtigt. Der Konkursverwalter fragt, ob er den Überschuß an sie aushändigen darf. (§§ 42, 45, 47; 27, 29; 49.)

17. Im Namen des im Entstehen begriffenen Klubs der Ehrenmänner bestellt das designierte Vorstandsmitglied A. bei dem Tischler B. 50 Spieltische. Nachdem der Klub in das Vereinsregister eingetragen, inzwischen aber A. wegen Falschspielens verhaftet und an seiner Stelle C. zum Vorstande gewählt worden war, verlangt B. Zahlung des Preises gegen Lieferung der Tische. Der Klub erklärt, daß er den von A. geschlossenen Vertrag nicht als verbindlich anerkennen und nicht zahlen werde. Was kann B. tun? (§§ 54; 177 ff.)

17a. Die 8 Mieter eines notleidenden Mietshauses mit Sammelheizung kommen überein, selbst die Kohlen zu beschaffen. A. erbietet sich zur Beschaffung bei einem ihm bekannten Kohlenhändler und bestellt die Kohlen. Dreiviertel des Preises, die Beiträge für ihn und 5 Mieter, führt er an den Kohlenhändler ab; von den letzten beiden Mietern erhält er nichts, weil diese die Beschaffenheit der Kohlen bemängeln. Auf den Rest vom Kohlenhändler verklagt, wendet er ein, er habe lediglich in Vollmacht der Mietergesamtheit gehandelt; das habe der Händler aus der bestellten Menge ohne weiteres entnehmen müssen, zudem habe er ausdrücklich bemerkt, daß die Mieter die Kohlen für die Sammelheizung nötig hätten. Der Händler entgegnet, er habe aus allem nur entnommen, daß A. der Beauftragte sei, der im eigenen Namen für sich und andere, deren Namen nicht einmal bekanntgegeben seien, den Vertrag schließe; zu welchem Gebilde sich die Mieter zusammengeschlossen hätten, kümmere ihn nicht, er nehme schlimmstenfalls das Gesetz des § 54 Satz 2 BGB. für sich in Anspruch.

18. Der Kläger beauftragte den Gerichtsvollzieher X., gegen den Gerber A. wegen einer Forderung von 3000 M. die Zwangsvollstreckung zu bewirken. X. nahm infolgedessen den Verkauf einer Partie Wildhäute vor und erhielt von den Käufern die Kaufpreise im Gesamtbetrage von 2800 M. bezahlt. Er lieferte jedoch dieses Geld nicht an den Kläger ab, sondern wurde damit flüchtig. In dem über sein Vermögen eingeleiteten Konkurse meldete der Kläger seine Forderung an, bekam aber nur 200 M. Er nimmt den Fiskus auf den Rest in Anspruch. Ist die Klage begründet?

19. Das Amtsgericht hat die von dem Vorstande bewirkte Anmeldung des Vereins Kreditreform zurückgewiesen, weil der Zweck des Vereins in der Hauptsache auf einen wirtschaftlichen Geschäftsbetrieb gerichtet sei. Der Beschluß ist am 12. Januar zugestellt. Die Beschwerde wird am 1. März erhoben. Ist sie rechtzeitig eingelegt?

Der Berichterstatter bejaht dies, weil nach dem Wortlaute des § 60 BGB. die sofortige Beschwerde lediglich für den Fall gegeben sei, daß die Zurückweisung einer Anmeldung wegen Nichterfüllung der Erfordernisse aus den §§ 56—59 erfolgt sei, und einer Ausdehnung des § 60 auf den vorliegenden Fall die Erwägung entgegenstehe, daß für den Gesetzgeber, wenn er diesen Fall hätte mittreffen wollen, ein verändertes Zitat der Paragraphen des BGB. nahegelegen hätte.

20. A. hat in seinem Testamente ein Vermächtnis von 500000 M. zur Errichtung eines Unterkunftshauses für die alten, armen und arbeitsunfähigen Männer seines Heimatsortes hinterlassen. Sein Erbe B. erklärt diese Stiftung für unwirksam, weil es ihr an einem Organe gebreche, und macht keine Miene, das Vermächtnis zu erfüllen. Kann er dazu gezwungen werden? (§§ 80, 84; 2176; 1912, 1913.)

21. Der Bankier A. erzählt im Freundeskreise, daß er sich zu einer Stiftung von 1000000 M. zwecks Gründung eines Bürgerrettungsinstitutes entschlossen, auch die Stiftungsurkunde bereits aufgesetzt habe und demnächst die staatliche Genehmigung einholen werde. Bald darauf stirbt er. Sein alleiniger Erbe (1. Sohn; 2. Bruder) findet im Nachlaß die gehörig datierte, eigenhändig geschriebene und unterschriebene Stiftungsurkunde vor. Ist er verpflichtet, die Genehmigung nachzusuchen? Kann er den etwa gestellten Antrag zurücknehmen? (§§ 81; 83; 2231; 2303ff.)

22. Eine Stiftung für die Stallwärter von Droschkenkutschern ist durch staatliche Verordnung in eine Stiftung für die Bediensteten der Motordroschkenbesitzer umgewandelt worden, nachdem der letzte Fuhrherr den Betrieb seiner Droschke mit Pferden eingestellt hatte. Dabei ist übersehen worden, die Verhältnisse derjenigen Stallwärter zu regeln, die nach den früheren Vorschriften Unterstützungsansprüche erheben konnten. Sind sie dieser durch die Umwandlung der Stiftung verlustig gegangen oder haben sie ein klagbares Recht darauf gegen die neue Stiftung, sobald sie es nach den Bestimmungen der alten Stiftung gehabt haben? (§ 87.)

23. Der bisherige Eisenbahnbürodiener A. beansprucht von dem Kgl. Preuß. Fiskus, vertreten durch das Eisenbahnbetriebsamt zu X., mit der erhobenen Klage Schadensersatz. Der Betriebsinspektor B., gleichfalls ein Beamter des Beklagten und zugleich Vorgesetzter des Klägers, hatte diesen nämlich zum Forttragen eines geladenen Extinkteurs angewiesen, der sich infolgedessen entlud und ihn verletzte. Dem B., welcher damals die Prüfung von Feuerlöschgerätschaften amtlich zu leiten und dem ihm dabei als Gehilfe dienenden Kläger die nach seinem Ermessen erforderlichen Anweisungen zu erteilen hatte, fällt hierbei eine Fahrlässigkeit zur Last. Der Fiskus erhebt noch den Einwand, daß er mit dem Kläger bei der Anstellung einen Vertrag geschlossen habe, wonach dieser auf Ersatz irgendeines im Betriebe erlittenen Schadens verzichtet hätte. Ist die Klage begründet?

24. A. will sich an der B. rächen, weil sie die Verlobung mit ihm rückgängig gemacht hat. Als er sie eines Tages auf der Straße trifft, schneidet er ihr mit einer Schere beide Zöpfe ab und wirft sie in die Gosse. Am andern Morgen findet sie der Lumpensammler C., nimmt sie ohne Kenntnis ihres Ursprungs als herrenloses Gut an sich und verkauft sie, nachdem er sie zuvor gereinigt, an den Friseur D. Kann die B. an A., C. oder D. Ansprüche erheben und worauf? Macht es einen Unterschied, ob die Zöpfe natürlich oder künstlich waren?

25. A. hat dem B. Früchte auf dem Halme verkauft. C., ein Gläubiger des A., pfändet sie einige Tage später. B. interveniert und verlangt, sei es als Eigentümer, sei es als besser Berechtigter, Freigabe. Er behauptet zudem, daß C. um den Kauf gewußt habe.

26. A. verkauft und übergibt seine Tonwarenfabrik samt allem Zubehör an B. und läßt sie ihm drei Wochen später auf. Nach einiger Zeit verlangt C., als Eigentümer einer Feldbahn, die den zum Betriebe der Fabrik erforderlichen Ton von einem Nachbargrundstücke herbeischaffte, von B. Zahlung der seit der Übergabe der Fabrik an diesen rückständigen Jahresmiete für die Benutzung der Bahn. B., der bisher angenommen hatte, daß A. Eigentümer der Bahn war, verlangt Abweisung der Klage und widerklagend Anerkennung seines Eigentums an der Bahn, mindestens soweit sie über sein, A.s, Grundstück laufe. Er bemerkt auch, daß die Bahn nicht Zubehör, sondern Bestandteil des Fabrikgrundstücks sei (vgl. Dernburg, Sachenrecht, 1904, S. 27). C. beantragt Abweisung der Widerklage. Sollte er jedoch verurteilt werden, so bittet er, dies nur gegen Erstattung des Wertes der Bahn zur Zeit der Übergabe zu tun. Er weist darauf hin, daß er den Verkauf erst jetzt erfahren habe.

27. A. hat seine Bibliothek in gleichmäßigen Ledereinbänden gebunden. Sein Freund B. ist davon entzückt und überredet ihn, ihm die gesamten Einbände für 1000 M. zu verkaufen. A. läßt sich darauf ein und nimmt den Kaufpreis in Empfang, macht aber keine Miene, die Einbände herauszugeben. B. stellt die Eigentumsklage an. Wird er damit durchdringen? (§ 93.) Falls diese Frage verneint wird, ist ihm zur Kaufklage zu raten?

28. A. hat aus Versehen das Grundstück seines Nachbars B. mit Hafer besät. Welche Rechte stehen ihm gegen B. zu? (§§ 94, 946, 951, 812.)

29. Dem Direktor einer Aktiengesellschaft ist eine Tantieme von einem Drittel Prozent des jährlichen Reingewinns aus der geschäftlichen Tätigkeit der Gesellschaft zugesichert; als Reingewinn, so heißt es in dem Vertrage, hat der Begriff des Fruchtertrages im BGB. zu gelten. Er beziffert ihn auf 12000 M., während die beklagte Gesellschaft ihm nur 4222,08 M. zubilligt. Die Differenz rührt daher, daß der Kläger einen im Geschäftsjahre gemachten Agiogewinn (Gewinn aus Aufgeld für die Aktien bei der Erhöhung des Grundkapitals) von 7000125 M. berücksichtigt wissen will, was die Beklagte ablehnt, weil es sich hier nur um eine Vermehrung des Geschäfts- und Betriebskapitals handle.

30. A. verkauft sein Mietshaus am 1. Februar an B. für 200000 M. unter Übernahme von Hypotheken und unter Eintritt in die Mietsverträge. Die Übergabe und Auflassung findet an demselben Tage statt. Bezüglich des Übergangs der Nutzungen und Lasten soll der Abrede gemäß das Gesetz entscheiden. Im April verlangt B. von A. Zahlung a) von 2000 M., weil das Haus jährlich 12000 M. vierteljährlich im voraus zahlbare Mietszinsen bringt, b) von 400 M., weil er am 1. April 1200 M. Hypothekenzinsen hatte zahlen müssen, c) von 600 M., weil er am 15. März diesen Betrag als von der Gemeinde auferlegte einmalige Abgabe für Einrichtung der Kanalisation hat leisten müssen und die Entrichtung dieser im März fälligen Abgabe schon im Januar beschlossen gewesen ist. Von den ersten beiden Beträgen fordert er Zinsen seit dem Tage der Aufforderung zur Zahlung, von dem letzten seit dem 15. März. A. meint, daß die Mietszinsen ihm gebührten, weil sie während der Zeit, wo er Eigentümer gewesen, fällig geworden waren, und daß die Kanalisationsabgabe von B. getragen werden müsse, weil hier allein der Zeitpunkt ihrer Entrichtung entscheide. Außerdem macht er folgende Gegenforderungen geltend: Er hat im Januar das Haus durchweg instand setzen lassen und dafür 2400 M. gezahlt. Er hat weiter im Januar für das erste Vierteljahr 120 M. Grundsteuern und 60 M. Feuerversicherungsprämie entrichtet. Die Zinsforderung bezeichnet er als unbegründet.

B. erklärt, daß ihn die Gegenforderungen nichts angingen. Sofern Reparaturkosten überhaupt in Frage kämen, könnte A. nur einen verhältnismäßigen Teil des üblichen Jahresbetrags von 1200 M. verlangen.

Wie ist zu entscheiden?

31. Der wegen Geisteskrankheit entmündigte Rentier A. hat bei B. einen Pelz für 500 M. gekauft, übergeben erhalten und bezahlt. Sein Vormund verlangt klagend von B. Herausgabe des Geldes gegen Zurückgabe des Pelzes. B. tritt Beweis dafür an, daß er von der Entmündigung A.s keine Kenntnis gehabt und daß A. in einem lichten Zwischenraume gehandelt hat. (§§ 104 Nr. 3; 105, 818.)

Welchen Einfluß hat es, wenn 1., während der Prozeß in der zweiten Instanz schwebt — 2. nach rechtskräftiger Beendigung des Prozesses —, die Entmündigung A.s infolge einer Anfechtungsklage rechtskräftig aufgehoben wird? (§ 115.)

Welche Bedeutung hat in den beiden Fällen die rechtskräftige Wiederaufhebung der Entmündigung A.s, weil er von seiner Krankheit wiedergenesen ist?

32. A. begegnet auf der Straße dem 6jährigen Kinde seines Freundes B. und schenkt ihm aus Freude über einen Glücksfall seine Taschenuhr zum Andenken. Noch ehe der Knabe zu Hause eintrifft, nimmt ihm A. die Uhr wieder weg. B. klagt auf Herausgabe der Uhr.

32a. Beim Spiel auf einer wüsten Stelle des Grundstücks des B. gräbt der 6jährige Sohn des A. einen Topf mit alten Münzen aus und geht damit weg. B. trifft ihn auf der Straße, erfährt den Sachverhalt und nimmt ihm den Topf mit den Münzen weg.

Der Vater des A. klagt gegen B. auf Herausgabe des Topfes mit der Hälfte der Münzen oder auf Zahlung des durch Sachverständige zu ermittelnden Wertes.

33. Der wegen Geisteskrankheit entmündigte A. hat dem Bankier B., der ihn für handlungsfähig hielt, im Januar 1900 Wertpapiere im Betrage von 11000 M. zur Veräußerung überbracht und sofort 3000 M. erhalten. Er ist darauf verschwunden, ohne den Restbetrag zu erheben. Der ihm bestellte Abwesenheitspfleger C. klagt gegen B. auf Zahlung von 11000 M. nebst Zinsen. B. erkennt den Anspruch nur in Höhe von 8000 M. ohne Zinsen an. (§§ 105, 812, 818, 284, 285.)

34. Die Schulknaben A. und B., ersterer $6^1/_2$, letzterer $7^1/_2$ Jahre alt, machen sich den Scherz, bei einem Konditor für ihren Lehrer in dessen Namen zum Geburtstage einen Kuchen zu bestellen. Der Kuchen wird geliefert und arglos verzehrt. Der Lehrer weigert sich, ihn zu bezahlen. Kann sich der Konditor an ihn oder einen der beiden Knaben oder deren Eltern halten?

35. Der minderjährige A. kauft von B. am 1. April ein Reitpferd für 1000 M., zahlbar am 1. Mai. Als er es am andern Tage seinem Vormunde X. vorreitet, genehmigt dieser ihm gegenüber den Ankauf. Den 6. April wird das Pferd vom Blitz erschlagen.

Am 7. April fordert B., der von dem Untergange des Pferdes nichts weiß, wohl aber von der dem A. gegenüber erklärten Genehmigung Kenntnis hat, den X. zur Erklärung über die Genehmigung auf. Nunmehr 1. verweigert X. die Genehmigung; 2. erklärt sich X. bis zum 21. April nicht. Was ist die Folge? — Wie steht es um die Bezahlung des Kaufpreises am 1. Mai, wenn B. inzwischen keine Aufforderung an X. gerichtet hatte?

Kann B., dem sich am 3. April eine günstigere Verkaufsgelegenheit bietet, das Geschäft widerrufen? — Kann B. am 1. April mit A. die Aufhebung des Vertrags vereinbaren?

Wie gestalten sich die Rechtsverhältnisse, wenn A. vor der Genehmigung durch den X. stirbt? Wie, wenn X. nach der dem A. gegenüber erklärten Genehmigung stirbt?

36. Der 19jährige Landwirt A. ist durch ein Versehen des Gerichts, ohne daß er zuvor seine Einwilligung erteilt hatte, für volljährig erklärt worden. Er hat von B. 10 Sack Kartoffeln gekauft und übergeben erhalten. Auf Zahlung des Kaufpreises belangt, wendet er Ungültigkeit des Vertrages wegen Minderjährigkeit ein.

37. A. gibt seinem 13jährigen Sohne B. 10 M. zum Ankaufe von Schulbüchern. B. verwendet das Geld anderweit und bleibt den Kaufpreis beim Buchhändler schuldig. Einige Zeit nachher erhält er von seinem Vater 20 M. zum Ankaufe von Bergschuhen. B. nimmt hiervon 10 M. und bezahlt damit den Buchhändler. Als A. dies erfährt, verlangt er den Betrag zurück. Mit Erfolg?

38. Der Sohn des orthodoxen Geistlichen A. kauft sich von seinem Taschengeld ein von einem freisinnigen Geistlichen verfaßtes Lehrbuch der Kirchengeschichte. Sein Vater ist über diese Anschaffung empört. Er erklärt, daß er dem Sohne zu diesen Zwecken das Taschengeld nicht gegeben habe, und verlangt vom Buchhändler Rückzahlung des Kaufpreises gegen Rücknahme des Buches. Der Buchhändler weigert sich dessen. Wie ist zu entscheiden?

39. Der achtzehnjährige Primaner A. bestellt bei dem Konditor B. zum Geburtstage der von ihm angebeteten Schauspielerin X. eine Torte für 10 M. und bezahlt sie. Nachdem die Torte längst verzehrt war, verlangt sein Vater die 10 M. von B. zurück, weil das Geschäft mangels seiner Zustimmung unwirksam gewesen sei. Der Beklagte B. führt aus, daß die Forderung unbegründet sei, weil A. die Zahlung, wie nicht bestritten wird, mit seinem Taschengelde geleistet hat und weil eine Rückgabe der Torte nicht mehr möglich ist. — Wie ist der

Fall zu entscheiden? Und wie, wenn A. erst durch den Verkauf seiner Schulbücher oder gar durch einen Griff in die Wirtschaftskasse seiner Mutter sich die 10 M. verschafft hat?

40. Der Vormund A. hat seinen 16jährigen Mündel B. mit Genehmigung des Vormundschaftsgerichts zum selbständigen Betrieb eines Zigarrengeschäfts ermächtigt. B. vereinbart mit dem benachbarten Restaurateur C., daß dieser ihm die tägliche Beköstigung gegen monatliche Bezahlung liefern solle. Als C. am Ende des ersten Monats vergeblich Zahlung verlangt und darauf Klage erhebt, wendet B. ein, er sei nicht prozeßfähig, auch sei der Vertrag mit C. mangels Einwilligung des Vormunds unwirksam, da die Beschaffung des Lebensunterhalts mit dem Geschäftsbetriebe nichts zu tun habe.

41. Die A. hatte von ihrem Vormunde die Erlaubnis erhalten, sich dem Schauspielerberufe zu widmen. Nachdem sie sich zur Heroine ausgebildet, schloß sie, ohne um die Zustimmung des Vormundes nachzusuchen, einen dreijährigen Engagementsvertrag mit dem Intendanten einer Hofbühne. Von diesem wird sie wegen Vertragsbruchs auf Zahlung einer Vertragsstrafe von 5000 M. belangt. Sie wendet ein, daß der Vertrag mangels Genehmigung des Vormundes und des Vormundschaftsgerichts für sie unverbindlich sei. Der Kläger erklärt, daß die letztere nicht erforderlich, die erstere aber in der Billigung der Berufswahl zu finden sei.

42. Die minderjährige A. ist mit Genehmigung ihres Vaters als Amme in Dienst getreten. Als sie 2 Jahre darauf, noch während ihrer Minderjährigkeit, wiederum entbindet, will sie aufs neue eine Ammenstelle annehmen. Bedarf sie dazu der Ermächtigung ihres Vaters? Kann diese, falls erforderlich und vom Vater verweigert, auf Antrag der A. durch das Vormundschaftsgericht ersetzt werden?

Die A. hat sich während ihres ersten Dienstes Kleidungsstücke angeschafft. Kann sie auf deren Bezahlung verklagt werden? Haftet ihr Vater?

42a. Der Bauer B. ermächtigt seine jüngere minderjährige Tochter, sich in der Stadt als Amme zu vermieten. Diese findet ein Unterkommen bei Verwandten und begibt sich dort zu einer Vermittlerin. Hier findet sie C., der mit ihr einen Dienstvertrag abschließt und ein Angeld gibt. Sie verspricht, den Dienst als Amme noch am selben Tage anzutreten, sobald sie ihre Sachen abgeholt habe. Bei den Verwandten findet sie ihren Vater, der ihr mitteilt, daß sie wegen schweren Unfalls der älteren Schwester in der Wirtschaft unentbehrlich sei und daß er seine Ermächtigung zurücknehme. Beide begeben sich zu C., B. wiederholt seine Erklärung und kündigt.

Muß C. den Kündigungsgrund gelten lassen? Wen kann er auf Erfüllung und wen auf Schadensersatz belangen?

43. In einer Gesellschaft von Sportsleuten rühmt A. die vortrefflichen Eigenschaften seines wertvollen Rennpferdes Helios. B. äußert: „Prächtiges Pferd, aber mir lassen Sie es für 500 M." A. erwidert: „Mit Vergnügen" und schlägt in die dargebotene Hand B.s ein, denkt aber dabei in seinem Innern, er werde sich hüten, dem B. das zehnmal so viel werte Pferd für 500 M. zu verkaufen. 1. Auf diesen Vorbehalt beruft er sich, als er von A. auf Übergabe des Pferdes gegen Zahlung von 500 M. belangt wird. — 2. A. erzählt den Vorfall und den Vorbehalt seinem Freunde C., und dieser teilt sein Wissen dem D. mit. Als A. und D. einige Tage darauf zusammentreffen, ereignet sich zwischen ihnen derselbe Vorgang wie vorher zwischen A. und B. Auch D. stellt die Kaufklage an.

44. A. hat dem B. einen Brillantring für 700 M. verkauft, in dem darüber aufgenommenen Vertrage jedoch 500 M. als Kaufpreis angegeben, damit B.s Ehefrau den wahren Kaufpreis nicht erfahre. Hat A. auf 700 M. Anspruch? (§ 117 Abs. 2.)

45. A. schließt mit B. einen schriftlichen Vertrag, wonach dieser ihm einen Geldschrank für 1000 M. verkauft und übergibt. In Wahrheit verabreden sie, daß B. die 1000 M. auf fünf Jahre unkündbar als Darlehn und A. den Schrank als Pfand erhalten solle. A. klagt nach Verlauf eines Jahres unter Berufung auf die Scheinnatur des Vertrages und unter Erbieten zur Rückgabe des Schrankes gegen B. auf Rückzahlung der 1000 M. Kann sich B. dagegen auf den Darlehnsvertrag berufen?

46. Der von seinen Gläubigern bedrängte A. kommt mit B. überein, daß dieser seine Möbel für einen fingierten Preis kauft und ihm die erkauften und übergebenen Möbel gegen einen fingierten Zins vermietet. C., ein Gläubiger A.s, läßt die Möbel pfänden. B. interveniert und macht sein Eigentum geltend. Welchen Einwand hat C.?

47. A. verkauft dem B. ein Pferd, in Wahrheit für 200 M., verabredet mit ihm aber zum Schein einen Kaufpreis von 500 M. Hierauf tritt A. seine Forderung an B. dem gutgläubigen C. ab. C. klagt 500 M. ein. Kann B. geltend machen, daß er nur 200 M. verschulde?

48. A. und B. kommen miteinander überein, A. solle gegen B.

auf Zahlung einer erdichteten Darlehnsschuld klagen, B. solle sich im Versäumnisverfahren verurteilen, hierauf solle A. auf Grund des Urteils bei B. pfänden lassen, die Pfandstücke in der Zwangsversteigerung erstehen und alsdann als geliehen im Besitze des Schuldners belassen. Das alles ist geschehen. C., ein Gläubiger des B., läßt bei ihm wegen einer vollstreckbaren Forderung die von A. ersteigerten Sachen pfänden und begegnet seiner Interventionsklage mit dem Einwande des Scheines. Wird er damit durchdringen?

49. Eine lustige Gesellschaft kommt überein, A. solle dem B., wenn er in die Gesellschaft kommt, zum Scherze sein Pferd, das 2000 M. wert ist, für 200 M. verkaufen. A. gibt die Erklärung zum Scherze ab, B. erkennt den Scherz nicht und nimmt sie im Ernst an. B. verkauft das Pferd, noch bevor es ihm übergeben ist, an C. für 2000 M. weiter. C. verlangt Übergabe des Pferdes von B. und von A. Auch B. begehrt sie an sich selbst oder an C. A. verweigert die Übergabe. Ist er dazu verpflichtet? Eventuell ist er schadensersatzpflichtig?

50. Der Klempnermeister A., dessen Geschäftsbetrieb über das Maß des Handwerks nicht hinausging, geriet mit dem Kaufmann B., in dessen Grundstück er eine Röhrenanlage fertigte, in Streit über die Angemessenheit des Preises, welchen er für das Pfund Bleirohr in Rechnung stellen wollte. Nach längerem, in Gegenwart von Bekannten stattgehabtem Hin- und Herreden erklärte B., er wolle dem A. so viele Bleiröhren von denselben Dimensionen wie die von letzterem verwendeten zu einem Viertel des von dem A. berechneten Preises liefern. Als A. fragte: Auch eine Million Pfund? bejahte dies B. und bemerkte, das gebe einhundert Waggons, er werde einen Extrazug nehmen, dem Meister werde nicht wohl werden, wenn der Zug auf dem Bahnhof stehe. Nachdem B. dem aufgebrachten A. erklärt hatte, es sei kein Spott, den er mit ihm treibe, gaben sich beide die Hände, und ein Bekannter schlug durch. Es steht fest, daß der Preis des Bleirohres nur geringen Schwankungen unterliegt, und zwar nicht so hoch zu stehen pflegt wie die in Aussicht gestellte Preisberechnung des A. bei der Röhrenanlage, aber doch dreimal so hoch wie der von dem B. geforderte Preis, so daß im Falle eines ernstlich gemeinten Geschäftes der B. einen sicheren Verlust von 120000 M. auf sich genommen hätte. Da er demnächst das Ganze für einen Scherz erklärte, was schon aus den Umständen klar erhellte, fragt A., ob er auf Vertragserfüllung oder nur auf Schadensersatz Anspruch habe. Er führt an: 1. er habe die Hälfte des angekauften Bleis an

X. wieder verkauft und diesem wegen der Nichtlieferung 30000 M. als Interesse zahlen müssen; 2. er habe einen Posten Blei, das er benötigt, von Y. für 1000 M. angeboten erhalten, aber abgelehnt, weil er auf das von B. versprochene Blei gerechnet hätte, und er habe sich diesen Posten anderweit für 1080 M. beschaffen müssen.

Wie steht es, wenn B. gewollt hat, daß A. den Scherz nicht erkenne?

51. A. kauft von B. im Scherze und in der Erwartung, B. werde den Scherz erkennen, dessen Bernhardinerhund, der 400 M. wert ist, für 700 M. B. hat aber den Scherz nicht erkannt und nicht erkennen können und schlägt im Vertrauen auf die Gültigkeit des Geschäfts das ernstlich gemeinte Angebot des C., ihm den Hund für 500 M. zu überlassen, ab. Wieviel kann er von B. als Schadensersatz fordern? Wieviel, wenn C. ernstlich 800 M. geboten hätte? (§§ 118, 122.)

Gesetzt, C. habe im ersten Falle den Hund für 600 M. an D. weiterverkauft, steht ihm ein Anspruch gegen A. zu?

51a. B. will ein zur Versteigerung stehendes Grundstück zur Vergrößerung seines Fabrikbetriebes erwerben. Er weiß, daß der Grundstückshändler A. es ebenfalls erwerben will. Um ihn nicht überbieten zu müssen, gibt er ihm den Auftrag, das Grundstück mit höchstens 50000 M. für ihn zu erstehen. Dafür verspricht er ihm 1000 M., zahlbar, sobald seine Eintragung als Eigentümer erfolgt sei. A. bleibt Meistbietender mit 50500 M., erhält den Zuschlag und überträgt seine Rechte auf B. B. nimmt die Übertragung an, ohne etwas dazu zu bemerken, daß A. 500 M. mehr geboten hatte, als er auftragsgemäß bieten sollte, und wird als Eigentümer eingetragen.

Der Klage des A. auf Zahlung der 1000 M. stellt B. die Einwendungen entgegen, das zum Zwecke einer Abhaltung des A. von dem Mitbieten bei der Versteigerung getroffene Abkommen verstoße gegen Gesetz und gute Sitten, bestenfalls habe A. nur 500 M. zu verlangen, weil selbstverständlich insgesamt nur 51000 M. hätten aufgewendet werden sollen und deshalb die Vergütung sich ohne weiteres um die zu viel gebotenen 500 M. verringere, jedenfalls A. durch die Vertragsverletzung in Höhe von 500 M. schadensersatzpflichtig sei. Mit der Schadensersatzforderung rechne er auf.

52. A. verkauft dem B. ein Pferd und übergibt es dem C. in der Meinung, dieser sei B. Welche Klage hat A.?

53. A. hat an B. ein Grundstück verkauft, macht den Vertrag rückgängig und verpflichtet sich, dem B. 1000 M. für die Einwilligung in die Auflösung zu zahlen, weil er gehört hat und irrig annimmt, der Fiskus wolle das Grundstück zu einem um 500 M. höheren Preise kaufen. Kann A. der Klage B.s auf Zahlung der 1000 M. entgegensetzen, daß er sich geirrt habe? (Aus Rehbeins Komm. z. BGB. S. 134.)

54. A. bestellt bei dem Reisenden B., in der Annahme, daß dieser für den ihm bekannten Weingroßhändler X. reise, Wein. Nach Empfang des Weins ersieht er aus der Rechnung, daß er bei Y. gekauft hat. Kann er das Geschäft rückgängig machen? Wie, wenn B. jahrelang bei X. tätig und als dessen Reisender mit A. in Verkehr getreten, zur Zeit der letzten Bestellung aber von X. abgegangen und bei Y. eingetreten war?

55. A. kauft von B. für 5 M. ein Lotterielos während der Ziehung; beide wissen nicht, daß es bereits mit einem Gewinne von 1000 M. gezogen war. B. verklagt den A. auf Herauszahlung von 995 M.

56. A. kaufte von B. ein Grundstück für 6000 M. und übernahm im Vertrage die auf das Grundstück entfallenden, von beiden auf 530 M. angenommenen Straßenanlagekosten. Als er einen Monat darauf das Grundstück bebauen wollte, erfuhr er, daß der Beitrag zur Straßenanlage 3680 M. betrage. Er klagt auf Aufhebung des Vertrags wegen wesentlichen Irrtums.

57. A. läßt am 24. Juni vormittags telephonisch bei B. anfragen, wieviel 100 Schieferplatten in näher bezeichneter Form kosten. B. antwortet telephonisch: 200 M. Es wird ihm hierauf erwidert, er würde Bescheid erhalten. Ein solcher Bescheid geht ihm nicht zu, wohl aber trifft am 25. Juni vormittags eine schriftliche Bestellung A.s auf 100 Schieferplatten der angegebenen Form ein, jedoch ohne daß in dem Schreiben auf das telephonische Gespräch hingewiesen oder ein Preis angegeben war. Als B. nach Lieferung der Ware 200 M. fordert, weigert sich A., diesen Betrag zu zahlen. Er hatte 100 M. verstanden, will nur soviel bezahlen und hält auch mehr nicht für angemessen. B. klagt und fordert eventuell die 200 M. als angemessenen Kaufpreis. Was hat B. zur Begründung seines Anspruchs zu beweisen?

58. A. bestellt im Restaurant des B. nach der Speisekarte ein Schnitzel. Bei der Bezahlung verlangt der Kellner dafür 1,75 M. A. weist darauf hin, daß es in der Speisekarte nur mit 1,25 M. verzeichnet steht, und bleibt bei seiner Weigerung, einen höheren Preis zu zahlen, auch nachdem ihm der Kellner durch Vorlegung der

übrigen Speisekarten nachgewiesen hat, daß die gerade dem A. vorliegende lediglich einen Schreibfehler enthält. Der hinzugerufene Wirt B. einigt sich mit A. dahin, daß dieser vorläufig nur 1,25 M. zahlen und wegen der verbleibenden 0,50 M. das Gericht ihren Streit schlichten solle. Wie ist zu entscheiden?

59. A. verkauft dem B. mittels notariellen Vertrages das Grundstück Müllerstraße Nr. 23 für 200000 M. Wie es zur Auflassung kommt, sieht A., daß er sich in der Nummer geirrt hat, daß ihm nicht Nr. 23, sondern 32 gehört. B. verlangt indes die Auflassung von Nr. 23 und klagt gegen A. auf Erfüllung des Vertrages.

60. A. braucht zu einer Studienreise in das Ausland Geld. Aus diesem Grunde und weil er die Unbequemlichkeiten und Kosten des Transports und der Verzollung nicht auf sich nehmen mag, will er 5000 Stück hochfeine Zigarren, die er selbst gelegentlich sehr billig erworben hatte, um jeden Preis losschlagen. B. bietet ihm brieflich für 5000 Stück den Preis von nur 100 M. das Tausend. A. liest versehentlich 3000 statt 5000 Stück und erklärt sofort kurzweg die Annahme des ihm gemachten Gebots, indem er zugleich bedauert, daß B. ihm nicht noch weitere 2000 Stück, die er auf Lager habe, zum gleichen Preise abnehmen wolle. Demnächst stellte sich der Irrtum heraus. Da inzwischen A.s Geldbedürfnis anderweit gehoben ist, will er den Ankauf wegen 2000 Stück Zigarren anfechten, weil er sich über den Inhalt seiner auf 5000 Stück lautenden Annahmeerklärung geirrt habe. Ist er hierzu berechtigt? (Aus Eck, Sammlung von Vorträgen über den Entwurf eines BGB., Heft 1, S. 47. Vgl. hierzu Muskat bei Gruchot, Bd. 42, S. 769ff.)

61. A. kommt zu dem Lotterieeinnehmer B. und fragt nach Losen der Wohlfahrtslotterie, die am andern Tage vormittags um 10 Uhr gezogen werden sollte. B. erwiderte ihm, daß er nur noch die Nummern 11 und 12 habe. A. kauft Nr. 11. Nachdem bei der Verlosung unter den ersten Losen Nr. 12 mit einem Gewinn von 10000 M. gezogen worden, eilt A. am Vormittag um 10½ Uhr zu B. und bittet ihn, das ursprünglich gekaufte Los Nr. 11 gegen Nr. 12 umzutauschen. B. tut es arglos. Hierauf kommt am Nachmittag Nr. 11 mit 20000 M. heraus. A. ficht den Umtausch als ungültig an und verlangt klagend von B. Herauszahlung von 10000 M. Dieser macht geltend, daß höchstens er zur Anfechtung berechtigt gewesen wäre, weil A. seine Unkenntnis von dem auf Nr. 12 gefallenen Gewinne habe benutzen wollen, um sich diesen zuzueignen. A. erwidert, daß er keine Verpflichtung gehabt habe, den Grund, aus dem er den

Tausch begehrte, anzugeben. B. hätte ihn darnach fragen können, da er von dem Beginne der Ziehung unterrichtet gewesen sei. Übrigens habe B. mit dem Lose Nr. 11 die Chance auf einige noch nicht gezogene Gewinne von größerem Betrage als 10000 M. erhalten.

62. Der Prokurist A. bedroht bei seiner Entlassung seinen Chef B. damit, daß er dessen schlechte Vermögenslage den Kunden mitteilen werde, wenn dieser ihm nicht 1000 M. zahle. B. verspricht es. Als A. einige Monate — Jahre — später die 1000 M. einklagt, erhebt B. die Einrede des Zwanges.

63. A. nötigt den B., einen nach zwei Jahren fälligen Wechsel über 500 M. als Deckung für ein angeblich gewährtes Darlehn zu akzeptieren, und zwar dadurch, daß er ihm die Nahrungsmittel entzieht. Am Fälligkeitstage präsentiert A. dem B. den Wechsel zur Zahlung. Kann er der Klage gegenüber den Einwand des Zwanges machen?

64. A. stellte im Januar dem B. einen Schein aus, worin er anerkannte, ihm 800 M. zu verschulden. Seine Frau übernahm schriftlich die Bürgschaft dafür, weil B. zu ihrem Manne gesagt hatte, er werde ihn wegen Beiseiteschaffung eines gepfändeten Klaviers ins Zuchthaus bringen, wenn er nicht die Bürgschaft seiner Frau beschaffe. A. geriet im April in Konkurs, und B. fiel mit seiner Forderung in Höhe von 75% aus. Er nimmt im November Frau A. auf Zahlung von 600 M. in Anspruch. Sie erhebt den Einwand, daß die Bürgschaft wegen Zwanges nichtig sei.

65. A. sieht auf der Straße den ihm feindlich gesinnten B., der ihm schon längst eine Tracht Prügel angekündigt hatte, mit erhobenem Stocke und drohender Gebärde auf sich zukommen. In seiner Angst ruft er dem vorübergehenden C. zu, dieser möchte ihn von B. befreien, er zahle ihm dafür 100 M. C. jagt den B. davon. A. zahlt aber nicht. Verklagt, wendet er ein, daß er das Versprechen unter dem Eindrucke der Drohung B.s abgegeben habe und es daher als ungültig anfechte.

66. Der Student A. hat unter Berufung darauf, daß sein Onkel B. alle seine Schulden bezahlen werde, sich bei C. 200 M. geborgt. Auf C.s Begehren hat B. die Schuld bezahlt. Einige Zeit darauf hat A. sich wiederum bei C. 100 M. geborgt. Dieses Mal verweigert B. die Berichtigung der Schuld. C. droht ihm, öffentlich bekanntzumachen, daß A. ein Lump sei, weil er jeden anpumpe und keinen bezahle, und daß sein Onkel B., auf den er sich beim Anpumpen stets berufe, nicht viel mehr wert sei. B. fürchtet, daß C. seine Drohung wahr machen möchte, und zahlt die 100 M. Er fragt, ob er sie zurückfordern kann.

67. Der Pferdehändler A., ein Gläubiger des Leutnants B., weiß, daß dieser sein Rennpferd Caesar verkaufen will, um seine Schulden zu bezahlen. A. spiegelt deshalb dem Gutsbesitzer C. vor, daß Caesar im vorigen Jahre verschiedene Rennen gewonnen habe, und veranlaßt dadurch den C., dem B. für das Pferd einen unverhältnismäßig hohen Preis anzubieten. Nach Abschluß und Erfüllung des Kaufs erfährt C. zu seinem Schrecken, daß nicht Caesar, sondern das einem Namensvetter von C. gehörige Pferd Brutus die Siege davongetragen hat. Welche Ansprüche hat C.? Welche, wenn A. ihn bedroht hat, er werde ihn, wo immer er ihn treffe, erschießen, falls er nicht binnen 3 Tagen dem B. das Pferd abkaufe, und wenn C., durch die Drohung veranlaßt, das Pferd gekauft hat?

68. A. droht, mit einem geladenen Revolver in der Hand, dem B., daß er ihn erschießen werde: 1. falls er nicht unverzüglich einen Schuldschein über ein angeblich von A. empfangenes Darlehn von 1000 M. ausstelle. B. läßt sich durch die Drohung dazu bestimmen. A. tritt hierauf die angebliche Forderung dem gutgläubigen C. entgeltlich ab; 2. falls er ihm nicht augenblicklich das Eigentum an seinem (B.s) Reitpferde übertrage. B., eingeschüchtert durch die Drohung, übergibt das Pferd dem A., beide sind einig, daß das Eigentum auf A. übergehen soll. A. führt das Pferd weg und verkauft es für 500 M. dem gutgläubigen C.

Kann in dem ersten Falle B. auf die Klage C.s sich mit Erfolg auf den erlittenen Zwang berufen? Kann er im zweiten Falle das Pferd von B. wegen des von A. verübten Zwanges herausverlangen?

69. A. erfährt, daß B., der ihm ein Darlehn von 10000 M. schuldet, wegen eines Sittlichkeitsverbrechens verfolgt wird. Er trifft ihn zufällig auf der Bahn, wie er im Begriffe ist, in wenigen Minuten über Hamburg nach Amerika abzureisen; er droht ihm, daß er ihn sofort dem auf dem Bahnhof stationierten Kriminalbeamten übergeben werde, falls er nicht seine Schuld bezahle. B. übergibt ihm hierauf 10000 M.

Von Amerika aus fordert B. die 10000 M. als widerrechtlich abgenötigt zurück. A. bestreitet das Verlangen einer widerrechtlichen Handlung und erklärt, mit der Darlehnsforderung aufrechnen zu wollen. B. hält die Aufrechnung für unzulässig.

Ist es auf die Entscheidung von Einfluß, wenn das Darlehn erst nach Jahresfrist fällig war?

70. Der Kaufmann A. erklärt dem Vater seines Lehrlings B., daß er diesen wegen Unterschlagung anzeigen werde, wenn der Vater nicht den unterschlagenen Betrag ersetze. Der Vater verpflichtet sich hierauf schriftlich, dem A. die unterschlagene Summe binnen vier Wochen zu zahlen. Nach Ablauf dieser Frist droht A. dem Vater, daß er ihn verklagen werde, falls er nicht binnen 24 Stunden zahle. Im Prozeß erhebt der Vater den Einwand des Zwangs.

71. A. und B. verhandeln schon über Jahr und Tag wegen Ankaufs eines dem B. gehörigen Ölgemäldes. Im Jahre 1906 einigen sie sich endlich über den Preis und die sonstigen Bedingungen, und sie kommen überein, den Vertrag schriftlich aufzusetzen. Dies geschieht. Nachdem sie ihn bereits unterschrieben haben, entdecken sie, daß sie die gleichfalls gewollte Bedingung: Ablieferung des Ölgemäldes bis spätestens zum 1. März 1907 in die in X. gelegene Sommerwohnung A.s, versehentlich in den Vertrag nicht aufgenommen haben. Es ist ihnen indes zu mühsam, nochmals zur Feder zu greifen, und sie erklären deshalb übereinstimmend, daß auch diese Abrede gelten solle, gerade so gut, wie wenn sie niedergeschrieben wäre.

A. wartet bis zum Oktober 1907 vergeblich auf das Ölgemälde. Er klagt daher unter Erbieten zur Zahlung des Kaufpreises auf Lieferung des Gemäldes nach seiner in X. gelegenen Sommerwohnung. B. bittet um Abweisung. Er erachtet den ganzen Vertrag für nichtig, weil die erwähnte Bedingung darin fehle. A. ist umgekehrt der Meinung, daß der Vertrag einschließlich jener Bedingung rechtswirksam sei. Eventuell könnte höchstens die Nebenabrede nichtig sein; alsdann entscheide insoweit das Gesetz. Er erkläre sich, falls das Gericht der letzteren Ansicht sein sollte, durchaus damit einverstanden, daß B. nur zur Übergabe des Gemäldes gegen Zahlung des Kaufpreises verurteilt werde.

72. A. hat sein Haus dem B. auf 5 Jahre vermietet. B., der Pole ist und Deutsch weder lesen noch schreiben kann, hat den in deutschen Schriftzeichen aufgesetzten Vertrag mit seinem Namen in lateinischer Schrift unterzeichnet. Er kündigt den Vertrag zum Schluß des ersten Jahres. A. nimmt die Kündigung nicht an, verklagt ihn vielmehr auf Anerkennung, daß der Mietsvertrag zu Recht bestehe. B. macht geltend, daß er wie ein Analphabet zu behandeln sei und daß er auch von dem umfangreichen Inhalte des Mietsvertrags vor der Unterschrift keine Kenntnis genommen habe. Ist das allein erheblich?

73. A. bietet dem B. ein Pferd zum Verkauf für 500 M. an und erklärt, daß er an sein Angebot nur bis nachmittags 3 Uhr gebunden sein wolle. Als B. 10 Minuten vor 3 Uhr in A.s Wohnzimmer tritt, findet er ihn auf dem Sofa schlafend. Da er ihn nicht stören will, setzt er sich an den Schreibtisch, hinterläßt ihm schriftlich die Annahmeerklärung und entfernt sich noch vor 3 Uhr. Eine Stunde später erwacht A. und verkauft dasselbe Pferd dem ihn besuchenden C. für 600 M.

Der Klage B.s auf Herausgabe des Pferdes gegen Zahlung von 500 M., eventuell auf Schadensersatz, setzt A. den Einwand entgegen, daß der Vertrag mit B. nicht zustande gekommen sei, weil die Annahmeerklärung ihm zugegangen sei, während er sich im Zustande der Bewußtlosigkeit befunden habe (§§ 130, 105), also nicht rechtzeitig erklärt sei.

Ist es von Belang, ob A. vor dem Abschluß mit C. das Schreiben B.s gelesen hat?

Wie, wenn B. dem schlafenden A. die Annahmeerklärung zugerufen hätte, ohne daß dieser darüber erwacht ist?

74. Dem A. war eine Hypothek von 100000 M. zum 1. April gekündigt worden. Er hatte sich bisher vergeblich bemüht, das zu ihrer Tilgung erforderliche Geld zu beschaffen. Das erzählt er in einer Gesellschaft dem ihm befreundeten Hypothekenmakler B., worauf dieser sich sofort zur Regulierung der Angelegenheit bereit erklärte. A. verspricht ihm erfreut „ein Stück Goldes". Nachdem B. am 1. April dem A. die 100000 M. eingehändigt hatte, sendet dieser ihm am nächstfolgenden Tage mit einem verbindlichen Dankschreiben ein Fünfmarkstück in Gold. B. klagt auf Zahlung von 495 M., indem er geltend macht, daß die ortsübliche und angemessene Provision $^1/_2$% betrage und daß er mindestens auf sie Anspruch habe. A. hingegen beruft sich auf den Wortlaut seiner Zusage.

75. A. und B. spielen gemeinschaftlich ein Los in einer auswärtigen, in Deutschland verbotenen, in dem betreffenden Auslandsstaate genehmigten Lotterie. A. ist im Besitze des Loses und zieht den Gewinn ein. Auf die Klage des B., ihm die Hälfte herauszugeben, wendet er Nichtigkeit des Spielvertrags ein.

76. A. verkauft in seinem Laden unter Verstoß gegen das Gesetz, betreffend die Sonntagsruhe, dem B. eine Kiste Zigarren. Auf den

Kaufpreis belangt, erklärt B., das Geschäft sei nichtig, weil es einem gesetzlichen Gebote zuwiderlaufe; er wolle die Zigarren zurückgeben.

77. A. hatte sich durch gerichtlichen Vertrag unter die Vormundschaft seiner Frau gestellt und darin ausdrücklich auf das Recht, selbständig Verträge abzuschließen und Verbindlichkeiten einzugehen, verzichtet. Als er aus einer hiernach kontrahierten Darlehnsschuld belangt wurde, berief er sich auf diesen Vertrag.

78. A. fragt den B., ob er ihm nicht Margarine (Kunstbutter) liefern wolle, die als natürliche Butter verkauft werden könnte. B. bejahte das. Sie schließen darauf einen Vertrag, wonach B. sich verpflichtet, dem A. zwei Zentner Margarine zum 1. April käuflich zu liefern mit der Zusicherung, daß dieser sie als Naturbutter würde weiterveräußern können. Der Verkauf von Margarine unter unrichtiger Benennung ist nach dem Reichsgesetze vom 15. Juni 1897 verboten. Da inzwischen der Preis für Margarine sehr gestiegen ist, liefert B. nicht. Der Klage des A. auf Lieferung der Margarine gegen Zahlung des Preises setzt er entgegen, daß es sich um ein nichtiges Geschäft handele.

79. A. hat α) seinen eigenen Leichnam, β) den seines Vaters, γ) den seines unmündigen Kindes dem Arzte B. zu wissenschaftlichen Zwecken veräußert und im voraus das Kaufgeld gezahlt erhalten. B. verlangt den Leichnam im Falle α von A.s Erben, im Falle β und γ von A. als alleinigem gesetzlichem Erben der Verstorbenen heraus. Eventuell fordert er Erstattung des Kaufpreises.

80. Ein Mädchen verkauft α) seinen natürlichen Zopf dem A. für 100 M. und seine linke Hand dem B. für 1000 M.; β) für den Fall, daß Zopf und Hand nicht mehr Bestandteile seines Körpers sind. Beide klagen auf Erfüllung, und zwar im Falle α einmal, während Zopf und Hand noch Bestandteile des Körpers sind, sodann zu einer Zeit, wo sie es nicht mehr sind, weil nämlich die Verkäuferin sich den Zopf selbst abgeschnitten hat und den linken Arm sich zufolge einer Blutvergiftung hat abnehmen lassen müssen, im Falle β, nachdem der Verkäuferin ihr eifersüchtiger Bräutigam den Zopf abgeschnitten und sie darauf sich die linke Hand abgehauen hatte.

81. A. verkauft sein Haus dem B. und erklärt ihm dabei, daß er es nur tue, um mit dem Kaufpreise auszuwandern und seine ihm verhaßte Frau mittellos zurückzulassen. Kurz nach Abschluß des Geschäfts söhnt er sich mit seiner Frau aus. Er verlangt von B.

das Haus gegen Rückgabe des Kaufgeldes zurück, indem er die Ansicht vertritt, daß das Geschäft unsittlich gewesen sei.

82. A. bittet den B., ihm ein Darlehn von 1000 M. zu gewähren, damit er sich am Schmuggel nach Rußland beteiligen könne. B. gibt ihm das Darlehn gegen die Zusage von 4% Zinsen. A. verweigert nunmehr die Rückzahlung, weil es sich um ein unsittliches Geschäft gehandelt habe, und erklärt jedenfalls die Zinsforderung für hinfällig.

83. A. hat in Berlin mit seinem Freunde B. einen schriftlichen Vertrag geschlossen, wonach dieser gegen jährliche Vorauszahlung eines Jahresgeldes von 6000 M. sich verpflichtet, dem A. bei Vermeidung einer Vertragsstrafe von 10000 M. an jeden Ort zu folgen, wo B. es für gut finden sollte, seinen Wohnsitz zu nehmen. B. hatte den Vertrag mehrere Jahre getreulich erfüllt und seinen Freund an verschiedene Orte, zuletzt nach München, begleitet. Als jedoch A. seinen Wohnsitz von hier nach Alexandrien verlegen will, erklärt ihm B., daß er ins Ausland nicht mitgehe. A. fordert die Vertragsstrafe und Rückzahlung der letzten im voraus entrichteten Jahresrente.

84. A. hatte im Dienste des B. erhebliche Summen unterschlagen. Sein Gläubiger C. war daran interessiert, daß er auf freiem Fuße bliebe, und übernahm deshalb dem B. gegenüber für einen Teil der unterschlagenen Beträge schriftliche Bürgschaft gegen die Verpflichtung B.s, den A. wegen der Unterschlagung nicht anzuzeigen. Aus der Bürgschaft belangt, beantragt er Abweisung der Klage, weil die Bürgschaft zum mindesten gegen die guten Sitten verstoße und deshalb nichtig sei.

85. A. hatte den B. bei einem Diebstahl im Hause des C. ertappt und sich für sein Schweigen einen von B. akzeptierten Wechsel von 100 M. geben lassen. Der auf Zahlung verklagte B. macht Nichtigkeit des Rechtsgeschäftes geltend.

86. A. verkauft sein Haus für 100000 M. dem B. Der Kaufpreis wird dadurch berichtigt, daß B. 50000 M. Hypotheken in Anrechnung auf den Kaufpreis übernimmt, 40000 M. bar zahlt und eine Hypothek von 10000 M. unter Verschweigung des Umstandes an Zahlungs Statt gibt, daß das Pfandgrundstück unter Zwangsversteigerung steht, der Eigentümer in Konkurs und die Hypothek nicht gedeckt ist.

Welche Rechte hat A.? Welche, wenn 90000 M. Hypotheken in

Anrechnung auf den Kaufpreis übernommen sind und B. außer der beschriebenen Hypothek von 10000 M. nichts besitzt?

87. Die A., ein älteres Fräulein, hat mit dem Stifte B. einen sogenannten Verpfründungsvertrag unter Wahrung der im § 2276 BGB. vorgeschriebenen Form geschlossen, inhaltsdessen sie das Stift zum Erben einsetzt gegen die Verpflichtung, sie bis an ihr Lebensende in der Stiftsanstalt zu verpflegen. Das Stift hat die übernommene Verbindlichkeit erfüllt. Es stellt sich jedoch heraus, daß der Vertrag nichtig gewesen ist, weil das Stift bei seinem Abschluß nicht gehörig vertreten war. Deshalb klagt die einzige intestaterbberechtigte Nichte der A. gegen das Stift auf Anerkennung ihrer Erbberechtigung, wogegen das Stift geltend macht, daß der Vertrag als Testament aufrechterhalten werden müsse.

88. A. in X. beantragt brieflich am 1. April bei der Feuerversicherungsgesellschaft B. in Y. unter Ausfüllung eines vorgeschriebenen Exemplars Versicherung seines Warenlagers gegen Feuersgefahr. Am 10. April schreibt ihm die Gesellschaft, daß sie seinen Antrag angenommen habe. A. erhält das Schreiben am 12. April mittags. Tags zuvor war ein Brand in seinem Lager entstanden. Kann er Entschädigung fordern?

89. Der Schriftsteller A. sendet dem Zeitungsverleger B. unaufgefordert einen Artikel, betitelt: „Charakterköpfe auf der Pariser Weltausstellung", zur Aufnahme in das Feuilleton zu. B. lehnt brieflich den Abdruck ab, schickt aber das Manuskript nicht zurück. Nach Verlauf einiger Monate verlangt A. von ihm 20 M. Schadensersatz mit der Begründung, daß ihm der Artikel soviel Honorar eingebracht hätte, daß er ihn bei rechtzeitiger Zurücksendung anderweit hätte unterbringen können, daß der Artikel aber jetzt nach Schluß der Weltausstellung für ihn wertlos sei. B. lehnt jeden Schadensersatz ab. Er sei zur Zurücksendung des nicht erbetenen Manuskripts nicht verpflichtet, vielmehr sei es Sache des Klägers gewesen, es sich abzuholen; es stehe ihm jederzeit zur Verfügung.

90. A. verpflichtet sich schriftlich, sein Grundstück dem B. ein Jahr lang für den Preis von 10000 M. zum Kaufe bereit zu halten. B. nimmt das Anerbieten fristgemäß schriftlich an. Als er auf Abschluß des Kaufes klagt, wendet A. Ungültigkeit seiner Offerte wegen Formmangels ein. (§§ 145, 873 Abs. 2.)

91. A. fragt telephonisch bei B. an, ob er ihm 500 kg Butter, das Kilogramm zu 1,20 M., abkaufen wolle. Da B. nicht anwesend ist, meldet sein Gehilfe das dem A. mit dem Zusatze, er werde dem B. davon Mitteilung machen. Nach einigen Stunden kommt B. zurück, erfährt von dem Anerbieten A.s und telephoniert diesem, daß er von ihm 500 kg Butter zu 1,20 M. kaufe, erhält aber von A., der selbst am Fernsprecher gewesen ist, keine Antwort.

Ist die Klage A.s auf Zahlung des Kaufpreises gegen Lieferung der Butter gerechtfertigt? (§§ 146, 147 I; 150 I.)

92. A. in X. bietet brieflich am 10. September dem B. in Y. eine Kuh für 200 M. zum Kaufe an. Der Briefkasten, in den A. den Brief gelegt hatte, war versehentlich eine Woche lang nicht geleert worden; der Brief war daher erst am 17. abgegangen und am 18. in B.s Hände gelangt. B. schreibt ihm sofort, daß er das Angebot annehme.

A. hat die Kuh inzwischen anderweit verkauft und läßt B. ohne Nachricht.

Wird B. mit der Kaufklage durchdringen? (§ 147 II.)

Ist es auf die Entscheidung von Einfluß, wenn B. schreibt: „Ihr erst heute eingetroffenes Angebot vom 10. d. M. nehme ich an"? (§ 149.)

93. Am 15. September offerierte A. in X. telegraphisch dem B. in Y. 1000 Sack Kartoffelstärke zu $22^1/_2$ M. den Sack. B. akzeptierte am nämlichen Tage telegraphisch zu $22^1/_4$ M. bei sofortiger Drahtantwort. A. antwortete nicht sofort, sondern telegraphierte erst tags darauf „genehmige tausend $22^1/_4$" und erbat sich zugleich brieflich Drahtantwort. B. telegraphierte jedoch nicht, sondern teilte ihm brieflich am 17. September die Annahme mit. Darauf telegraphierte A.: „Brief erhalten. Da gestern ohne verlangte Depesche, anderweit begeben." B. protestierte sofort gegen diese Annullierung. Ist seiner Klage auf Erfüllung stattzugeben? (§§ 146, 147 II, 150.)

94. A. spielt in der auf fünf Klassen berechneten Schloßfreiheitslotterie bei dem Kollekteur B. das für alle Klassen im voraus bezahlte Los Nr. 10. Vor der auf den 7. Juli anberaumten Ziehung der fünften Klasse bietet B. öffentliche Lose zum Preise von 100 M. dazu aus. Am 2. Juli schreibt er an A.: Durch ein Versehen habe er ihm das nicht in seiner Kollekte befindliche Los Nr. 10 übersandt; er überweise ihm hiermit das Los Nr. 20 und bitte um umgehende Rücksendung des Loses Nr. 10. A. erwidert: er behalte Nr. 10 und Nr. 20 und füge 100 M. für das letztere Los bei. B. schweigt.

Am 10. Juli fiel auf Nr. 20 ein Gewinn von 15000 M., den

A. als Inhaber des Loses einzieht. B. verlangt Herausgabe des Gewinnes mit der Begründung, daß er Nr. 20 dem A. nur zur Bewirkung des vorgeschlagenen Tausches abgeschickt habe und daß er, da A. hierauf nicht eingegangen, Eigentümer des Loses geblieben sei.

95. „Die Expedition des Erzählers" hatte durch einen Prospekt zur Subskription auf ein Tageblatt nebst Bildern eingeladen. A. hatte einen solchen Prospekt gezeichnet. Demnächst klagt der Buchhändler B. als Verleger des Blattes aus der Zeichnung des Prospektes gegen A. auf Abnahme des Blattes gegen Zahlung. B. macht geltend, daß der Antrag unwirksam gewesen sei, weil es an einer genügenden Bezeichnung der Person des Antragstellers gefehlt habe, und bittet um Abweisung der Klage. (§ 181. Aus Rehbeins Komm. z. BGB. S. 210.)

96. A. hatte unter Beifügung des Kaufpreises bei dem Losehändler B. ein Los zur Schloßfreiheitslotterie bestellt. B. hatte ihm darauf in einem Briefe Nr. 40 zugesandt und ihn als Käufer des Loses in sein Spielerbuch eingetragen. Der Brief kam aber samt dem Lose zufolge ungenauer Adresse als unbestellbar zurück. Als A. nach Beginn der Ziehung an die Übersendung des bestellten Loses erinnerte, schickt ihm B. das Los Nr. 50 und zugleich zu seiner Rechtfertigung den früheren Umschlag. B. behielt das Los in Unkenntnis der erfolgten Vertauschung. Demnächst wurde Nr. 40 mit Gewinn gezogen. A. klagt gegen B. auf Herausgabe des von diesem abgehobenen Gewinns. (§ 151.)

97. A. in X. bestellte bei B. in Y. 10 Faß Moselwein zu je 100 M. mit der Bitte um möglichst schleunige Sendung an C. in Z. und umgehende Mitteilung der Rechnung. B. führte die Bestellung unverzüglich aus und stellte dem A. die Rechnung darüber zu. Der Wein ging auf dem Transporte verloren. Mußte A. ihn bezahlen? (§§ 151, 446, 447.)

98. A. hatte bei B., dem Agenten einer Feuerversicherungsgesellschaft, den Versicherungsantrag gezeichnet. B. hatte ihn der Gesellschaft übersandt und die von dieser am 10. Februar unterzeichnete Police am 12. Februar zur Aushändigung zugestellt erhalten. Am 11. Februar war A. abgebrannt. B. händigte ihm deshalb die Police nicht aus, sondern sandte sie an die Gesellschaft zurück.

Wird A. mit der Klage auf die Versicherungssumme durchdringen? (§ 151.)

99. A. versendet Zirkulare, in denen er zur Bestellung auf ein von ihm für den Mai nächsten Jahres angekündigtes Hotel-Adreßbuch auffordert. B. bestellt ein Exemplar, wartet aber vergeblich auf Antwort. Als ihm Anfang Mai das Adreßbuch übersandt wird, verweigert er die Annahme, weil A. die Bestellung nicht ihm gegenüber angenommen habe. A. klagt auf Zahlung des Preises.

100. A. in Berlin offeriert in notarieller Urkunde sein Haus dem B. in Wiesbaden für 100000 M. und gibt ihm zur Annahme eine Frist von zwei Wochen. Am vierzehnten Tage erklärte B. vor dem Notar seine Annahme und nimmt die ihm ausgehändigte Urkunde auf eine Reise nach Italien mit, die er gleich darauf angetreten hat. Als er nach einigen Monaten zurückkehrt und von A. die Auflassung begehrt, lehnt dieser sie ab, weil B. entgegen dem § 130 ihm die Willenserklärung nicht habe zugehen lassen, sein Verlangen auch gegen Treu und Glauben verstoße.

101. A. macht dem B. den Antrag, ihm zu einer Nordpolfahrt die Ausrüstung zu näher bestimmten Bedingungen zu liefern und gibt ihm eine achttägige Erklärungsfrist. Drei Tage darauf stirbt er. Kann B. jetzt noch den Antrag annehmen? (§ 153.)

Sind die Erben A.s schadensersatzpflichtig, wenn B. ohne Kenntnis von dem Tode A.s entsprechend der Annahme der Offerte die Bestellung zur Ausführung gebracht hat? Er findet ein Verschulden darin, daß sie ihm den Tod A.s nicht angezeigt haben.

Die Erben bestreiten, etwas von der Bestellung gewußt zu haben. Muß der B. ihre Kenntnis beweisen?

102. A. hat sein Gut dem B. auf 5 Jahre zur Pacht angeboten und ihm eine Frist von vier Wochen für die Annahme des Antrags bestimmt. Noch vor Ablauf der Frist stirbt B., und statt seiner erklären seine Erben die Annahme. A. weist diese zurück, weil der Antrag dem Erblasser und nicht ihnen gemacht sei. Die Erben halten die Ablehnung nicht für gerechtfertigt und berufen sich auf die analoge Vorschrift in den §§ 596 II, 569, wonach der Verpächter das Pachtverhältnis beim Tode des Pächters nicht kündigen darf. (§ 153.)

103. A. hat die B. körperlich verletzt und ihr dadurch das Heiraten erschwert. Er bietet ihr brieflich eine Entschädigung von 1000 M. an. Nach dem Eintreffen des Briefes verstirbt die B. am Herzschlage. Ihr Vater, der ihr alleiniger gesetzlicher Erbe ist, akzeptiert das Anerbieten. Mit Erfolg? (§ 153.)

104. Bei einer im Wege der Zwangsvollstreckung vorgenommenen öffentlichen Versteigerung ersteht A. ein dem Schuldner B. gehöriges

Pferd und bezahlt den Kaufpreis. Der Gerichtsvollzieher weigert sich aber, es ihm herauszugeben. Worauf und gegen wen hat A. einen Anspruch?

105. Der Auszügler A. hat außer freier Verpflegung auch Wohnung, bestehend in zwei Giebelstuben, zu beanspruchen. Das Haus des Verpflichteten B. brennt ab. Er baut es wieder auf, jedoch ohne Stuben im Giebel einzurichten. A. belangt ihn auf Einräumung zweier Stuben. B. bittet um Abweisung mit der Begründung, daß der Altenteil durch das Abbrennen des alten Hauses erloschen sei und daß das neue Haus keine Giebelstuben habe.

106. Der Fahrradfabrikant A. hat dem B. ein Fahrrad verkauft und sich dabei verpflichtet, das Rad auf ein Jahr gegen Diebstahl und Feuersgefahr zu versichern. Er tut dies bei einer Gesellschaft auf Gegenseitigkeit und zahlt den geforderten Jahresbeitrag. Nach Ablauf des Jahres zieht die Gesellschaft von B. einen Nachschuß von 15 M. ein, den dieser nunmehr von A. unter Berufung auf die Abrede erstattet verlangt. A. macht geltend, daß die Auswahl der Versicherungsgesellschaft in seinem Belieben gestanden und daß er seiner Verpflichtung durch Zahlung des Jahresbeitrags genügt habe.

107. A. klagt gegen B. auf Zahlung des Kaufpreises für eine ihm gelieferte Maschine.

α) B. sagt: ich habe beim Kaufe verabredet, daß ich nach einjähriger, noch nicht abgelaufener Probezeit solle erklären dürfen, ob ich die Maschine kaufen wolle oder nicht.

β) B. sagt: ich habe beim Kaufe verabredet, daß ich die Maschine zurückgeben dürfe, wenn ich binnen Jahresfrist finden sollte, daß sie mir nicht genügt.

In beiden Fällen haben sich die Parteien für ihre Behauptungen der Eideszuschiebung bedient. Wie ist zu erkennen?

108. A. und B. sind seit Januar 1900 zu einer offenen Handelsgesellschaft vereinigt. Der Gegenstand des Geschäftsbetriebes ist Zigarrenimport en gros. Im März 1901 entdeckt A., daß B., dem die Buch- und Kassenführung oblag, sich wiederholt erheblicher Veruntreuungen schuldig gemacht und zur Deckung der Fehlbeträge unrichtige Eintragungen in die Bücher vorgenommen hat.

In Gegenwart Dritter stellte er ihn am 21. März zur Rede. B. gesteht die Veruntreuungen zu und bittet, ihn, der schon einmal vor Jahren wegen Vergehens gegen das Eigentum schwer bestraft war, nicht unglücklich zu machen.

Sie schließen alsbald einen Vertrag, inhaltsdessen B. seine Haftung für die bei der Buch- und Kassenführung vorgekommenen groben Unregelmäßigkeiten anerkennt, seinen Austritt aus der Gesellschaft erklärt, dem A. die Fortführung des Geschäfts unter unveränderter Firma gestattet und sich unter einer Konventionalstrafe von 10000 M. verpflichtet, innerhalb der nächsten fünf Jahre in Deutschland kein Konkurrenzgeschäft zu errichten.

Auf die Anzeige A.s ist gegen B. ein Strafverfahren eingeleitet worden, welches mit seiner Verurteilung zu drei Jahren Gefängnis endete. Nach Verbüßung der Strafe eröffnet B. ein Konkurrenzgeschäft.

Gegenüber der Klage A.s auf Zahlung der Konventionalstrafe wendet B. ein: 1. der Vertrag sei nichtig, weil A., bevor es zum Abschluß des Vertrages gekommen, vom Staatsanwalt gesprochen und ihn auf diese Weise durch Drohung zur Unterschrift bestimmt habe; 2. der Abschluß des Vertrages sei stillschweigend an die Bedingung geknüpft gewesen, daß eine Strafanzeige nicht erfolgen werde; diese Bedingung habe der Kläger vereitelt.

A. erwidert: B. möge wohl angenommen haben, daß er von der Anzeige Abstand nehmen werde; er habe sich jedoch dazu veranlaßt gesehen, weil nach dem 21. März noch weitere erhebliche Summen ermittelt waren, die B. veruntreut habe. (§§ 123, 158.)

109. A. verkauft seine Villa dem B. unter der Bedingung, daß dieser binnen Jahresfrist die C. heirate. Die C. gibt ihm jedoch einen Korb und verheiratet sich bald darauf mit dem D. B. tröstet sich rasch und ehelicht noch vor Ablauf der Frist die E. Er verlangt nunmehr von A. die Auflassung des Grundstücks, da er fristgemäß geheiratet habe; daß die E. und nicht die C. seine Frau geworden, sei gleichgültig und berühre keinesfalls den A.

110. A. verspricht schriftlich dem als geizig und eitel bekannten Stadtverordneten B. 1000 M., um ihn zu verhöhnen, unter der Bedingung, daß er am nächsten Neujahrstage um die Mittagsstunde mit einem Damenhute auf dem Kopfe zum Bürgermeister gratulieren gehe; B. nimmt das Versprechen an. Ist es gültig? Welche Rechtsfolgen treten ein, je nachdem B. die Bedingung erfüllt oder nicht? Wie stände es um ein unter der angegebenen Bedingung hinterlassenes Vermächtnis?

111. A. hat seinen Jagdhund dem Forstreferendar B. unter der Bedingung für 80 M. verkauft und übergeben, daß dieser binnen Jahresfrist das Assessorexamen bestehe. Schon nach wenigen Wochen läuft der Hund, dem B. in seiner Examensnot nicht die genügende Aufmerksamkeit gewidmet hatte, dem A. wieder zu. Eine an B. gerichtete briefliche Mitteilung A.s kommt als unbestellbar zurück. A. verkauft demnächst den Hund α) innerhalb der Frist, β) nach Ablauf der Frist an den Förster C. Dort findet ihn nach einem weiteren Jahre der zum Besuche anwesende B. und nimmt ihn, da er fristgemäß das Examen bestanden hat, als sein Eigentum in Anspruch. Muß C. den Hund herausgeben?

112. A. mietet im April 1900 von B. ein Geschäftslokal zum Restaurationsbetriebe vom 1. Januar 1901 bis dahin 1906. Schon im Mai bietet sich ihm eine andere Gelegenheit zu einer gesicherten Lebensstellung; er tritt als Sozius in eine Brauerei ein. Deshalb will er vom Mietsvertrage loskommen und hintertreibt nun die Erteilung der polizeilichen Konzession. Im Dezember wird ihm der endgültige Bescheid, daß er die Konzession nicht erhalten könne. Er macht davon unverzüglich dem B. Mitteilung mit dem Hinzufügen, daß er das Lokal nicht beziehen werde und dem B. seine anderweitige Vermietung anheimstelle. B. erwidert darauf nichts, sondern klagt die erste Quartalsmiete ein.

113. A. war auf Lebenszeit als Förster engagiert mit der Abrede, daß sein Gehalt nach zehnjähriger nützlicher Dienstzeit um 600 M. steigen sollte. Vor Ablauf der 10 Jahre wurde er grundlos auf Dienstentlassung verklagt und während des drei Jahre dauernden Prozesses suspendiert. Die Klage wurde abgewiesen. Nach Ablauf der 10 Jahre beanspruchte A. die Zulage. Es wurde eingewendet, daß er während seiner Suspension keine nützlichen Dienste geleistet habe.

114. Den Inhabern von Prioritätsaktien einer Privatbahn war im Gesellschaftsvertrage zugesichert, daß sie eine bestimmte Dividende im voraus erhalten sollten, falls sie fünf Jahre lang keine Dividende bezögen. Nach drei Jahren wird die Bahn vom Staate unter Übernahme sämtlicher Rechte und Pflichten angekauft. Zwei Jahre darauf verlangen die Aktionäre, die bis dahin nichts erhalten haben, vom Staate die Vorzugsdividende. Dieser weigert sich mit der Begründung, daß die bisherige Nichtzahlung der Dividende von ihm nicht verschuldet worden sei.

115. α) A. klagt gegen B. auf Zahlung von 100 M. Kaufpreis für gelieferte Zigarren. B. wendet ein, er habe die Zigarren mit 9 Monaten Ziel gekauft. β) A. klagt gegen B. auf Zahlung einer ihm vermachten Jahresrente von 1000 M. für das Jahr 1901.

B. wendet ein, daß er dazu nicht verpflichtet sei, weil das Vermächtnis ihn nur bis zum Jahre 1900 belaste. Über die beiderseitigen Ausführungen wird der Eid zugeschoben. Für wen ist er zu normieren? (Aus Stölzel, Schulung für die zivilistische Praxis, 3. Aufl., S. 133ff.)

116. Der Zeitungsunternehmer A. hat sich dadurch Abonnenten zu verschaffen gewußt, daß er erklärte, jeder seiner Abonnenten werde von ihm in Höhe von 1000 M. bei einer Unfallversicherungsgesellschaft gegen einen im Geschäftsbetrieb erlittenen körperlichen Unfall versichert. Im Todesfalle sollten die Kinder den Betrag erhalten. Zur Bedingung war gemacht, daß der Anspruch binnen einer Woche nach dem Unfalle bei ihm angemeldet und, falls er ihn nicht anerkenne, binnen weiteren vier Wochen im Wege der Klage geltend gemacht werde. Der Barbiergehilfe B., der auf die Zeitung abonniert war, schnitt sich am 1. Mai beim Rasieren eines Kunden in den Finger und verstarb noch am selben Tage an einer Blutvergiftung. Auf die fristgemäße Zahlungsaufforderung seines 22jährigen Sohnes C. erwiderte A., C. möge klagen. C. bemüht sich alsbald um ein Armutszeugnis; ehe er es jedoch erhält und ihm vom Gerichte des Armenrecht bewilligt ist, sind mehr als 5 Wochen verstrichen. Die Klage auf Zahlung der 1000 M. wird dem A. am 20. Juni zugestellt. Dieser begehrt Abweisung, weil sie nicht innerhalb der vorgeschriebenen Frist erhoben sei. C. weist demgegenüber darauf hin, daß ihn keine Schuld an der Nichtbeobachtung der Frist treffe und daß A. wider Treu und Glauben verstoße, wenn er dessenungeachtet Versäumung der Frist vorschütze.

117. Die Wirtschafterin A. kauft für ihren Herrn B. einen ihr als echt bezeichneten goldenen Becher und bezahlt ihn, ohne irgendwie zu erkennen zu geben, daß sie im Auftrage und für Rechnung von B. handle. Nach Hause gekommen übergibt sie den Becher dem B., der ihn sofort als nur vergoldet erkennt und deshalb den Kauf rückgängig machen will. Er fragt, ob er hierzu aktiv legitimiert sei oder ob er einer Zession des Anspruchs von seiner Wirtschafterin bedürfe.

118. Der Vormund A. bestellt für sein Mündel einen Anzug, ohne dem Schneider zu sagen, daß er Vormund ist. Das Mündel wird vor der Bezahlung großjährig.

Der Klage B.s auf Zahlung des Preises setzt A. entgegen, daß er nur als gesetzlicher Vertreter seines Mündels gehandelt habe und nach dessen inzwischen eingetretener Volljährigkeit nicht mehr passiv legitimiert sei.

119. Der Rechtsanwalt A. gibt seinem Dienstmädchen 10 M. mit dem Auftrage, dafür bei dem Weinhändler B. 4 Flaschen Moselwein zu holen. Das Dienstmädchen unterschlägt die 10 M. und entnimmt den Wein auf Kredit. Kann B. von A. Bezahlung fordern?

120. A. hat mit dem Gastwirt B. vereinbart, daß dieser A.s kranken selbständigen Neffen gegen eine bestimmte monatliche Vergütung bei sich aufnehme und verpflege. Der Neffe ist aufgenommen, verpflegt und nach einigen Monaten gestorben. B. klagt gegen A. auf Zahlung des rückständigen Entgelts. A. wendet ein, daß er nicht für seine Person, sondern in Vertretung seines Neffen kontrahiert habe. Der Kläger schiebt dem Beklagten den Eid darüber zu, daß dieser den Vertrag in eigenem Namen geschlossen hatte; der Beklagte hingegen schiebt dem Kläger den Eid darüber zu, daß er nur im Namen seines Neffen kontrahiert habe.

120a. Ein Zimmerkellner hält ohne Vorwissen des Wirts Eier vorrätig, dazu einen Spirituskocher, um bei Bestellungen von Zimmergästen selbst zu liefern und später den üblichen Wirtshauspreis einzuziehen. Ein Gast bestellt ohne Kenntnis der Sachlage ein für allemal 3 Eier als zweites Frühstück und erhält sie aus den Vorräten des Kellners. Nach zwei Wochen gelegentlich einer Rechnungszahlung an den Wirt stellt sich die Sachlage heraus, weil die Eier auf der Rechnung fehlen.

Wirt und Kellner fordern von dem Gast Bezahlung: der Wirt mit der Begründung, mit ihm sei durch seinen Bevollmächtigten, den Kellner, der Vertrag zustande gekommen, und die Erfüllung durch einen anderen sei ohne Bedeutung; der Kellner mit der Begründung, er habe die rechtliche Stellung bloß eines ungehorsamen Boten gehabt und das Abkommen für sich getroffen und demgemäß erfüllt; daß zum Vertragsschlusse mit dem Wirte noch eine Annahmeerklärung von anderer Stelle nötig sei, ergebe sich schon daraus, daß trotz Annahme einer Bestellung durch einen Kellner doch immer noch die Ausführung sich ablehnen lasse mit der üblichen Begründung, die Küche sei zurzeit nicht in der Lage, die bestellte Speise herzustellen oder der Keller führe zurzeit die bestellte Marke nicht.

Der Wirt entläßt den Kellner und stellt bei dem Staatsanwalt Antrag auf Bestrafung; er will nach Verurteilung des Kellners aus § 823 BGB. einen Schadensersatzanspruch wegen Mißbrauchs eines Raumes durch Benutzung des Kochers geltend machen.

121. A. betreibt das Tapeziergewerbe auf den Namen seiner Ehefrau als deren Gehilfe und Vertreter. B., der von diesem

Vertretungsverhältnis keine Kenntnis hat, bestellt bei dem A. verschiedene Tapeziererarbeiten. A. führt sie aus, B. bezahlt aber nicht. Als ihn die A. auf Bezahlung verklagt, bestreitet er ihre Aktivlegitimation, weil er mit ihr nicht kontrahiert habe noch habe kontrahieren wollen.

122. In die Wechselstube eines großen Bankhauses tritt ein Fremder von zwar elegantem, aber zweifelhaftem Aussehen und fragt den darin anwesenden Kommis A., ob er 50000 M. Aktien, die er eben aus einer Nachlaßmasse erhalten habe, versilbern könne. A. ist befremdet über die eigentümliche Hast des Unbekannten, kauft jedoch die Aktien und zahlt ihm den Kaufpreis aus. Tags darauf stellt es sich heraus, daß die Aktien gestohlen und offenbar von dem Diebe selbst verkauft worden waren. Der Prinzipal wird von dem Eigentümer der Aktien auf ihre Herausgabe in Anspruch genommen und fragt, ob er nicht jedenfalls dadurch geschützt sei, daß er seinen Angestellten ein für allemal verboten habe, größere Posten Inhaberpapiere von unbekannten Personen zu kaufen.

Wie, wenn der Veräußerer ein in der Stadt bekannter vornehmer Herr gewesen ist, der Prinzipal aber gewußt hätte, daß die Aktien von einem Dritten gestohlen waren, und er deshalb seinen gutgläubigen Kommis mit dem Ankaufe beauftragt hat?

123. Aus 2 vom Aussteller an eigene Order auf seine Ehefrau gezogenen, in Generalvollmacht derselben akzeptierten, begebenen, bei Verfall nicht eingelösten und protestierten Wechseln wurde von dem letzten Wechselinhaber gegen die Akzeptantin auf Zahlung geklagt. Diese beantragte Klageabweisung. Sie wandte ein, daß das Akzept rechtsunwirksam sei, weil 1. der Vertreter durch seine eigene Willenserklärung im Namen des Machtgebers sich seinen Machtgeber nicht verbindlich machen könne und 2. das kollidierende Interesse bei solchem Wechselzuge und solchem Akzepte abstrakt mit Notwendigkeit gegeben und jedem Dritten derart erkennbar sei, daß auch der Dritte aus solchem Akzepte Rechte nicht herleiten könne.

124. Der minderjährige Student A. leistet dem Wirte B. Bürgschaft für die von seinem Freunde C. während des Wintersemesters eingegangenen Zechschulden. Auf die Aufforderung B.s genehmigt ihm gegenüber im nächstfolgenden Semester der Vormund A.s die Bürgschaft. Als A. nach Erlangung der Großjährigkeit von B. aus der Bürgschaft in Anspruch genommen wird, macht er geltend, daß die Genehmigung des Vormundes jeder Bedeutung ermangele, weil sie erst nach Ablauf der Zeit, für welche er sich verbürgt habe, erteilt worden sei. Demgegenüber weist B. darauf hin, daß er den Vormund vor Schluß des Wintersemesters zur Erklärung über die Genehmigung aufgefordert habe.

125. In M. bestanden zwei eingetragene Genossenschaften, deren Vorstände aus denselben Personen zusammengesetzt waren. Diese leisteten für beide Genossenschaften die vorkommenden Zahlungen, je nachdem Geldmittel in der Kasse der einen oder der anderen Genossenschaft flüssig waren, bald aus dieser, bald aus jener. Von Zeit zu Zeit rechneten sie darüber ab und trugen das Ergebnis der Abrechnung unter dem Datum derselben in die beiderseitigen Handelsbücher als bar empfangen oder gezahlt ein, ohne die einzelnen Posten, auf welche die Abrechnung sich erstreckte, anzugeben. Nachdem die eine Genossenschaft in Konkurs verfallen war, meldete die andere eine Forderung gegen sie auf Grund eines Kontobuchauszuges an, ohne die den Abrechnungen zugrunde liegenden Posten anzugeben. Der Klage auf Feststellung dieser im Konkurse bestrittenen Forderung wurde der Einwand entgegengestellt, daß im vorliegenden Falle der Aufrechnung und dem durch sie gewonnenen Ergebnisse die Wirkung eines Schuldbekenntnisses um deswillen nicht zukommen könnte, weil beide Genossenschaften durch dieselben Personen vertreten wären und letztere nicht zugleich durch Anerkenntnisse sich verpflichten und durch dieselben Anerkenntnisse Rechte erwerben könnten. Ist dieser Einwand begründet?

126. Der Gutsverwalter A. hat unter Vorbehalt der Genehmigung des Eigentümers B. an C. ein Pferd für 500 M. verkauft und übergeben. Noch vor Einholung der Genehmigung stürzt das Pferd bei einer Ausfahrt und bricht sich das Genick. B. klagt demnächst auf Zahlung des Kaufpreises mit der Erklärung, daß er den Kauf sofort, als er ihm bekannt geworden, genehmigt habe.

127. Der minderjährige A. hat eine Darlehnsforderung von 1000 M. an B. am 1. Juli dem C. abgetreten. Sein Vormund genehmigt die Abtretung am 9. Juli. Vorher, nämlich am 3. Juli, hat X., ein Gläubiger A.s, diese Forderung im Wege der Zwangsvollstreckung gepfändet und sich zur Einziehung überweisen lassen. An wen kann B. gültig zahlen?

128. Die beklagte Aktiengesellschaft hatte vier Liquidatoren, einer derselben war der Kläger. Zur Übernahme von Verpflichtungen war die Mitwirkung von zwei Liquidatoren erforderlich und genügend.

Der Kläger zog, um mittels seines persönlichen Kredits der liquidierenden Gesellschaft Geld zuzuführen, Wechsel auf sie im eigenen Namen und an eigene Order, welche von ihm und einem Mitliquidator S. im Namen der Gesellschaft akzeptiert wurden. Als der im Umlauf gesetzte Wechsel auf ihn zurückkam, klagte er gegen die Gesellschaft als Akzeptantin. Es wurde eingewendet, daß die Akzeptationserklärung, welche der Unterzeichnung durch zwei Liquidatoren bedurfte, nur von dem Kläger und dem Mitliquidator S. unterzeichnet sei, Kläger aber wegen seines mit dem Interesse der Beklagten kollidierenden persönlichen Interesses nicht imstande gewesen sei, den von ihm selbst gezogenen Wechsel im Namen der Beklagten als deren Vertreter zu akzeptieren.

128a. A. sucht in einem Wäschegeschäft mit besonderer Zahlstelle Tafeltücher für ein Geschenk aus. Da ihm einige Muster besonders gefallen, will er sie neben den bereits ausgesuchten für sich erwerben und sagt zu der Verkäuferin, daß er nicht genügend Geld bei sich habe, die Stücke mitzukaufen. Die Verkäuferin erwidert, es genüge eine Anzahlung, der Rest könne an den Überbringer der Ware gezahlt werden, da es sich um eine größere Lieferung handle; sie werde die Höhe der Anzahlung gleich auf dem Kassenzettel vermerken. A. gibt der Verkäuferin 3 Hundertmarkscheine. Die Verkäuferin nimmt sie und legt sie auf den Tisch, um den Zettel auszufüllen. A. besieht andere Stücke, richtet Fragen an die Verkäuferin, und diese unterbricht ihre Tätigkeit, um A. durch Vorlegung ähnlicher Stücke die besonderen Vorzüge der besichtigten darzustellen. Dies benutzt ein Dieb, die Scheine wegzunehmen und sich zu entfernen. A. und die Verkäuferin bemerken kurze Zeit später den Verlust.

A. will die 300 M. auf den Kaufpreis in Abzug bringen. Er meint, es liege Zahlung vor, jedenfalls hafte das Geschäft für das Versehen der Angestellten, die das Papiergeld an Dritten zugänglicher Stelle habe liegenlassen. Ihm wird zur Versehensfrage entgegnet, daß er die Scheine habe liegen sehen und die Aufmerksamkeit der Verkäuferin abgelenkt habe.

129. Die A. ist am 1. Januar 1890 (1900) vorm. 10 Uhr geboren. In welchem Augenblicke wird sie geschäftsfähig? testierfähig? ehemündig? volljährig? Wann müssen ihre Eltern spätestens die Ehe geschlossen haben, damit sie ein eheliches Kind ist?

Die A. ist seit ihrem 15. (63.) Lebensjahr verschollen. Wann kann sie für tot erklärt werden?

130. Wann ist ein Darlehn zurückzuzahlen, das am 1. Januar auf 3 Monate gegeben ist?

Wann endet ein Mietsvertrag, der vom 1. Januar ab auf 2 Jahre geschlossen ist?

131. A. bestellt bei dem Koch B. am Dienstag ein Diner für 10 Personen zum nächsten Sonntag. Darf B. es unter Berufung auf § 193 BGB. am Montag liefern?

132. Die Domkirchengemeinde in A. macht als Eigentümerin Anspruch auf Herausgabe des neben der Domkirche belegenen Platzes gegen die Stadtgemeinde in A., welche ihn seit länger als 30 Jahren besitzt und seit etwa 10 Jahren im Grundbuch als Eigentümerin eingetragen ist. Auf den Einwand, daß die Klage durch Nichtgebrauch erloschen sei, erwidert die Klägerin, daß das BGB. die erlöschende Verjährung ohne gleichzeitige Erwerbung des Eigentums durch den Besitzer nicht kenne.

133. Der Gastwirt A. hat dem bei ihm eingekehrten Handlungsreisenden B. ein Darlehn gegeben, dessen B. bedurfte, um die notwendig gewordene Ausbesserung seiner Reisekoffer zu bezahlen. Vier Jahre später verklagt A. den B. auf Rückzahlung des Darlehns. Dieser stellt den Einwand der Verjährung entgegen.

134. A. bestellt am 15. Dezember 1905 für den von ihm im Jahre 1906 geplanten Neubau einer Villa bei dem Möbelfabrikanten B. Kunstmöbel im Gesamtwerte von 100000 M. Hiervon liefert B. im Laufe des Jahres 1906 Möbel für 50000 M., im Laufe des Jahres 1907 für 30000 M. und im Januar 1908 den Rest.

Im Februar 1908 erhebt er Klage auf Zahlung des Kaufpreises. A. wendet Verjährung ein. Er macht geltend: die Forderung sei nach §§ 433, 651 BGB. mit dem Abschlusse des Vertrags entstanden und gemäß §§ 198, 201, 196 Nr. 1 BGB. verjährt. B. erwidert: Der § 196 Nr. 1 handle nur von Zahlungsrückständen. Keinesfalls könnte von einer Verjährung der letzten 20000 M. die Rede sein; es wäre arglistig, die Möbel nach dem angeblichen Eintritt der Verjährung anzunehmen und dann sich auf die Einrede der Verjährung zu berufen. (Vgl. RGEntsch. Bd. 62, S. 178 und hierzu Stölzel, Das Recht, 1907, S. 1425ff.)

135. Ein Tierbändiger klagt gegen den Menageriebesitzer, bei dem er zur Zähmung, Abrichtung und Vorführung großer Raubtiere angestellt gewesen war, rückständige Gage ein. Der Beklagte wendet unter Berufung auf § 196 Nr. 9 BGB. Verjährung ein.

136. Wann verjährt der Anspruch in folgenden Fällen?

a) A. hat dem B. ein Darlehn von 100 M. am 15. April 1900 mit der Abrede übergeben, daß es nach sechsmonatiger Kündigung rückzahlbar, die Kündigung aber vor dem 1. Juli 1903 nicht statthaft sein soll. (§§ 199; 187 I; 188 II; 195.)

b) A. hat den B. im Jahre 1900 durch arglistige Täuschung zu einer Schenkung bestimmt und das Geschenkte erhalten. B. entdeckt die Täuschung im Jahre 1902 und erklärt die Anfechtung in der gesetzlichen Frist.

Welchen Einfluß hat es auf die Verjährung, wenn die Übergabe der geschenkten Sache erst im Jahre 1910, die Entdeckung der Täuschung und die Anfechtung im Jahre 1912 stattgefunden hat? (§ 200. Aus Rehbeins Komm. z. BGB., S. 305.)

c) Der Kaufmann A. hat eine Warenforderung an den Kaufmann — Privatmann — B. aus dem Jahre 1902. Er stirbt am 20. Dezember 1904 und hinterläßt einen minderjährigen Sohn, α) dem erst am 28. Dezember 1904 ein Vormund bestellt wird; β) der am 2. Januar 1905, ohne daß bis dahin ein Vormund bestellt worden ist, großjährig wird (§§ 206, 196; aus Rosenthals gemeinverständlicher Erläuterung des BGB., S. 90).

d) A. hat einen Zinsrückstand aus dem Jahre 1900 zu fordern. Er wird im Jahre 1903 geisteskrank (§ 104 Nr. 2) und nach seiner Entmündigung α) im Dezember 1903 — β) im Januar 1905 — erst am 1. Februar 1905 — unter Vormundschaft gestellt.

Welchen Einfluß hat es in dem zweiten Falle, wenn der Vormund im Juli 1905 stirbt und der neue Vormund erst am 31. August 1905 bestellt worden ist? (§ 206; aus Rehbein, a. a. O., S. 311.)

137. Der Kaufmann A. hat am 1. April 1903 einen Hauskauf vermittelt und dafür von dem Verkäufer B. eine Provision von 1000 M. zugesagt erhalten. Am 1. April 1905 hat B. ihm gegenüber den Provisionsanspruch anerkannt. Der im Dezember 1907 erhobenen Klage stellt B. die Einrede der Verjährung entgegen. A. macht unter Bezugnahme auf § 201 BGB. geltend, daß die neue Verjährung erst mit dem Schlusse des Jahres beginne, in welchem die Unterbrechung ihr Ende gefunden habe.

138. Der im Jahre 1939 verstorbene A. schuldete aus einem Vertrage vom 4. Juli 1904 dem B. eine verzinsliche, mit sechsmonatiger Kündigungsfrist rückzahlbare Summe. Im September 1916 starb B. und setzte einen am 18. Dezember 1914 geborenen Sohn des

A. zum Erben ein. Im Jahre 1929 überließ A. sein ganzes Vermögen dem C., der alle Schulden übernahm. Als A. jun. im Dezember 1942 gegen C. auf Zahlung klagt, wendete dieser Verjährung ein. (§§ 195, 199, 204; aus Rehbeins Komm. z. BGB., S. 310.)

139. Auf Gesuch des A. ist dem B. am 9. Februar 1901 ein Zahlungsbefehl in Höhe von 1000 M. aus einem am 31. Januar 1901 ordnungsmäßig protestierten, von B. als Indossanten gezeichneten Wechsel zugestellt worden. B. hat Widerspruch erhoben, und das Gericht hat den A. hiervon am 14. Februar 1901 in Kenntnis gesetzt. Die Klage auf Zahlung der 1000 M. ist dem B. am 1. August 1901 zugestellt worden. Greift die Einrede der Verjährung durch? (§ 213; ZPO. §§ 694, 695, 697, 701. Vgl. RGUrt. v. 12. Mai 1897, Entsch. Bd. 39, S. 59.)

140. A. ist am 2. April 1901 rechtskräftig verurteilt worden, an sein am 1. Oktober 1900 geborenes Kind bis zur Vollendung des sechzehnten Lebensjahres Alimente zu zahlen (§§ 1708ff.). Er hat sie bis zum 1. Oktober 1912 regelmäßig gezahlt. Auf Entrichtung der seitdem rückständigen Alimente wird er im Jahre 1924 verklagt. Steht ihm die Einrede der Verjährung zu? (§§ 218 II, 197.)

141. Der Oberkellner A. hat sich im Mai 1903 bei dem Schneider B. einen Frack für 100 M. fertigen lassen. Im Januar 1906 begegnet er dem B. auf der Straße und erwidert ihm auf die Frage, warum er den Frack noch nicht bezahlt habe, er sei lange Zeit arbeitsunfähig gewesen. Der am 4. April 1906 zugestellten Klage auf Zahlung setzt A. die Einrede der Verjährung entgegen. B. hält sie aus zwei Gründen nicht für durchgreifend: einmal, weil der Anspruch überhaupt noch nicht verjährt sei, indem er den Frack dem A. für dessen Gewerbebetrieb geliefert habe; sodann, weil A. den Anspruch im Januar 1906 anerkannt habe.

142. A. wohnt bei B. zur Miete und bleibt den Mietzins für die Zeit vom 1. April bis zum 30. Juni 1900 schuldig. Im Jahre 1905 klagt B. gegen ihn gemäß § 223 BGB. mit dem Antrage: den A. zu verurteilen, sich gefallen zu lassen, daß B. aus den in die Wohnung eingebrachten Sachen des A. wegen der vorbezeichneten Forderung seine Befriedigung suche. A. meint, daß der § 223 auf den vorliegenden Anspruch keine Anwendung finde, da es dem gesetzlichen Pfandrechte des Vermieters mit der Verjährung der persönlichen Forderung am Grunde fehle.

143. Der Schullehrer A. kauft im August 1900 unter Bürgschaft seines Freundes B. bei dem Fabrikanten C. ein Pianino. Im Jahre 1903 bezahlt B. den Kaufpreis und nimmt den A. auf Erstattung in Anspruch. Dieser beantragt Abweisung der Klage wegen Verjährung des Anspruchs. (§§ 224, 196 I Nr. 1.)

144. Der Instmann A. ist am 9. März 1900 durch einen vom Beklagten abgefeuerten Schuß verletzt worden und infolge dieser Verletzung am nächsten Tage verstorben. Seine Witwe und seine Kinder verlangen Schadensersatz von dem Beklagten mit der Behauptung, daß er die Tötung beabsichtigt, mindestens aber durch grobes Versehen verschuldet habe. Durch die Beweisaufnahme ist festgestellt, daß der Beklagte den Schuß abgefeuert hat, weil er über die von A. erlittenen Mißhandlungen bestürzt war und von ihm und seinen Begleitern weitere Angriffe befürchtete. Mit Rücksicht hierauf bittet der Beklagte um Abweisung der Klage.

145. Der Austräger eines Glaswarengeschäfts wird auf der Straße von einem wütenden Hunde in die Wade gepackt. Um sich von dem Tiere zu befreien, schlägt er, da er sich augenblicklich keinen anderen Rat weiß, mit einem Korbe, in dem sich ein für einen Käufer bestimmter kostbarer Tafelaufsatz befindet, nach dem Hunde. Er tötet den Hund und zerschlägt dabei den Tafelaufsatz. In welchem Umfang ist er ersatzpflichtig?

Welchen Einfluß hat es, wenn er oder ein Dritter den Hund zuvor gereizt hat? (§§ 228; 904; 823; aus Rosenthals gemeinverständlicher Erläuterung des BGB., 4. Aufl. S. 96.)

146. Das dem Beklagten gehörige, von dem Kapitän X. geführte Schiff „Fortuna“ war auf einer Reise nach Hamburg bei eintretender Dunkelheit in der Nähe des äußersten Feuerschiffes der Elbmündung zu Anker gegangen. Nachdem es dann einen Lotsen erhalten, wurde am folgenden Morgen der Anker wieder gelichtet, um die Reise fortzusetzen. Hierbei zeigte sich aber, daß sich um den Arm des nur mit großer Anstrengung aufgewundenen Ankers ein Drahtseil verschlungen hatte, welches sich später als identisch mit dem der Klägerin gehörigen, zur Verbindung des Festlandes mit Helgoland dienenden Telegraphenkabels herausgestellt hat. Da der Versuch, den Anker von dem Drahtseile zu befreien, nicht gelang, ließ X. das Seil, welches er als zu einem Schiffswrack gehörig angesehen und nicht als Telegraphenkabel erkannt haben will, abhauen, obwohl ihm der Lotse gesagt hatte, daß in jener Gegend ein solches Kabel liege. Die Klägerin verlangt nun von dem Beklagten als Reeder des Schiffes Ersatz des ihr hierdurch erwachsenen Schadens.

147. In einer kleinen Stadt bricht aus einer Menagerie ein Löwe aus und läuft schnurstracks auf den um die Mittagszeit völlig menschenleeren Marktplatz, wo er sich am Brunnen sonnt. Der Leutnant A. beobachtet den Vorfall aus seiner eine Treppe hoch gelegenen Wohnung, und erfreut, einen Löwen schießen zu können, legt er auf ihn an und tötet ihn, obschon er bemerkt hatte, daß Leute aus der Menagerie sich aufmachten, um sich des Löwen wiederum zu bemächtigen. Die Kugel war durch den Löwen hindurchgegangen und hatte bei ihrem Austritt den Brunnen beschädigt.

Muß der Schütze Ersatz leisten α) dem Menageriebesitzer für den Löwen, β) der Stadtgemeinde wegen der Beschädigung des Brunnens?

Der Brunnen war der Stadt von einem reichen Mitbürger geschenkt worden und hatte an der Vorderseite ein kostbares Marmorrelief, das durch die Kugel völlig zerstört ist. A. meint, daß für die Verhältnisse der Stadt und im Hinblick auf die sonstige Umgebung des Brunnens eine einfache Mauerwand angemessen wäre und daß er höchstens deren Wert zu ersetzen angehalten werden könnte.

148. A., ein Gläubiger B.s, nimmt diesem, um sich wegen einer fälligen Darlehnsforderung zu befriedigen, bei einem Mahnbesuche ein auf dem Tische liegendes Sparkassenbuch heimlich weg, geht damit auf die Sparkasse und erhebt dort das zur Tilgung des Darlehns noch nicht einmal ausreichende Sparkassenguthaben. B. bemerkt alsbald nach A.s Weggange den Verlust des Buches, läuft, nichts Gutes ahnend, dem A. nach und begegnet diesem, wie er gerade die Treppe der Sparkasse herabkommt. Triumphierend klopft A. auf seine Hosentaschen. Dadurch gereizt, stürzt sich B. auf ihn, entreißt ihm gewaltsam das Geld, beschädigt dabei vollständig das Beinkleid A.s, fällt aber zufolge einer abwehrenden Bewegung seines Gegners so unglücklich auf eine Treppenstufe, daß er mehrere Wochen bettlägerig wird. Wie er die Heilungskosten und Schadensersatz verlangt, lehnt A. mit dem Hinweise darauf, daß er der Angegriffene gewesen sei, nicht nur jede Zahlung ab, sondern fordert seinerseits Erstattung des Wertes des geschädigten Beinkleides.

149. A. betritt bei dem Brande seines Hauses das Grundstück seines Nachbars B. und vernichtet dort ein Beet mit seltenen Pflanzen, um der Feuerwehr einen geeigneten Angriffspunkt auf sein Haus zu gewähren. Von B. auf Schadensersatz belangt, wendet A. ein, daß er im Notstande, eventuell in erlaubter Selbsthilfe, gehandelt habe.

Zweites Buch.
Recht der Schuldverhältnisse.

---

150. Ein Amtsrichter schließt mit seinem Flurnachbar, einem Musiklehrer, einen Vertrag, wonach dieser sich verpflichtet, gegen eine alsbald gezahlte Entschädigung von 100 M. in den Monaten Oktober bis März nach 7 Uhr abends keinen Musikunterricht in seiner Wohnung zu erteilen. Im November geht zum Entsetzen des Amtsrichters das Musizieren in den Abendstunden wieder los. Wie ist dem Amtsrichter zu helfen? Kann der Musiker einwenden, daß er nicht unterrichte, sondern mit seinem Freunde, einem Turnlehrer, der freilich noch nicht weit vorgeschritten sei, vierhändig spiele?

151. A. engagiert den berühmten Landschaftsmaler B., damit er ihm die Wanddekoration seines Speisesaales male. Darf B. diese Arbeit durch den Maler C. ausführen lassen?

152. A. engagiert den lungenschwachen Schulamtskandidaten B. auf mehrere Jahre als Hauslehrer mit der Verpflichtung, das Rauchen fortan zu unterlassen. Was kann A. tun, wenn B. dennoch raucht?

Würde die Entscheidung ebenso ausfallen, wenn B. sich seinem wohlmeinenden Onkel gegenüber, mit dem er in keinem Vertragsverhältnis steht, verpflichtet hätte, nicht mehr zu rauchen, und dessenungeachtet dennoch raucht? (Aus Rosenthals gemeinverständlicher Erläuterung des BGB., 4. Aufl., S. 101.)

153. Der Fuhrmann A. hat sich von dem Holzhändler B. 1000 M. auf fünf Jahre geborgt und sich verpflichtet, ihm jährlich 20 Fuhren im Werte von je 6 M. zu leisten. Kann A. nach dem Ablaufe von 6 Monaten das Kapital unter Einhaltung einer Kündigungsfrist von 6 Monaten kündigen? (§§ 247; 138; EinfGes. Art. 39.)

154. A. in Stuttgart gewinnt in der Lotterie der Berliner Gewerbeausstellung 2 Fenster Gardinen, die nach der Gewinnliste einen Wert von 200 M. haben sollen. Er beauftragt den Spediteur B., ihm den Gewinn zu übersenden. Die Sendung geht durch B.s Schuld verloren. Auf die Nachricht hiervon kauft B. bei dem Fabrikanten X., der die Gardinen für die Lotterie geliefert hatte, 1 Fenster Gardinen von gleicher Qualität wie die verlorengegangenen und übersendet es dem A. Dieser verweigert die Annahme und klagt auf 200 M. Schadensersatz. B. bittet um Abweisung der Klage. Er erklärt sich bereit, dem A. außer dem vergeblich angebotenen einen Fenster Gardinen noch ein zweites zu senden, das er sich gleichfalls bei X. beschaffen werde.

155. Ein Fleischerhund beißt die an und für sich wertlose Lieblingskatze einer alten Jungfer tot. Diese verlangte von dem Eigentümer des Hundes 100 M. Schadensersatz. Ist es von Einfluß, ob der Hund von seinem Herrn oder von einem Dritten auf die Katze gehetzt worden ist oder nicht?

156. Welcher Schaden ist in folgenden Fällen (aus Endemann, Einführung in das Studium des BGB., 8. Aufl., Bd. 1 § 159 Anm. 19) zu ersetzen?

a) A. hat das gemietete Pferd des B. vertragswidrig abgetrieben und muß den lahmen Gaul in einer Dorfschenke zur Nacht einstellen. Die Schenke brennt ab, das Tier geht zugrunde.

b) A. hat die geliehene Uhr beschädigt. Er gibt sie dem Uhrmacher B. zur Reparatur. Dieser richtet sie durch ungeschickte Behandlung völlig zugrunde.

156a. Der von A. gegen Unfälle versicherte Flußdampfer war gesunken. Der Versicherer kam mit A. überein, den Dampfer zu heben und bis zum 1. April gebrauchsfähig wiederherzustellen. Infolge Überflutung durch unvorhergesehenes, ungewöhnliches Hochwasser sank der schon gehobene Dampfer Anfang März zum zweiten Male. Der Versicherer begann sofort mit dem Heben. A. erklärte, daß er für die vollständige Herstellung eine Frist bis zum 1. Mai bestimme und nach Ablauf der Frist die volle Versicherungssumme als Entschädigung verlange. Der Versicherer widersprach. Im Mai erhob A. Klage auf Zahlung der Versicherungssumme. Er meint, schon mit Rücksicht auf die überlange Dauer einer Wiederherstellung habe diese für ihn keinen Wert mehr, auch sei der Dampfer für seine Zwecke nicht mehr verwendbar, zumal er kaum noch einen Versicherer finden würde. Der Versicherer gab zu, daß die Wiederherstellung erst im Laufe des Sommers möglich sei. Ob er den Dampfer dann zur Versicherung wieder annehmen werde, könne er zurzeit noch nicht sagen. Die Klage müsse aber jedenfalls abgewiesen werden, weil ein Vorfall höherer Gewalt Ursache der Verzögerung und einer etwaigen Unmöglichkeit der Wiederbeschaffung der Brauchbarkeit sei und er dafür nicht hafte, weil ferner ein Leistungsverzug fehle und deshalb der vertraglich festgelegte Anspruch auf Wiederherstellung nicht in einen Anspruch auf Schadloshaltung übergegangen sei.

156b. Der Fabrikbesitzer B., der wegen aller, auch nur ausbesserungshalber in seinem Betriebe befindlichen Kraftwagen versichert ist, hat von A. einen Kraftwagen zur Ausbesserung erhalten. Ein in den Fabrikräumen ausgebrochener Brand beschädigt auch den Kraftwagen des A. A. erklärt B. für verantwortlich wegen des Schadens. B., um Streit zu vermeiden, verpflichtet sich, den Wagen wiederherzustellen, jedoch wegen anderweiter Inanspruchnahme des Betriebes durch Kriegslieferungen erst nach Beendigung des Krieges. Als ihm von der Versicherungsgesellschaft eine Entschädigung für den Wagen des A. ausgezahlt wird, teilt er dies dem A. mit. Nach Beendigung des Krieges erklärt B., er lehne die Ausbesserung ab mit Rücksicht auf die hohen Preise für Stoff und Arbeitsleistung und stelle den Versicherungsbetrag zur Verfügung. A. erhebt Klage auf Herstellung, hilfsweise auf Feststellung der Ersatzpflicht für alle Aufwendungen, die zur Wiederherstellung nötig werden.

157. A. kommt in der Dunkelheit von einem Fußwege ab, stürzt in die etwa 100 Schritte davon entfernte Grube des B., die einer Polizeivorschrift zuwider unbedeckt war, und bricht den Arm. Ist B. für den Schaden verantwortlich?

158. a) Der von A. zu einer bestimmten Stunde bestellte Droschkenkutscher B. kommt aus Vergeßlichkeit zu spät. A. versäumt infolgedessen den Eisenbahnzug nach der Residenz und erleidet dadurch nicht nur einen Schaden von 10000 M., sondern versäumt auch eine Einladung zum Mittagessen bei einer einflußreichen Persönlichkeit, die ihm zu einem Orden verhelfen sollte.

b) Der Vormund A. bittet den von Berlin nach Köln reisenden Musiker B., ihm einen Brief mitzunehmen. B. übernimmt die Besorgung aus Gefälligkeit und legt den Brief in sein Notizbuch, das er in der Brusttasche trägt. Unterwegs schläft er ein. Währenddessen stiehlt ihm ein Unbekannter das Notizbuch samt dem Briefe. In dem Briefe waren 10000 M. enthalten.

Welcher Schadensersatz kann hier gefordert werden? (Aus Planck, Komm. zu § 254 BGB., Anm. 3.)

159. Die Brüder A. und B. hatten den Fuhrherrn C. zu einer Fahrt von X. nach Y. angenommen. Durch ein Versehen C.s stieß der Wagen an den Eckpfosten eines Lattenzaunes. C. fiel infolge davon vom Bock, und die Pferde gingen durch. Nun sprang A. aus dem Wagen, kam wohlbehalten auf die Füße, ergriff aber, in der Absicht, seinen Bruder aus der gefährlichen Lage zu retten, die Zügel, um die Pferde zu bändigen. Das gelang ihm nicht. Er wurde vielmehr zu Boden geworfen und am Beine durch die Räder des über ihn hinweggehenden Wagens verletzt. Die Pferde liefen noch etwas weiter und blieben dann stehen.

A. belangt den B. auf Ersatz der Heilungskosten. Dieser bittet um Abweisung der Klage, weil der Schaden allein durch die auf dem freien Entschluß des Klägers beruhende Handlung herbeigeführt worden sei. A. erwidert, daß er moralisch verpflichtet gewesen sei, den Rettungsversuch auch unter Gefährdung seiner Gesundheit zu wagen.

159a. A., stark kurzsichtig, läuft Gefahr, von einem Kraftwagen überfahren zu werden. B. in der Meinung, er müsse ihn durch einen Stoß retten, gibt ihm einen solchen, der aber wider Erwarten des B. zur Folge hat, daß A. stürzt und einen Arm mehrfach bricht. A. verlangt Schadensersatz und behauptet dabei, er wäre überhaupt nicht überfahren worden, auch wenn ihn B. nicht gestoßen hätte.

160. Der Grundstückseigentümer A. hatte einer Polizeiverordnung zuwider bei Glatteis das Bestreuen des Bürgersteiges unterlassen und dadurch dessen Benutzung gefährlich gemacht. Der des Weges daherkommende B. begab sich deshalb auf den Fahrdamm in der Hoffnung, daß dieser weniger glatt und gefährlich sein werde. Das war jedoch nicht der Fall. B. glitt aus und brach sich den Arm. Seiner Klage auf Schadensersatz stellt A. entgegen, daß es an dem ursächlichen Zusammenhange fehle, da B. aus eigenem Entschluß den Bürgersteig verlassen habe, er (A.) aber für einen auf dem Fahrdamm vorgekommenen Unfall nicht verantwortlich gemacht werden könne.

161. Der sechsjährige Sohn des Klägers spielte auf der an einem Bahndamm gelegenen Wiese und betrat diesen in einem Augenblicke, wo ein Zug vorübersauste. Er wurde dabei von dem Trittbrett eines Wagens erfaßt und fiel so unglücklich zu Boden, daß er das Bein brach und es durch eine notwendige Amputation schließlich einbüßte. Der Kläger verlangt Ersatz der Kosten der Heilung und des Vermögensnachteils, der durch die dauernd geminderte Erwerbsfähigkeit und eingetretene Vermehrung der Bedürfnisse des Verletzten diesem verursacht worden ist. Die Bahnverwaltung wendet ein, daß der Verletzte lediglich durch sein eigenes Verschulden zu Schaden gekommen sei; eventuell treffe den Kläger ein Verschulden, daß er ein so kleines Kind ohne jede Aufsicht an einem gefährlichen Orte gelassen habe.

162. A. versetzt am 1. März eine unechte Uhrkette bei dem Pfandleiher B. als echte und erhält von ihm darauf ein Darlehn von 35 M. Den Pfandschein, in dem B. die Kette als golden bezeichnet und auf 45 M. taxiert hat, verkauft A. am 5. März bei dem Pfandleiher C. für 5 M. C. erfährt am 12. März durch einen Kriminalbeamten, daß die von A. versetzte Kette unecht ist. Dessenungeachtet entschließt er sich, weil sie nach dem Pfandschein von Gold sein sollte, sie einzulösen und zahlt am 31. März dem inzwischen von der Wertlosigkeit der Kette unterrichteten B. das Darlehen nebst Zinsen, insgesamt 36,30 M., zurück. B. gibt ihm aber versehentlich nicht die von A., sondern eine von X. versetzte goldene Kette, ohne bei der Auslösung dem C. von der Unechtheit und dem geringen Werte der ersteren Kette etwas zu sagen. C. verkauft die ihm von B. eingehändigte Kette im April für 62 M. an D. Von ihm ersteht sie wiederum B. für 65 M., um sie dem Eigentümer X. zurückgeben zu können. B. fordert nunmehr von C. 65 M. nebst Zinsen seit dem Tage der Aufforderung mit der Behauptung, C. habe seinen, B.s, Irrtum schon bei der Herausgabe der Kette bemerkt, eventuell habe er vor ihrer Veräußerung an D. erkannt, daß ihm von B. eine echte Kette gegeben worden ist. C. erwidert, daß er weder damals noch zur Zeit des Verkaufs an D. den angeblichen Irrtum des Klägers gekannt habe.

163. Die Klägerin A. hat ihre Geldsendungen mittels Postanweisungen bewirkt, auf die sie bei dem Postamte SW 61 in Berlin die betreffenden Beträge gegen Bescheinigung in das ihr vom Postamt ausgehändigte Posteinlieferungsbuch eingezahlt hat. Das Buch bezeichnet sich auf dem Titelblatte als „Posteinlieferungsbuch über die von der Firma A. zur Post eingelieferten Wert- und Einschreibesendungen sowie Postanweisungen und Postnachnahmesendungen.“ Darunter steht die Bescheinigung des Postamts: „Dieses Buch ist der genannten Firma zur Benutzung ausgehändigt am 2. Januar 1900. Es besteht aus 50 mit laufenden Ziffern bezeichneten Seiten.“

Der von der Klägerin mit der Einzahlung des Geldes beauftragte Buchhalter B. hat in wiederholten Fällen den ihn abfertigenden Postbeamten X., Y. und Z. Postanweisungen vorgelegt, die anstatt mit der im Posteinlieferungsbuch angegebenen Adresse mit seiner eigenen Adresse oder mit einer Deckadresse versehen waren. Die auf die untergeschobenen Postanweisungen eingezahlten Beträge hat demnächst B. selbst erhoben. In dieser Weise ist der Klägerin ein Schaden von 2157 M. entstanden, dessen Erstattung sie von B. nicht erlangen kann. Sie klagt deshalb gegen X., Y. und Z., und zwar gegen einen jeden von ihnen wegen Ersatzes eines Teiles der Verlustsumme sowie gegen den Reichspostfiskus wegen Ersatzes der ganzen Summe.

Der Klage wird der Einwand entgegengestellt, daß eine die Ersatzpflicht der Beklagten ausschließende Mitverschuldung der Klägerin vorliege. Sie habe für das dolose Verhalten ihres Buchhalters B., der die mit ihm kontrahierenden Postbeamten wissentlich getäuscht habe, einzustehen. Die gegenteilige Auffassung würde dahin führen, daß der wissentlich und vorsätzlich veranlaßte Irrtum beim Vertragsabschluß rechtserzeugend wäre.

Demgegenüber weist die Klägerin auf § 6 Abs. 4 des Postgesetzes vom 28. Oktober 1871 hin, wonach die Postverwaltung für die auf die Postanweisungen eingezahlten Beträge Garantie leistet, und macht geltend, daß durch die Eintragungen in das Posteinlieferungsbuch ihrerseits klar der Wille ausgedrückt worden ist, an wen die Absendung und die Ablieferung des Geldes erfolgen solle.

164. Die A. hat sich bei dem Schuhwarenhändler B. zwei Paar Stiefel ausgesucht und zur endgültigen Auswahl davon nach Hause schicken lassen. Zur Sicherheit des B. für den auf 15 Mark verabredeten Kaufpreis hat sie bei diesem 30 M. hinterlegt. Sie schickt jedoch beide Paare mit dem Bemerken zurück, daß sie ihr nicht paßten und daß sie nächstens sich ein anderes Paar aussuchen werde. Hierauf veräußert B. die beiden Paare anderweit und sendet der A. 15 M. zurück. Nunmehr klagt die A. auf Rückzahlung der übrigen 15 M. nebst Zinsen seit dem Tage der Hinterlegung. A. bittet um Abweisung, weil die Klägerin verpflichtet sei, ihm ein Paar Schuhe zum Preise von 15 M. abzunehmen.

164a. A. kauft von B. ein Pferd mit der Abrede, es auf 10 Tage auf Probe zu nehmen, und erhält das Pferd. Schon nach einer Woche bringt er es zurück und sagt, er wolle es nicht haben. B. verweigert die Zurücknahme. A. will das Pferd nicht unnütz füttern und verwendet es mit seinen übrigen Gespannen. Eine Woche später verendet es, nachdem es bei dem Ackern einen Sturz erlitten hatte. B. verlangt von A. 1000 M., zunächst als vereinbarten Kaufpreis, weil A. das Pferd ohne jeden Grund zurückgebracht habe, sodann als Wert, weil die Gefahr auf A. übergegangen, zudem der Verwalter des A. den Sturz nicht genügend beachtet, den Tierarzt verspätet zugezogen und dadurch den Tod verursacht habe.

165. A. hat dem B. 200 Liter Apfelwein oder Spiritus verkauft, und zwar nach seiner, des A., Wahl. A. hat sich für den

Wein entschieden und dies dem B. erklärt, will aber nunmehr den Spiritus liefern. Ist er hierzu befugt?

A. übt das Wahlrecht nicht aus. Auf Klage des B. wird er gegen Zahlung des Kaufpreises zur Lieferung von 200 Liter Apfelwein oder Spiritus verurteilt. Trotzdem wählt er nicht. Darf nun B. das Wahlrecht ausüben?

Wenn Gegenstand des Kaufes eine Kuh oder ein Pferd wäre und die Kuh krepierte bald darauf, muß der Käufer das Pferd annehmen?

166. A. hat sich dem B. gegenüber im November 1900 verpflichtet, ihm am 2. Januar 1901 käuflich für 1000 M. entweder sein Wagenpferd oder seine 2 Kühe zu überlassen. Im Dezember 1900 krepiert das Pferd bei einem Brandunglück.

Als B. nunmehr im Januar 1901 auf Überlassung der beiden Kühe gegen Zahlung von 1000 M. klagt, wendet A. ein, er habe ihm das Pferd leihen wollen, wofür er Beweis antritt, und beantragt Abweisung des Klägers, indem er besonders hervorhebt, daß er durch den unverschuldeten Untergang des Pferdes seines Wahlrechts beraubt werde.

167. A. hat sich vertraglich verpflichtet, dem B. am 1. Juli 500 Sack Kartoffeln zum marktgängigen Preise zu liefern. Er liefert ihm an diesem Tage aber nur 200 Sack. Muß sich B. das gefallen lassen?

Würde es einen Unterschied machen, wenn zwischen den Parteien der Inhalt des Vertrags streitig wäre und A. anerkennt, zu einer Lieferung von 200 Sack, aber nicht zu mehr verpflichtet zu sein?

168. A. hat dem B. ein zu 5% verzinsbares Darlehn von 1000 M. gegeben, rückzahlbar am 1. Januar 1901. B. zahlt an diesem Tage nur 700 M. Am 1. Oktober 1901 erhebt daher A. Klage mit dem Antrage, den B. zur Zahlung von 300 M. nebst 5% Zinsen von 1000 M. seit dem 1. Januar 1901 zu verurteilen. B. erkennt den Anspruch nur in Höhe von 300 M. nebst entsprechenden Zinsen an. Wie ist zu erkennen?

169. Der in X. wohnhafte A. hatte dem in Y. wohnenden B. Waren auf Bestellung zugeschickt, B. hatte sie ihm zur Verfügung gestellt. Dessenungeachtet klagt A. bei dem Amtsgerichte in X. auf Zahlung des Kaufpreises und begründet den Gerichtsstand damit, daß B. dorthin nach § 270 BGB. den Kaufpreis zu übermitteln habe. B. bittet um Abweisung der Klage, weil er nur in Y. zu erfüllen brauche und daher das Amtsgericht dieses Ortes für ihn zuständig sei.

170. A. hat seinem Prozeßbevollmächtigten, dem Rechtsanwalte B., zwecks Einklagung einen Schuldschein übergeben, den dieser zu seinen Handakten genommen hat. Sechs Jahre nach Beendigung dieses Prozesses klagt A. gegen B. auf Herausgabe des Schuldscheins. B. macht sein Zurückbehaltungsrecht an den Handakten geltend, weil er wegen seiner Auslagen und Gebühren in jenem Prozeß noch nicht befriedigt ist. A. erwidert darauf, daß das Zurückbehaltungsrecht erloschen sei, da der Anspruch des B. nach § 196 Nr. 15 BGB. längst verjährt sei.

171. Ein Dienstmädchen gleitet auf dem Wege zur Küche aus und zerbricht dabei das von ihr getragene Kaffeeservice, welches sie in der Wohnstube abgeräumt hatte. Der Dienstherr verlangt Ersatz. Das Dienstmädchen wendet ein, sie sei über einen glatten Pflaumenkern gestolpert, den die ihr vorangehende zehnjährige Tochter des Dienstherrn aus Versehen hätte fallen lassen. Muß der Dienstherr beweisen, daß das Dienstmädchen fahrlässig gehandelt hat?

172. Der Grundstücksmakler A. hat den B. in seinem Geschäft als Schreiber angestellt. Bei der Abschrift eines Vermittlungsantrags hat B. versehentlich einen Satz ausgelassen. A. behauptet, dadurch einen Schaden von 1800 M. erlitten zu haben, und nimmt den B. auf Ersatz in Anspruch. B. wendet ein, er habe nur Schreiberdienste zu leisten und keine Verantwortlichkeit für unbedingte Fehlerfreiheit des Abgeschriebenen übernommen; es sei Sache des Klägers gewesen, die Korrektheit der Abschrift zu prüfen oder durch verantwortliche Personen prüfen zu lassen.

173. Der Dekorateur A. hat es übernommen, bei B. Gardinen aufzustecken. Der von ihm mit der Arbeit betraute Gehilfe C. raucht dabei eine Zigarre und brennt aus Versehen ein Loch in die Gardine. Hierauf gleitet er mit der Leiter aus und zerschlägt einen Spiegel. Endlich stiehlt er eine goldne Brille, die X., ein Freund des B., dort vergessen hatte. B. verklagt den A. auf Ersatz der Gardine, des Spiegels und der Brille.

Welchen Einfluß hat es auf die Verpflichtung A.s, wenn C., ein bis dahin gesunder Mensch, bei der Arbeit plötzlich geisteskrank geworden ist und in diesem Zustande den Schaden angerichtet hat?

174. A. hatte im Auftrage des B. den Verkauf einer Schiffsladung Mais in Kopenhagen besorgt und sich dabei des C. als Vermittlers bedient. C. hatte dem Käufer Bedingungen aufgegeben, die mit den ihm von A. dem Auftrage B.s gemäß mitgeteilten nicht übereinstimmten. Infolge hiervon hat sich das Geschäft zerschlagen, und B. hat dadurch 1000 M. Schaden erlitten. Kann B. ihn von A. ersetzt verlangen?

175. A. und B. hatten dem C. die Entscheidung einer zwischen ihnen ausgebrochenen Rechtsstreitigkeit übertragen. A. behauptet, daß C. aus grober Fahrlässigkeit den Streit zu seinem Nachteil entschieden habe, und verlangt von ihm Schadensersatz. Der Beklagte beruft sich darauf, daß auch der Staatsrichter nur wegen vorsätzlicher Pflichtverletzung für Schaden hafte.

176. A. hatte den B., welcher gewerbsmäßig die Vermittlung von Handelsgeschäften betreibt, beauftragt, eine Schiffsladung Mais in X. zu verkaufen. B. hatte sich bei dem Verkaufe eines Kaufmanns C. in X. als Vermittlers bedient. C. hatte dem Käufer Bedingungen aufgegeben, die mit den ihm (C.), dem Auftrage A.s gemäß, durch B. mitgeteilten nicht übereinstimmten. Infolge hiervon zerschlug sich das Geschäft. A. fordert nunmehr Ersatz seines Schadens von B. mit der Begründung, daß er für das Verschulden seines Vertreters in X. einzustehen habe. Ist der Anspruch gerechtfertigt?

177. A. in Antwerpen versendet die für B. in Valparaiso bestimmte Ladung Zucker statt, wie vereinbart, mit dem am 18. Dezember 1906 abgegangenen Segler X. auf dem erst am 7. Januar 1907 abgegangenen Schnellsegler Y. X. geht unterwegs mit der gesamten Ladung Mitte April zugrunde, während Y. um diese Zeit in Valparaiso eintrifft. Der Preis des Zuckers ist inzwischen erheblich gesunken. B. verlangt von A. die Differenz des Preises, zu dem der Zucker bei Ankunft verkäuflich gewesen ist, und die Versicherungssumme, die er erhalten hätte, wenn A. vertragsmäßig auf X. verladen haben würde.

178. Die lahme Rentnerin A. bestellt bei dem Transportunternehmer B. für den 1. Juli mittags 1 Uhr einen Möbelwagen zwecks Transports ihrer Möbel nach der Sommerwohnung in Schlachtensee. B. hat ihr den Möbelwagen für 1 Uhr zugesagt, kommt jedoch mit ihm erst um 6 Uhr an. Schon um 3 Uhr hatte die A. sich an den Transportunternehmer C. gewendet und diesem den Transport für den anderen Morgen um 7 Uhr übertragen. Sie verlangt von B. folgenden Schadensersatz: Sie hatte sich eine Droschke nach Schlachtensee für den Nachmittag bestellt, die sie nicht benutzen konnte und wofür sie den Kutscher mit 6 M. entschädigen mußte. Sie war weiter verpflichtet, der Reinemachefrau, die sie für den Nachmittag in

Schlachtensee angenommen hatte, 2 M. zu vergüten. Sie war endlich dadurch, daß sie die Nacht in Berlin verbringen mußte, genötigt, in ein Hotel zu gehen und dort Nachtquartier für sich und ihre Begleiterin mit 12 M. und Frühstück mit 3 M. zu bezahlen, auch dem Kellner das übliche Trinkgeld von 1 M. zu geben.

179. A. hat mit B. einen Vertrag geschlossen, inhaltsdessen dieser verpflichtet ist, ihm am 1. März 1901 50000 kg Heye-Briketts, und zwar je 100 kg zum Preise von 8,30 M. zu liefern. B. hat nur 30000 kg geliefert und wird am 15. Mai 1901 auf Antrag A.s seinem Anerkenntnis gemäß verurteilt, dem A. 20000 kg Heye-Briketts gegen Zahlung von 1660 M. zu liefern. Nach Rechtskraft des Urteils beauftragt A. den Gerichtsvollzieher mit der Zwangsvollstreckung; diese fällt jedoch am 1. Juli fruchtlos aus.

Am 1. August bietet B. dem A. die geschuldeten Briketts an. A. lehnt aber ihre Annahme mit dem Bemerken ab, daß er nunmehr seinen Interessenanspruch geltend machen werde. B. erklärt ihm unverzüglich, daß er vom Vertrage zurücktrete. Er erachtet sich dazu für berechtigt, weil er durch das vergebliche Angebot den A. in Annahme- und Zahlungsverzug versetzt habe.

Ist die Ansicht B.s zu billigen?

180. A. in X. hat bei B. in Y. ein Dutzend weiche Flanellhemden nach Maß zum Preise von 60 M. bestellt. Die ihm von B. mit einer Rechnung und der Aufforderung zur Zahlung übersandten Hemden schickt er zurück, weil sie angeblich nicht passen. B. verklagt ihn auf Zahlung von 60 M. nebst Zinsen seit dem Tage der Mahnung gegen Empfang der Hemden. Im Prozeß erhebt A. verschiedene Einreden. An dem Tage der Schlußverhandlung begibt er sich vor dem Termin mit 60 M. zu B. und verlangt gegen deren Zahlung Lieferung der nicht mehr bemängelten Hemden. B. lehnt das Ansinnen ab. Im Termine macht A. geltend, B. habe sich eine Erfüllungsweigerung zuschulden kommen lassen und sei deshalb mit der Klage abzuweisen; in jedem Falle müsse er die Kosten des Rechtsstreits tragen.

Wie steht es, wenn B. die 60 M. annimmt, aber wegen seiner Zinsen- und Kostenforderung die Hemden zurückbehält?

181. A. in Berlin hat am 20. Oktober 1900 von B. in Düsseldorf 200 Sack Kartoffeln, den Sack zum Preise von 6,50 M., mit der Abrede gekauft, sie innerhalb drei Monaten abzunehmen und den Kaufpreis 10 Tage nach der Lieferung zu zahlen. Er hat bis zum 20. Januar 1901 nur 160 Sack abgenommen und bezahlt. Auf die Aufforderung B.s, die letzten 40 Sack gegen Zahlung von 260 M.

abzunehmen, erklärt A., er sei in schlechte Vermögensverhältnisse geraten und nicht imstande zu bezahlen; er bitte deshalb, ihn vom Vertrage zu entbinden; wolle B. das nicht tun, so möge er ihm die Kartoffeln schicken, aber zusehen, wie er zu seinem Gelde komme.

B. verklagt hierauf den A. mit dem Antrage, ihn zur Zahlung von 260 M. gegen Lieferung von 40 Sack Kartoffeln zu verurteilen, und begründet das mit dem Verzuge und der wesentlichen Verschlechterung der Vermögensverhältnisse A.s. A. bittet um Klageabweisung mit dem Anführen, daß B. den Kreditkauf nicht willkürlich in einen Pränumerationskauf verwandeln dürfe.

182. A. hat sich im April verpflichtet, dem B. im März des nächsten Jahres eine Quantität Rübenspiritus für 80000 M. zu liefern. Im Januar wird ein sofort in Kraft tretendes Gesetz erlassen, welches den Spiritus mit 50% besteuert und zur Folge hat, daß der dem A. bewilligte Preis weit hinter dem Selbstkostenpreise zurückbleibt. Gegen die Lieferungsklage des B. wendet A. ein, er sei an den Vertrag nicht gebunden, weil der Schuldgegenstand untergegangen sei, da der zu versteuernde Spiritus im Verkehre einen anderen Gegenstand darstelle als der steuerfreie. Wolle man das nicht gelten lassen, so berufe er sich auf den Eintritt veränderter Umstände, äußerstenfalls auf höhere Gewalt. (§§ 323, 321, 242. — Vgl. §§ 203, 701, 1996.)

Kommt es darauf an, ob im April der Erlaß des Spiritussteuergesetzes vorauszusehen war?

182a. Fleischermeister A. kommt, um Schlachtvieh einzukaufen, zum Gehöft des Bauern B. und wird von B. zu einer hochtragenden Kuh geführt. B. sagt, das Kalb müsse wohl tot sein und die Kuh deshalb geschlachtet werden. A. untersucht die Kuh und äußert die damit übereinstimmende Ansicht. B. verkauft daraufhin die Kuh und empfängt Handgeld auf den vereinbarten Preis. Beide verabreden die Abholung der Kuh für den nächsten Tag. An diesem Tage erscheint der 16jährige Lehrling des A., um die Kuh zu holen. In der Nacht hatte die Kuh gekalbt; das Kalb lebte und war durchaus gesund. Die Kuh war ebenfalls gesund und gab entsprechend Milch. B. sagte dem Lehrling, er gebe die Kuh nicht, die Kuh habe gekalbt. Der Lehrling versuchte, sich der Kuh mit Gewalt zu bemächtigen, und folgte der Verweisung vom Hofe nicht. Es kam zu Tätlichkeiten, die zur strafrechtlichen Verfolgung beider führten.

A. erhob, nachdem er den Sachverhalt vom Lehrling erfahren und diesen zur Strafanzeige veranlaßt hatte, Klage gegen B. auf Herausgabe von Kuh und Kalb und Herauszahlung des Gewinnes an Milch gegenüber den Futterkosten. In erster Instanz ist B. zur Herausgabe der Kuh verurteilt mit der Begründung, daß B. von der Erfüllungspflicht nur durch unverzügliche Anfechtung des Vertrages hätte frei werden können. Die Anfechtungserklärung sei jedoch weder gegenüber dem Lehrling noch sonst erfolgt, auch habe dem Lehrling die Befugnis zur Entgegennahme gefehlt. Früchte und Nutzungen, also Kalb und Milchertrag, ständen dem B. als Eigentümer zu.

Ist die Entscheidung zutreffend?

183. A. löst für sich um 7 Uhr in Berlin eine Fahrkarte zu dem um 7 Uhr 30 Min. nach Aachen abgehenden Schnellzuge. Um 7 Uhr 10 Min. verscheidet er am Gehirnschlage. Sein Erbe fordert den Fahrpreis von der Bahnverwaltung zurück. Diese weigert sich, weil sie zur Beförderung bereit gewesen sei (§ 323).

Ist es von Einfluß, wenn der Zug, den A. benutzen wollte, nur eine bestimmte Anzahl von Personen, die vorher Platzkarten gelöst haben, aufnimmt?

184. A. hat aus seinem Stalle dem B. am 1. April für 300 M. ein Pferd oder eine Kuh zu liefern. Die Kuh geht am 15. März ein: 1. durch Zufall; 2. durch Verschulden: α) des A., β) des B. Wie gestaltet sich das Rechtsverhältnis unter den Parteien, je nachdem A. oder B. wahlberechtigt gewesen ist?

185. A. hat dem B. 40 Bände Entscheidungen des Reichsgerichts verkauft. B. hat sich zu ihrer Abholung und Bezahlung innerhalb zweier Wochen verpflichtet. Nach Ablauf der Frist hat ihn A. vergeblich zur Erfüllung seiner Verpflichtung aufgefordert. Welche Rechte stehen dem A. zu?

186. A. kann von B. vertraglich die Lieferung einer Strickmaschine zum 1. August 1906 verlangen. B. schreibt ihm am 20. Juli, daß er ihm die Maschine nicht liefern werde, weil er sie selber brauche. A. beansprucht daher von ihm Schadensersatz wegen Nichterfüllung, und zwar die Differenz zwischen dem Kaufpreise und dem höheren Preise, zu dem er sich eine andere gleichartige Maschine hat anschaffen müssen.

Der Beklagte verlangt Klageabweisung, weil A. ihm nicht eine angemessene Frist mit der im § 326 vorgesehenen Erklärung gesetzt habe.

186a. An einem Montage, kurz vor dem Ende der Mittagspause, erklären die Angestellten des Antriebsmaschinenhauses einer Spinnerei dem Arbeitgeber, daß sie die Arbeit an den Maschinen nur bei einer Lohnerhöhung von 20% fortsetzen würden. Der Arbeitgeber lehnt die

Lohnerhöhung ab und stellt ihnen eine halbstündige Frist vom Ende der Pause ab für die Arbeitsaufnahme zur Vermeidung einer Betriebseinstellung. Diese Angestellten begeben sich nicht an ihre Maschinen, die Spinner dagegen warten an ihren Maschinen vergebens auf den Antrieb. Nach Fristablauf entläßt der Arbeitgeber sämtliche Arbeiter mit der Erklärung, daß er den Betrieb schließe.

Etwa eine Stunde später erscheint eine behördliche Abordnung auf Grund einer am Sonnabend vorher vom Arbeitgeber gemachten Anzeige, daß im Maschinenhaus entstandene Risse sich bedrohlich vergrößert hätten. Die Behörde verbietet den weiteren Betrieb bis zur Fertigstellung einer Untermauerung, die sich in etwa 2 Wochen herstellen lasse, mit dem Bemerken, daß bei einer Anzeige zur Zeit der ersten Entstehung der Risse das Werk mit halber Kraft hätte weiterarbeiten können, während die Untermauerung vorgenommen wäre.

Sämtliche Arbeiter erheben Lohnansprüche. Wenn § 326 BGB. auf Dienstverträge überhaupt anwendbar sei, so sei die Frist nicht angemessen gewesen; der Arbeitgeber hätte die Entscheidung der Behörde abwarten müssen. Daß eine solche bevorstehe, hätten sie allerdings nicht gewußt. Die Spinner erklären die Entscheidung in RGZ. Bd. 106 S. 273ff. für nicht zutreffend.

187. A. hat wegen nicht pünktlicher Lieferung einer Maschine eine Vertragsstrafe von 1000 M. an B. verwirkt. B. hat die verwirkte Strafe alsbald dem C. abgetreten. Einige Tage darauf liefert A. die Maschine ab, ohne daß B. sich bei der Annahme das Recht, die Strafe zu verlangen, vorbehält. Kann C. sie dessenungeachtet fordern? — Kann er es, wenn B. dem A. von der Abtretung Anzeige gemacht hatte? Ist es dabei von Einfluß, ob B. dem A. zugleich mit der Anzeige den Vorbehalt der Strafe erklärt hat? — Wen trifft die Beweislast: α) wenn die Verwirkung der Strafe, β) wenn der Vorbehalt streitig werden sollte?

Welche Ansprüche hat C. gegen B., wenn er mit Klage abgewiesen werden sollte?

188. Der Bürgermeister A. hat sich dem Pfarrer B. gegenüber verpflichtet, jeden Sonntag die Kirche zu besuchen und für jeden Fall der Nichterfüllung seines Versprechens 10 M. an die städtische Armenkasse zu zahlen. Er ist im Monat Februar an drei Sonntagen nicht in die Kirche gegangen. Kann B. oder die Armenkasse auf Zahlung der 30 M. klagen?

Bejahendenfalls: kann sich A. mit dringenden Amtsgeschäften oder Krankheit entschuldigen?

189. A. hat sich mittels schriftlichen Vertrags bei Vermeidung einer Strafe von 1000 M. verpflichtet, sein schuldenfreies Haus dem B. für 100000 M. bar zu verkaufen und den Vertrag über den Kauf binnen zwei Wochen gerichtlich oder notariell beurkunden zu lassen. Nach Ablauf der Frist erklärt er auf die Aufforderung B.s, daß ihm die Sache leid geworden sei. Kann B. auf Abschluß des Vertrags in der vereinbarten Form und die Strafe oder wenigstens auf das eine oder das andere klagen?

190. A. schuldet dem B. 4000 M. Kaufpreis für ein Pferd. Ohne sich vorher mit B. zu verständigen, trat er diesem eine Hypothek von 4000 M. ab und erklärte in der Abtretungsurkunde, daß er die Valuta durch Verkauf eines Pferdes erhalten habe. Hierauf sandte er die Abtretungserklärung und den Hypothekenbrief an B., der beides behielt.

Der Klage des B. auf Zahlung des Kaufpreises setzte A. den Einwand der Tilgung entgegen (§§ 364, 1154).

191. A. schuldet dem B. 10000 M. aus einem Grundstückskaufe. B. klagt hiervon 2000 M. ein. A. erklärt, mit einer gleichhohen Gegenforderung aus einem Kommissionsgeschäft aufrechnen zu wollen, und verlangt Abweisung der Klage. B. verweist ihn mit seiner Gegenforderung auf den nicht eingeklagten Teil der Klageforderung. A. hält das für unzulässig, weil durch die Einklagung eines Teils der ganzen Forderung dieser Teil zu einer selbständigen Forderung geworden sei, wofür er sich auf die §§ 218, 266, 299 BGB. beruft, wogegen B. meint, daß die eingeklagte Teilforderung lediglich ein Teil der ganzen Forderung geblieben sei, er ja auch jeden Augenblick in der Lage gewesen sei, den Klageantrag auf die volle Schuldsumme zu erweitern.

Wie ist zu erkennen? Wie, wenn B. schon in der Klage erklärt hätte, daß er die Gegenforderung A.s auf den nicht eingeklagten Rest der Klageforderung verrechne? (S. RGU. v. 25. 1. 07, Jur.Woch. 07 S. 171 Nr. 10.)

192. Der Kaufmann A. hat dem Malermeister B. am 1. April 1900 ein Darlehn von 300 M. gegeben. Im August 1901 führt B. im Hause des A. Malerarbeiten aus, wofür dieser ihm 300 M. schuldig wird. Im Jahre 1908 klagt A. auf Rückzahlung des Darlehns und macht gegenüber der gleichhohen Gegenforderung B.s für die Malerarbeiten den Einwand der Verjährung aus § 196 Nr. 1 BGB. geltend.

193. A. hat dem Rechtsanwalt B. ein am 1. Juli 1901 fälliges

Darlehn von 500 M. gegeben. Im Laufe des vorhergehenden Jahres war er ihm an Gebühren und Auslagen für die Vertretung in einem Prozeß 300 M. schuldig geworden. Im Jahre 1903 klagt er die Darlehnsforderung unverkürzt ein. Kann B. mit seiner verjährten Forderung aufrechnen? (§ 390.)

194. A. hat an den Handelsgärtner B. eine fällige Darlehnsforderung von 100 M. Da B. trotz vorhandener Zahlungsmittel erklärt, er werde gutwillig nicht zahlen, rächt sich A. an ihm durch Zerstörung von Frühbeeten im Werte von 100 M. Der Schadensklage B.s stellt A. seine Darlehnsforderung zur Aufrechnung gegenüber.

195. In dem Konkurse über das Vermögen der Genossenschaftsbank der Berliner Nord-Ost-Gemeinde, einer eingetragenen Genossenschaft mit beschränkter Haftpflicht, ist die Vorschußberechnung für vollstreckbar erklärt worden. Darnach schuldet der Genosse A. auf seinen Geschäftsanteil von 500 M. noch 350 M. und die ganze Haftsumme im Betrage von 1000 M. Diese Forderung hat der Konkursverwalter X. an den Kaufmann B. abgetreten. B. hat den Vollstreckungstitel auf sich umschreiben lassen und von A. Zahlung begehrt.

A. klagt wider ihn mit dem Antrage, „den Beklagten zu verurteilen, anzuerkennen, daß ihm aus der Zession der im Konkurse der Genossenschaftsbank der Berliner Nord-Ost-Gemeinde, e.G.m.b.H., mittels der für vollstreckbar erklärten Vorschußberechnung festgesetzten Summe kein Anspruch, auch nicht das Recht zusteht, aus der auf seinen Namen erfolgten Umschreibung der Vollstreckungsklausel Zwangsvollstreckung gegen den Kläger vorzunehmen".

Der Kläger führt aus, daß die Forderung der Genossenschaft ihrer Natur nach nicht übertragbar sei, daß vielmehr der Konkursverwalter sie nur zwecks Verteilung an die Gläubiger zur Konkursmasse einziehen dürfe. Der Beklagte dagegen sucht darzulegen, daß die Übertragbarkeit der Forderung schon um deswillen angenommen werden müsse, weil sie einen vermögensrechtlichen Anspruch darstelle und mangels einer entgegenstehenden gesetzlichen Bestimmung der Abtretung unterliege.

196. Beim Nachhausegehen aus der Stammkneipe nimmt A. dem B. dessen 20 M. werten Zylinderhut vom Kopfe, klettert damit bei der etwa 30 Fuß hohen ehernen Bildsäule eines Dichters in die Höhe und setzt ihn dieser auf. Von dort nimmt ihn C., der den Vorfall mit angesehen, mittels einer Leiter herunter und behält ihn bei sich. A. einigt sich mit B. dahin, daß er ihm für den Hut 10 M. zu ersetzen habe, und B. tritt ihm den Anspruch auf Herausgabe des Hutes gegen C. ab. C. hat vor der Zustellung der Klage den Hut für 15 M. weiterveräußert. Der auf Zahlung von 20 M. gerichteten Klage setzt er entgegen: 1. er habe sich den Hut als eine herrenlose Sache angeeignet; 2. A. könne auch um deswillen von ihm keine Entschädigung verlangen, weil er selber noch nichts an B. bezahlt habe; 3. sollte das unrichtig sein, so brauche er ihm doch nur so viel zu ersetzen, als A. dem B. zu erstatten verpflichtet sei, oder höchstens so viel, als er, C., für den Hut erhalten habe; hiervon ginge aber in jedem Falle 1 M. ab, die er für das Leihen der Leiter an X. gezahlt habe und die er auch als Entgelt für seine Mühewaltung beanspruchen dürfe.

197. A. hat aus einem Pferdekauf von B. 500 M. zu fordern. B. händigt seinem Freunde C. 500 M. ein und beauftragt ihn, damit die Forderung A.s zu begleichen. C. läßt sich statt dessen die Forderung von A. für jene 500 M. abtreten, ohne ihm von dem Auftrage B.s etwas zu sagen, und tritt hierauf die Forderung an den gutgläubigen D. ab. Der Klage D.s auf Zahlung setzt B. den Einwand entgegen, daß die Forderung getilgt sei. (§§ 404, 667.) — Ist es von Einfluß, wenn C. ein Bediensteter B.s gewesen ist?

198. Die am 5. Januar 1900 volljährig gewordene A. hat von ihrem Vater an diesem Tage Auslieferung eines mütterlichen Erbteils von 80 M. zu fordern. Er zahlt es ihr jedoch nicht aus, weil sie sich wider seinen Willen der Prostitution ergeben hat.

Am 3. November 1900 tritt sie ihre Forderung an B. unter Anzeige von der Abtretung ab. B. erhebt im Dezember Klage. Der Vater bringt folgende Gegenforderung vor: Er hat an den Armenverband für seine Tochter am 15. November 1900 85 M. gezahlt. Dieser hatte nämlich die im Mai 1900 geschlechtlich erkrankte A. in einer städtischen Anstalt zur Heilung untergebracht und den erwähnten Betrag für sie aufgewendet.

Der Beklagte führt aus, die A. müsse ihm die Auslage ersetzen, weil sie sich durch eine unerlaubte Handlung krank gemacht und ihn geschädigt habe; diese Ersatzforderung sei schon im Juli 1900 entstanden, weil ihn damals bereits der Armenverband zur Erstattung aufgefordert hatte. (Vgl. §§ 406; 1601, 1602, 1606, 1611; 1660; 1415 Nr. 1.)

199. A. hat sein Grundstück dem B. für 300000 M. verkauft und aufgelassen. B. hat in Anrechnung auf den Kaufpreis sämtliche

Hypotheken, darunter eine an letzter Stelle für C. an dem Grundstücke bestehende Hypothek von 40000 M. übernommen. Die Schuldübernahme ist dem C. vorschriftsmäßig mitgeteilt und von ihm genehmigt worden.

Hierauf ficht B. den Kaufvertrag wegen Betrugs an und erlangt die rechtskräftige Verurteilung A.s zur Rücknahme des Grundstücks gegen Erstattung des Kaufpreises. A. ist inzwischen zahlungsunfähig geworden.

Kann sich B. der persönlichen Klage C.s auf Zahlung von 40000 M. durch Berufung auf das in dem Rechtsstreit mit A. ergangene Urteil entziehen?

200. Der A. und die B. haben gemeinschaftlich eine Wohnung für 1000 M. auf 2 Jahre mit der Abrede gemietet, daß der Vertrag als auf ein weiteres Jahr verlängert angesehen werden soll, wenn er nicht spätestens 3 Monate vor dem Ablaufe der Vertragsdauer gekündigt wird. A. kündigt und verläßt die Wohnung. Die B. bleibt darin.

Welche Bedeutung hat die Kündigung des A.? Haftet er, wenn der Vermieter ihn auf weitere Mietszahlung in Anspruch nimmt?

Wie ist zu entscheiden, wenn der A. und die B. miteinander verheiratet sind und 1. der A., 2. die B. kündigt und räumt, der andere aber die Wohnung behält?

200a. E. als Hauseigentümer hatte an M. zwei Zimmer bis zum 1. April des folgenden Jahres vermietet und M. zog ein. E. vermietete diese Zimmer am 1. April des gedachten Jahres ab an A. A. läßt, da M. an dem Termine nicht ausgezogen ist, in dessen Abwesenheit dessen Sachen zum Speicher bringen und zieht ein. E. wie M. klagen gegen A. auf Rückgabe der Räume. Beiden Klagen gegenüber wendet A. ein, er allein sei seit dem 1. April zum Bewohnen der Räume berechtigt; von da ab stehe weder E. noch M. der Besitz an den Zimmern zu.

201. Die Studenten A. und B. beschließen auf dem Heimwege von der Kneipe, dem ihnen wegen seiner langweiligen Vorlesung verhaßten Professor C. die Fenster einzuwerfen. Es gelingt dem A., vier Scheiben, dem B. zwei Scheiben zu zertrümmern. C. erklärt, daß er von B., dem Sohne eines befreundeten Professors, nichts haben wolle, und erhält von A. für jede Scheibe 5 M. ersetzt. A. verlangt hierauf von B., daß dieser ihm die Hälfte mit 15 M. erstatte. B. beruft sich auf den Erlaß seitens des C. und, falls dieser ihm nichts nützen sollte, darauf, daß er nur zwei Scheiben zerschlagen hat.

202. A. in Frankfurt a. M. kauft von B. in Berlin 100 Kilo Butter, lieferbar Ende März. Er weigert Abnahme der ihm am 31. März nach Schluß des Geschäfts vom Spediteur zugestellten Butter. B. läßt sie hierauf nach Berlin zurückgehen und verklagt hier den A. auf Abnahme der Butter, indem er ausführt, daß A. seiner Abnahmepflicht nunmehr in Berlin zu genügen habe und demgemäß das Berliner Gericht nach § 29 ZPO. zuständig sei. B. bittet um Abweisung der Klage mit der Begründung, daß ein etwaiger Verzug niemals die Abänderung des Erfüllungsortes zur Folge haben könne.

203. Die beklagte Eisenbahngesellschaft hatte Prioritäts-Obligationen mit Zinsscheinen ausgegeben; diese trugen die Nummer der Hauptobligation, lauteten ohne ausdrückliche Bezeichnung, daß sie auf den Inhaber stünden, lediglich dahin: „Zinsscheine über 20 M., zahlbar am ..." und waren nicht unterschrieben. In den im Obligationstexte enthaltenen Bedingungen war gesagt, daß die Zinsscheine auf den Inhaber lauteten.

Der Kläger verlangt Zahlung von zehn in seinen Händen befindlichen, am Verfalltage nicht bezahlten Zinsscheinen samt Verzugszinsen seit dem Verfalltage, indem er geltend macht, daß der von der Hauptobligation gelöste Zinsschein bei seinem selbständigen Umlaufe nicht mehr als Träger einer Zinsverbindlichkeit erachtet werden dürfe. Die Beklagte hält die Zinsforderung für ungerechtfertigt, weil der Zinsschein lediglich als Papier über eine Zinsverpflichtung gelten könne.

204. A. hat sein Milchgeschäft für 2000 M. dem B. mit der Abrede verkauft, daß die Übergabe am 1. April stattfinden solle. Am 15. März teilt ihm B. brieflich mit, daß er sich inzwischen eines anderen besonnen und eine Restauration gepachtet habe, daß er daher das Milchgeschäft nicht übernehmen wolle. A. erhebt hiergegen sofort Widerspruch und schreibt dem B. insbesondere, daß er das Geschäft für seine, des B., Rechnung fortführen werde. Da B. sich am 1. April zur Übernahme bei A. nicht einfindet und eine briefliche Aufforderung dazu unbeantwortet geblieben ist, klagt A. gegen ihn. Was kann er beanspruchen? Wie wird der Antrag lauten?

205. A. hat dem B. ein Grundstück verkauft, aber nicht aufgelassen, weil C. von einem ihm vertragsmäßig zustehenden Vorkaufsrechte Gebrauch gemacht hat. A. fordert Schadensersatz wegen Nichterfüllung des Kaufvertrags. B. hält den Anspruch für unbegründet, weil A. bei dem Abschluß des Vertrags unstreitig das Vorkaufsrecht C.s gekannt hat. (§§ 434, 439 Abs. 1; 313; 504.)

206. A. verkauft sein Haus dem B. und übergibt es ihm am 1. April; die Auflassung sollte innerhalb zwei Wochen stattfinden. Am 8. April läßt A. das Haus zufolge Kaufes dem C. auf; C. wird noch an demselben Tage als Eigentümer eingetragen. Am 12. April brennt das Haus ab. Muß einer der beiden Käufer den Kaufpreis bezahlen? (§ 446.)

207. A. kauft in Berlin bei dem Porzellanhändler B. in der Leipziger Straße eine Vase, bezahlt sie und bittet um ihre Zusendung in seine in der Steglitzer Straße belegene Wohnung. Der mit der Überbringung beauftragte Laufbursche B.s wird bei dem Übergang über den sehr verkehrsreichen Potsdamer Platz von hinten von einem Radler angefahren und fällt hin; die Vase zerbricht. A. weigert sich, die Scherben anzunehmen und verlangt von B. Lieferung einer gleichen Vase oder Rückzahlung des Kaufpreises. B. erachtet sich dazu auf Grund des § 447 BGB. nicht für verpflichtet.

208. A. in Mainz bestellt bei B. in Dortmund Kohlen und weist ihn an, sie von Köln aus mit dem Schiffe „Loreley" zu versenden. B. verfrachtet sie jedoch, da er für die „Loreley" anderweitige Verwendung hat, auf dem Schiffe „Habicht". Beide Schiffe gehen zu gleicher Zeit ab und stranden bei Bingen. Muß A. den Kaufpreis bezahlen? (§ 447 Abs. 2.)

209. A. verkauft dem B. einen Tisch für 100 M. mit der Abrede, daß B. sich ihn innerhalb 8 Tagen abholen solle. B. verzögert indes die Übernahme trotz Aufforderung des A., und bei einer nach Ablauf der 8tägigen Frist im Hause des A. ausgebrochenen Feuersbrunst verbrennt auch der verkaufte Tisch. Dessenungeachtet klagt A. nunmehr den Kaufpreis ein. Mit Recht? Macht es einen Unterschied, wenn A. nach Ablauf der Frist eine Aufforderung zur Abholung an B. nicht hat ergehen lassen?

210. A. hat mündlich ein Grundstück an B., und dieser hat es mündlich an C. verkauft. Die Auflassung ist im Einverständnis sämtlicher Vertragschließenden von A. unmittelbar an C. erfolgt. B. hatte sich gleichfalls mündlich verpflichtet, dem C. für die Kosten aufzukommen, falls die Polizeibehörde dem C. gegenüber die Erteilung der Bauerlaubnis von der Anlegung eines Vorgartens abhängig machte. Nachdem die Polizeibehörde dem C. erklärt hatte, daß sie ihm die Bauerlaubnis nur erteilen würde, wenn er einen Vorgarten anlegte, klagte er gegen B. auf Bezahlung der hierdurch veranlaßten Kosten. B. erachtet die Klage nicht für begründet. Er führt aus, daß es der von ihm übernommenen Verpflichtung an der Schriftform mangelte und daß dieser Mangel durch die Auflassung vorliegend nicht geheilt würde, weil A. an dem zwischen B. und C. geschlossenen Vertrage nicht beteiligt wäre; eine Heilung des Mangels trete nur ein, wenn die bei der Auflassung tätigen Personen mit den Vertragschließenden identisch seien.

Ist anders zu entscheiden, wenn beide Kaufverträge notariell abgeschlossen waren, B. aber die Verpflichtung zur Kostentragung nur mündlich übernommen hatte?

211. A. schließt mit B. mündlich einen Vertrag dahin ab, daß er, A., verpflichtet sein solle, dem B. eine Hypothek von 10000 M. gegen Zahlung von 3000 M. sowie Überlassung gewisser Mobilien und eines Grundstückes abzutreten. A. hat die Hypothek vertragsmäßig abgetreten, B. hat das Grundstück dem A. vor dem Grundbuchamte aufgelassen. Nunmehr wird B. von A. auf Zahlung der 3000 M. und Überlassung der Mobilien belangt. A. beantragt Abweisung, indem er sich auf die Ungültigkeit des Vertrages wegen mangelnder Schriftform beruft.

212. A. hat dem B. 100 Scheffel Weizen verkauft und die Festsetzung des Kaufpreises B.s billigem Ermessen überlassen. B. will für den Scheffel nur 1 M. zahlen. Muß A. damit zufrieden sein?

Konnte die Normierung des Preises auch in das billige Ermessen des Verkäufers oder eines Dritten gestellt werden?

213. A. kauft bei dem Kolonialwarenhändler B. eine Flasche Fruchtessig. Die damit zubereiteten Früchte erweisen sich als völlig verdorben. Er verlangt von A. Rückerstattung des Kaufpreises und Ersatz des Wertes der Früchte. B. beruft sich darauf, daß er seit Jahren den Essig von der renommierten Firma X. beziehe, daß sich bisher kein Käufer bei ihm über die Qualität des Essigs beklagt habe und daß man von ihm nicht verlangen noch erwarten könne, jede Flasche vor dem Verkauf durchzuprobieren.

213a. Der Wochenmarktshändler H. hat noch 5 Eier im Korbe. Nach der Frage: „Sind die Eier ganz frisch?" und der Antwort des H.: „Keine Woche alt" kauft Witwe N. die Eier für 90 Pfennig. Die N. rührt zu Haus eine Speise an und schlägt ein Ei hinein, das sich als faul erweist. Die ganze Masse im Werte von 1 Mark ist verdorben.

H., auf Schadensersatz von 1 Mark und Lieferung eines anderen Eies belangt, wendet ein, er selbst habe die Eier als ganz frisch von O. gekauft. Ist die Klage berechtigt?

214. A. hat von B. zehn Schweizer Milchkühe mittlerer Art und Güte gekauft und am 1. Februar übergeben erhalten. Innerhalb der vereinbarten Gewährfrist stellt sich heraus, daß zwei Kühe mit Hauptmängeln behaftet sind. A. verlangt an ihrer Stelle zwei mangelfreie Kühe. Die Parteien streiten darüber, ob A. die Nutzungen nur insoweit zu ersetzen habe, als er sie gezogen hat oder als sie hätten gezogen werden können. A. meint, die Nichterwähnung des § 487 Abs. 4 im § 491 beruhe auf einem Versehen des Gesetzgebers; seine Anwendbarkeit folge daraus, daß die Nachlieferung der Gattungssache denselben Grundsätzen wie die Wandlung habe unterliegen sollen.

215. A. ist Stadtreisender des Zigarren-Großhändlers B. Er weiß, daß C. wohl von ihm, aber nicht von B. kaufen würde, und er schließt deshalb in eigenem Namen mit C. einen Kauf auf Probe über 10 Kisten Zigarren ab mit der Abrede, daß C. sich innerhalb einer Woche nach der Ablieferung der Zigarren wegen der Billigung zu erklären habe. Die Zigarren werden dem B. mit einer Rechnung übersandt. C. erklärt dem A. fristgemäß, daß er die Zigarren nicht behalten wolle, sendet sie aber nicht zurück. Hierauf klagt B. den Kaufpreis für 10 Kisten Zigarren ein; er gründet die Haftung des C. auch darauf, daß dieser die aus seinem, B.s, Vermögen herrührenden Zigarren für sich nützlich verwendet habe. A. gibt den Verbrauch von einer Kiste zu, bittet aber um Abweisung der Klage.

216. A. will in dem Theaterraume des B. während der Zwischenpausen kinematographische Reklamebilder vorführen und schließt deshalb mit ihm einen Vertrag auf 6 Monate, inhaltsdessen B. die Erlaubnis hierzu gegen eine monatliche Vergütung von 300 M. erteilt und A. sich verpflichtet, für die erforderliche polizeiliche Genehmigung Sorge zu tragen. A.s Gesuch um Genehmigung der Vorführungen wird aus feuerpolizeilichen Gründen abschlägig beschieden; er teilt dies dem B. mit. B. verlangt dessenungeachtet die verabredete Entschädigung. Auf den Einwand A.s, daß die vertragswidrige Beschaffenheit der vermieteten Sache den ablehnenden Bescheid verschuldet habe, entgegnet er, hier sei von einem Mietsvertrage keine Rede und noch weniger von einem Verschulden auf seiner Seite, da die Beschaffung der polizeilichen Genehmigung allein dem A. obgelegen habe.

217. A. hat sich verpflichtet, dem B. 15 Sack Mehl in 3 Raten von je 5 Sack am 1., 10. und 30. März gegen Barzahlung zu liefern. Als er am 1. März mit 5 Sack bei B. vorfährt, um sie ihm abzuliefern, erklärt dieser, daß er heute nicht zahlen könne. A. fährt darauf mit dem Mehl wieder ab. Am 10. läßt er sich bei B. nicht sehen. B. schreibt ihm darauf am 11. März, daß er ihm zur Bewirkung der Leistung eine dreitägige Frist setze und die Annahme des Mehls mit dem Ablaufe der Frist ablehne. Dessenungeachtet liefert A. nicht. Das gleiche wiederholt sich am 30. und 31. März. B. verlangt hierauf Schadensersatz wegen Nichterfüllung. Ist er im Rechte?

218. A. hat ein während der ganzen Saison gültiges Abonnement auf Flußbäder bei B. für 10 M. genommen. Nachdem er in der ersten Woche fünfmal gebadet hat, verfeindet er sich mit B., und dieser untersagt ihm hierauf die weitere Benutzung der Anstalt. A. ist dadurch genötigt, in einer entfernter gelegenen Anstalt ein Abonnement für 15 M. zu nehmen. Er verlangt von B. Rückzahlung der 10 M., Erstattung der mehr aufgewendeten 5 M. und Ersatz für den Zeitverlust, eventuell für das zur Ausgleichung des Zeitverlustes aufzuwendende Straßenbahngeld. B. erklärt sich nur zur Rückerstattung von 9 M. bereit, indem er für jedes Bad den üblichen Preis von 0,20 M. abzieht.

219. A. kommt mit B. überein, daß er zugunsten seines Freundes C. von diesem ein Reitpferd für 1000 M. kauft. Hat C. einen Anspruch auf das Pferd? Kann B. gegen C. auf Abnahme des Pferdes klagen? Wem steht nach der Übergabe des Pferdes an C. der Anspruch auf Wandelung zu, falls das Pferd einen Hauptmangel hat?

220. A. hat bei einer Bank ein Konto auf den Namen seiner Tochter B. anlegen lassen und auf dieses Einzahlungen geleistet. Sein dadurch entstandenes Guthaben von 4000 M. hat er am 24. Dezember 1907 an seine Tochter abgetreten und in der schriftlichen Abtretung erklärt, daß er das Geld für sie auf der Bank als Notgroschen hinterlegt hatte. Ungeachtet der Abtretung hebt er selbst am 27. Dezember das Guthaben bei der Bank ab. Die B. klagt gegen ihren Vater auf Erstattung des abgehobenen Betrages, weil er ihn ihr geschenkt habe. A. meint, daß die Schenkung wegen Formmangels ungültig sei.

221. Aus Anlaß einer Überschwemmung treten drei angesehene Bürger der der betroffenen Ortschaft nahe gelegenen Kreisstadt zu einem Komitee zusammen und fordern zur Leistung von Beiträgen auf. Nachdem diese in Höhe von 10000 M. eingegangen waren, ereignet sich in der Kreisstadt selbst ein großer Brand, und sie beschließen, 2000 M. den vom Brande Geschädigten zuzuwenden. Der Gemeindevorstand der überschwemmten Ortschaft klagt auf Zahlung der, wie er meint, ihm gehörig gewesenen 2000 M.

Was geschieht, wenn einige der Geber gegen die beabsichtigte Verwendung der 2000 M. Einspruch erheben?

222. A. mietet bei dem Fuhrherrn B. zur Fahrt von X. nach Y. einen Wagen gegen einen Fuhrlohn von 18 M. und ein dem Kutscher C. zu zahlendes Trinkgeld von 2 M. In Y. angelangt, weigert sich A., das Trinkgeld dem C. zu zahlen, weil dieser entgegen seinem Verbote unterwegs geraucht hat. C. ist zur teilweisen Entgeltung seiner Dienste auf die von B. ausbedungenen Trinkgelder angewiesen. Er fragt, ob er selber gegen A. klagen kann.

223. A. vermietet dem B. zum 1. April ein Haus auf ein Jahr für einen Mietzins von 6000 M. und bedingt sich für den Fall, daß B. den Vertrag nicht erfüllen sollte, eine Strafe von 1500 M. aus. B. verweigert die Erfüllung des Vertrags und zieht am 1. April nicht ein. Darauf vermietet A. das Haus zu den gleichen Bedingungen an C., der den Vertrag erfüllt. Kann dessenungeachtet A. von B. die Strafe verlangen?

224. A. hat von B. eine Wohnung mittels schriftlichen Vertrags gemietet, wonach bei nicht pünktlicher Zahlung der am 1. eines jeden Monats im voraus zu entrichtenden Miete B. berechtigt sein soll, den A. zu exmittieren und dessenungeachtet während der Dauer des Vertrags die weiteren Mietsraten zu fordern. Am 1. Juli bleibt A. die fällige Miete schuldig und bringt in der darauffolgenden Nacht seine wertvollsten Sachen heimlich beiseite. Als B. das am 2. Juli erfährt, verschließt er während eines Ausgangs A.s dessen Wohnung derart, daß dieser nicht mehr hineingelangen kann, und erklärt dem A., daß er ihm die Wohnung nicht mehr gewähre und an den verbliebenen Sachen das Pfandrecht ausübe. A. protestiert gegen die eigenmächtige Besitzentziehung und entfernt sich.

Der Klage B.s auf Zahlung der Miete setzt A. entgegen: B. sei wegen der unerlaubten Selbsthilfe aller vertraglichen Rechte verlustig gegangen; auch könne er die Miete um deswillen nicht fordern, weil er nicht vorgeleistet und durch Anbringung von Vermietungsplakaten an den Fenstern der Wohnung über diese zu seinem Vorteile verfügt habe.

224a. E. sagt dem M. zu, daß dessen Einzuge als Mieter in die vom verheirateten Sohne des E. in E.s Hause benutzten, nach des Sohnes Umzuge in eine andere Stadt am 1. April freiwerdenden

Räume bei einem monatlichen, nachträglich zu entrichtenden Mietzinse von 150 M. nichts entgegenstehe, daß der Umzug spätestens am 20. März erfolgen werde und daß die weitere Regelung des Mietsverhältnisses einem schriftlichen Vertrage vorbehalten bleiben solle. Der Umzug des Sohnes verzögert sich, und die Wohnung wird erst vom 7. April ab frei. Inzwischen hatte M. Handwerker zur Instandsetzung der Wohnung bestellt. Als er mit diesen am 24. März erschien, erklärte der Sohn des E., die Wohnung werde bestimmt am 30. März frei sein. M. kam mit den Handwerkern zum zweitenmal am 3. April, doch mußten diese mit dem Beginne der Arbeiten bis zum 7. April warten. Für das vergebliche Zurverfügungstehen mit ihrer Arbeitskraft berechneten sie dem M. die angemessenen Beträge von zweimal 40 M., die M. bezahlte.

M. zog am 10. April ein und brachte Hunde mit, die sich mit den Hunden des E. nicht vertrugen. Bald darauf erhielt er von E. in zwei Stücken, beide von E. unterschrieben, den unter Ausfüllung der üblichen Druckerschrift für Mietsverträge verfaßten Vertragsentwurf, der über eine Berechtigung zum Halten von Hunden nichts enthielt. M. schickte beide Urkunden unvollzogen zurück mit einem Begleitschreiben, worin er die Aufnahme der Berechtigung verlangte, seine Hunde frei und ohne Maulkorb in Haus und Vorgarten umherlaufen lassen zu dürfen.

E. erhebt Klage auf Räumung und Zahlung eines Entgelts nach dem Satze von 150 M. monatlich vom 7. April ab bis zur tatsächlichen Räumung. M. entgegnet, daß mangels Wahrung der Schriftform jedenfalls ein Mietsverhältnis kraft mündlichen Abkommens bestehe, das ihm auf ein Jahr den Mietsbesitz sichere; zugleich erklärt er die Aufrechnung mit der 80-M.-Zahlung an die Handwerker. Im Falle der Verurteilung zur Räumung will er nur nach dem Satze von 30 M. monatlich für Benutzung der Räume entschädigen, an den Räumen aber ein Zurückbehaltungsrecht ausüben bis zur Erschöpfung jener 80 M. und weiterer 175 M., die für Instandsetzung der Räume von ihm aufgewendet sind.

225. A. hat seine im Villenviertel gelegene Villa dem kinderlosen Ehepaare B. auf fünf Jahre gegen einen jährlichen Mietzins von 4000 M. vermietet. Nach wenigen Monaten richten die B.schen Eheleute die Villa zu einem „Pensionat für In- und Ausländer" ein. In der sonst stillen Villa geht es seitdem sehr unruhig her; auch ist die Abnutzung erheblich größer als bisher. Die Mahnung A.s, den vertragswidrigen Gebrauch binnen vier Wochen zu unterlassen, ist erfolglos geblieben. Er kündigt daher ohne Einhaltung einer Kündigungsfrist das Mietverhältnis zum Ablauf der ersten Jahres und fordert

Schadensersatz nicht nur für die vertragswidrige Abnutzung, sondern auch dafür, daß er die Villa jetzt leerstehen habe. Er macht dabei geltend, daß der Regierungsrat C. die Villa gleichfalls für fünf Jahre habe mieten wollen, daß er aber den Beklagten den Vorzug gegeben habe, weil C. eine kinderreiche Familie hat.

226. Die Sängerin A. wohnt bei B. gegen einen monatlich im voraus zahlbaren Mietzins von 120 M. Sie ist damit seit vier Monaten im Rückstande. Bei ihrem Auszuge macht B. sein Pfandrecht an einem Reisekorbe geltend, in dem sich zahlreiche Andenken an die Künstlerlaufbahn der A., viele Briefe von Freunden und Verehrern sowie einige Pfandscheine befinden. Die A. klagt auf Herausgabe der Briefe und der Pfandscheine, weil diese nicht als Befriedigungsmittel zu betrachten und daher nicht der Pfändung unterworfen seien. B. bestreitet das unter Hinweis auf § 811 Nr. 11 ZPO., welcher nur von Familienpapieren rede, und auf den Charakter der Pfandscheine als Inhaberpapiere.

227. Der Grundstückseigentümer A. wird am 30. März unheilbar geisteskrank und am 2. April in eine Irrenanstalt gebracht. Am 1. April zieht der Mieter B. ohne zuvorige Kündigung und ohne Bezahlung der rückständigen Miete mit sämtlichen eingebrachten Sachen aus. Der dem A. am 3. Mai bestellte Vormund erhebt ungesäumt gegen B. Klage auf Überlassung des Besitzes der von diesem aus dem Grundstück entfernten Sachen.

228. Der Vormund des 14jährigen A. hat ein diesem gehöriges Haus bis zu dessen Volljährigkeit an B. vermietet. Nachdem A. mit 19 Jahren für volljährig erklärt worden ist, begehrt er von B. Räumung des Hauses. B. meint, daß diese Forderung Treu und Glauben verletze. (§§ 564, 157, 3.)

229. A. hat als Nießbraucher eines Landgutes einen Jagdpavillon errichtet. Da er schon im ersten Jahre auf unbestimmte Zeit zu verreisen genötigt ist, vermietet er den Pavillon seinem Grundstücksnachbar B. gegen einen jährlichen Mietzins von 200 M. Er kehrt indes unverhofft nach wenigen Wochen zurück und kündigt den Mietvertrag mit einer dreitägigen Frist. B. erachtet die Kündigung wegen §§ 565 Abs. 1, 566 für unzulässig; A. hingegen beruft sich auf §§ 565 Abs. 2, 95 Abs. 1 S. 2.

Wie ist zu entscheiden, wenn A. das Landgut auf 10 Jahre gepachtet hatte? (§ 95 Abs. 1 S. 1.)

230. A. hat dem B. eine Wohnung auf zwei Jahre vermietet und am Ende der Mietzeit von dem jährlich im voraus zahlbar gewesenen Mietzinse noch 1000 M. zu fordern. Da indes B. am ersten Tage des dritten Jahres den für dieses fälligen Zins pünktlich zahlt, wird das Mietverhältnis fortgesetzt. Im Laufe des Jahres läßt X. wegen einer vollstreckbaren Forderung das gesamte von B. eingebrachte Mobiliar pfänden. A. macht wegen der rückständigen 1000 M. sein Pfandrecht geltend. X. meint aber, daß ihm dies nicht zustehe, weil für das dritte Jahr ein „formal neuer Vertrag" abgeschlossen und hieraus B. nichts schuldig geworden sei. (Vgl. hierzu Endemann, Einführung, 8. Aufl., Bd. 1, § 170 Nr. 3.) Ist die Ansicht zu billigen?

Wie, wenn es im Mietvertrage hieße: „Wird dieser Vertrag nicht 3 Monate vor seinem Ablauf gekündigt, so gilt er als auf ein weiteres Jahr verlängert", und wenn eine Kündigung nicht erfolgt war?

231. A. vermietet in seinem Hause Berliner Straße Nr. 1 am 12. Februar dem B. vom 1. Oktober bis zum 31. Dezember einen Laden zum Weihnachtsausverkaufe für 2000 M., die im voraus entrichtet werden sollten. Am 18. Februar läßt er zufolge Verkaufs das Haus seinem Nachbar C. auf, behält sich aber das Recht auf die Nutzung des Ladens vor. Mitte März findet C., der sein Geschäftshaus baldigst vergrößern will, den B. mit 5000 M. wegen seines Mietrechts ab und reißt das inzwischen von Mietern freigewordene Haus Ende September ein. Am 1. Oktober fordert A. von B. die Miete. B. verweigert die Zahlung, weil A. nicht vorleisten könne und von ihm vertraglich nichts zu fordern habe, da C. an seine Stelle getreten sei. Hierauf wendet sich A. an C. Auch dieser erachtet sich zu nichts verpflichtet. Einmal habe der Laden in der Zeit vom 1. Oktober bis 31. Dezember keinen Nutzen abgeworfen, sondern seine Vermietung durch A. ihm einen Schaden von 5000 M. verursacht, mit dem er eventuell aufrechne. Sodann habe er als Eigentümer mit dem Hause nach Belieben verfahren können. Endlich habe A. gewußt, daß er das Haus zur Erweiterung seines Geschäftshauses gekauft habe und daß daher der alsbaldige Abbruch notwendig gewesen sei.

A. nimmt hierauf B. und C. als Gesamtschuldner wegen Verletzung der mit ihm eingegangenen Verträge in Anspruch. (§§ 535, 571, 433.)

232. A. hat sein Haus dem B. für einen jährlichen, am Beginn eines jeden Mietjahres im voraus zahlbaren Mietzins von 1000 M. auf die Zeit vom 1. April 1900 bis dahin 1904 vermietet. Am 20. März 1901 tritt er die Mietforderung für die Zeit vom 1. April 1901 bis 31. März 1902 dem C. ab. Am 31. März verkauft er das

Haus dem D. Am 1. April melden sich bei B. zu gleicher Zeit C. und D. zur Erhebung des fälligen Zinses. An wen wird B. zahlen?

Hat B. für den Fall, daß zuerst C. und dann D. kommt (sowie für den umgekehrten Fall), Nachteile zu befürchten, wenn er an den zuerst sich Meldenden die Jahresmiete zahlt, weil er im Augenblick der Zahlung von dem Eigentumsübergange (von der Zession) keine Kenntnis hat?

233. A. vermietet in seinem Hause am 1. Februar gegen einen im voraus zahlbaren Mietzins von 1000 M. einen — bis zum 31. März an X. vermieteten — Laden an B. für die Zeit vom 1. April bis zum 30. Juni. Am 8. Februar läßt er das Haus dem C. auf, behält sich aber im Kaufvertrage die Nutzung des vermieteten Ladens vor.

Am 3. März zahlt C. dem B. 5000 M. dafür, daß er von seinem Mietrechte keinen Gebrauch macht, und reißt am 1. April das Haus nieder, um einen Neubau aufzuführen.

A. verklagt hierauf B. und C. solidarisch auf Zahlung von 1000 M. mit dem Bemerken, daß sie ihm diesen Betrag, sei es als Entschädigung, sei es aus einem sonstigen Grunde, schuldeten.

(§§ 276, 242, 324, 325, 433 II, 578.)

234. A. entleiht von seinem Stubenkameraden B. zu einem eintägigen Radausfluge dessen Uhr. Bei einem Falle mit dem Rade zerbricht das Uhrglas. A. läßt sofort bei dem nächsten Uhrmacher ein neues Glas für 1 M. einsetzen.

Als tags darauf B. die Uhr zurückverlangt, verweigert A. ihre Herausgabe, bevor B. ihm die verauslagte Mark ersetzt habe. Ist A. im Rechte?

Wie ist zu entscheiden, wenn A. die Uhr weggenommen hat, ohne B. vorher um Erlaubnis zu fragen?

235. A. hat sich verpflichtet, dem B. am 1. April ein Darlehn von 100000 M. zu geben. Er macht das Geld für diesen Tag flüssig und bietet es dem B. an; B. verweigert die Annahme, weil er es nicht mehr brauche. Worauf kann A. Klage erheben?

236. A. schuldet dem B. ein am 1. Februar 1901 rückzahlbares, zu 5% verzinsliches Darlehn von 1000 M. Wie er sich an diesem Tage in B.s Wohnung mit dem Gelde einfindet, hört er von dem allein zurückgebliebenen Dienstmädchen, daß B. auf 4 Monate nach dem Süden gereist sei und wegen des Darlehns nichts hinterlassen habe. A. hinterlegt hierauf das Geld bei der Deutschen Bank unter Zusicherung von monatlich 2% Zinsen. Wie B. zurückkehrt, verlangt er von A. nicht nur die hinterlegten 1000 M., sondern auch die aufgelaufenen Bankzinsen. B. beruft sich darauf, daß er die Zinsen nicht zu entrichten habe, weil A. im Verzuge gewesen sei.

237. In den Statuten der beklagten Lebensversicherungsgesellschaft ist bestimmt, daß die unrichtige Ausfüllung des Fragebogens durch den Versicherten Verlust der Ansprüche und Verwirkung der gezahlten Prämie als Strafe nach sich ziehe. A. hat unrichtig angegeben, daß er in den letzten fünf Jahren nicht krank gewesen sei. 1. Die Gesellschaft hat die Unrichtigkeit dieser Angabe von Anfang an gekannt, läßt sich aber sechs Jahre lang die Prämien bezahlen und tritt hierauf vom Vertrage zurück. Darf sie die gezahlten Prämien behalten? 2. Wie, wenn sie nur an der Richtigkeit der Angabe gezweifelt hat? 3. Wie, wenn sie die Unrichtigkeit der Angabe gekannt, aber keinen Beweis dafür gehabt hat und erst nach sechs Jahren in den Besitz von Beweisen gelangt?

238. A. läßt sich in Berlin von seinem Diener B. zum Bahnhof „Friedrichstraße" begleiten, damit dieser ihm das Handgepäck in den Wagen besorgt. Während B. mit dessen Unterbringung beschäftigt ist, setzt sich der Zug in Bewegung, und dadurch ist B. gezwungen, bis zur nächsten Haltestelle mitzufahren. Daselbst angelangt, meldet er sich beim Stationsvorsteher und zahlt sogleich den Fahrpreis für die zurückgelegte Strecke mit 0,20 M. Dessenungeachtet fordert später der Eisenbahnfiskus auf Grund des § 21 Abs. 2 der Verkehrsordnung vom 15. November 1892 im Wege der Klage den Betrag von 6 M. B. wendet ein, daß er die Fahrt wider Willen gemacht habe und deshalb der gedachten Bestimmung, welche eine Vertragsstrafe enthalte, nicht verfallen sei. Wie ist zu entscheiden?

239. A. hat zur Behandlung eines Beinbruchs den Chirurgen B. zugezogen. Durch ein Versehen B.s mißlingt die Heilung. A. belangt ihn auf Schadensersatz in Gestalt einer lebenslänglichen Rente. B. wendet ein, daß eine erneute, geringfügige und ungefährliche Operation den A. vollständig heilen würde. Er erklärt sich bereit, die Kosten dieser Operation, die der berühmte Chirurg der Universität H. vornehmen wolle, zu tragen und bis zu dem Zeitpunkte der sicher zu erwartenden Heilung die Rente zu zahlen, bittet aber im übrigen um Abweisung der Klage.

240. Der Kaufmann A. wohnte vier Wochen in einem Hotel und ließ seine Stiefel und Kleider durch den ersten Hausdiener B. und dessen beide Gehilfen reinigen. Bei seinem Weggange gab er dem

B., mit dem er in Differenzen geraten war, 4 M. Trinkgeld. B. wies diese zurück und fordert klagend 12 M. mit folgender Begründung: Er beziehe zwar für seine Person Kost und Logis, erhalte aber weder bares Geld noch sonstige Unterstützung zu seinem Lebensunterhalt, vielmehr habe er noch zwei andere Hausdiener des Hotels zu besolden. Das sei dem Publikum, insbesondere auch dem Kläger, bekannt gewesen. Der Kläger habe sich daher seiner nicht als Bediensteten des Wirtes bedient, sondern seine Dienste unmittelbar in Anspruch genommen; er sei daher nach der Verkehrssitte (§ 242) zu ihrer üblichen Vergütung in Höhe von 3 M. wöchentlich verpflichtet (§§ 611, 612).

A. bittet um Abweisung der Klage, weil es sich beim Trinkgelde höchstens um eine Anstandspflicht oder eine soziale Verbindlichkeit (vgl. §§ 534, 814) handle.

241. Eine Kindergärtnerin tritt ihre Stelle am 1. Mai mit einem monatlichen Gehalt von 25 M. an. Sie erkrankt am 16. Mai an einer Lungenentzündung und wird von ihrer Herrschaft in einer Krankenanstalt untergebracht. Am 8. Juli wird sie als gesund entlassen. Die Herrschaft weigert sich, sie wieder in Dienst zu nehmen. Sie erklärt, daß sie das Dienstverhältnis wegen der mehr als sechswöchigen Krankheit für gelöst betrachte.

Welche Rechte hat die Kindergärtnerin?

Wie ist der Fall zu entscheiden, wenn es sich um ein Kindermädchen handelt?

242. Der Kaufmann A. hat für eine von ihm betriebene Naturheilanstalt den Arzt B. als ärztlichen Leiter unter folgenden Bedingungen angestellt: B. muß in der Anstalt wohnen und ihre Interessen überall wahrnehmen; er erhält dafür ein monatliches Gehalt von 200 M. und eine in Prozenten festgesetzte Vergütung von den Einnahmen der Anstalt. Beiden steht zum Ersten eines jeden Monats die Kündigung mit einer Frist von sechs Monaten zu. Nach drei Monaten bricht ein Zerwürfnis zwischen ihnen aus, das jedes ersprießliche Zusammenwirken ausschließt. B. kündigt deshalb mit sechsmonatiger Frist. A. verlangt, daß er sofort die Anstalt verlasse. B. tut dies am letzten Tage des vierten Monats unter Vorbehalt seiner Ansprüche. Er stellt dem A. seine Dienste zur Verfügung und klagt gegen ihn auf Anerkennung, daß er ihm noch für sechs Monate Gehalt und Tantieme zu zahlen habe.

243. Ein englischer Clown schließt in Deutschland mit einem deutschen Zirkusdirektor einen Engagementsvertrag auf sechs Monate ab, wonach er monatlich 400 M. Gage erhält, aber 2400 M. Strafe zahlen muß, falls er den Vertrag bricht. Er läuft nach zwei Monaten davon und wird im Rechtswege auf Zahlung der Strafe belangt. Er wendet ein, daß er der deutschen Sprache nicht mächtig sei und den Vertrag ohne Kenntnis von seinem Inhalt unterschrieben habe sowie daß die Strafe unverhältnismäßig hoch sei.

244. Der Referendar A. hat sich am 25. Januar, da er soeben für den 1. Februar bei seinem Präsidenten zum Balle geladen worden ist, bei dem Schneider B. unter Hinweis auf seine Einladung einen Frack mit dem ausdrücklichen Vermerke bestellt, daß B. ihn an diesem Tage liefern müsse, widrigenfalls er, A., ihn nicht mehr gebrauchen könne. B. hat pünktlichste Lieferung zugesagt. Als der Frack bis zum Abend des 1. Februar nicht eintrifft, schreibt A. dem B., daß er vom Vertrage zurücktrete und den Frack nicht mehr annehmen werde. Am folgenden Morgen schickt B. den Frack, A. verweigert aber die Annahme. B. klagt demzufolge auf Zahlung und bemerkt dabei, daß die plötzliche Erkrankung seines besten Gesellen ihm die Einhaltung der Frist unmöglich gemacht habe, daß überdies die Frist um deswillen der Bedeutung entbehre, weil der Beklagte den Frack immer gebrauchen könne.

245. Der Bankier A. läßt sich in seinem Hause von dem Maler B. porträtieren. Für das fertige Bildnis ist ein Preis von 2000 M. vereinbart. Als es halb fertig ist, brennt das Haus A.s durch seine Schuld ab, und dabei geht das Bild zugrunde. B. verlangt 2000 M. als Honorar. A. macht geltend, daß B. überhaupt nichts fordern könne, weil er bis zur Abnahme des Bildes die Gefahr zu tragen habe. Äußerstenfalls gebührten ihm 1000 M., weil das Bild nur zur Hälfte fertig geworden sei, und ferner, weil B. in der Zeit, die er sonst auf das Bildnis A.s hätte anwenden müssen, anderweitigen Verdienst in Höhe von 1000 M. gefunden habe. (§§ 644, 645, 324.)

246. Die Frau des Schneidermeisters A. bestellt für sich bei dem Zahntechniker B. Herstellung eines Gebisses zum Preise von 60 M. Da sie die Abnahme verweigert, erhebt B. Klage mit dem Antrage, die Frau zur Abnahme des Gebisses und den Ehemann A. zur Zahlung von 60 M. zu verurteilen.

Auf Befragen erklärt er: er könne nicht behaupten, daß das Gebiß passe, auch nicht, daß der Ehemann der Bestellung der Frau zugestimmt habe. Die Haftung des Ehemannes folge aus seiner Unterhaltspflicht. (Vgl. §§ 651, 640, 631. — 1360, 679, 677, 683. — 1412, 1399.)

247. Der Rentier A. kaufte von dem Bankier B. im Mai 1900 25 Stück Aktien der österreichisch-französischen Staatseisenbahngesellschaft und erhielt sie gegen Barzahlung ausgeliefert. Als er sie im Juli weiterverkaufen wollte, stellte sich heraus, daß vier Stück wegen Abschneidung des Randes der Souche nach Frankfurter Börsenusance nicht lieferbar waren. Er klagt auf Lieferung von vier Stück anderen börsenmäßig lieferbaren Papieren gegen Rückgabe der erhaltenen und auf Ersatz des durch die voraufgegangene Verweigerung des Umtausches entstandenen Schadens.

Der Beklagte beantragt Abweisung. Er habe seinerseits erfüllt. Eventuell sei seine Verpflichtung aus dem Kaufvertrage durch Annahme der streitigen Papiere an Erfüllungs Statt aufgehoben worden.

Der Kläger erwidert, daß von Erfüllung nicht die Rede sein könne, weil B. etwas anderes geliefert habe, als was er hätte liefern sollen. Ebensowenig liege eine Annahme an Zahlungs Statt vor; denn er habe sich in dem entschuldbaren Irrtum befunden, daß sämtliche Stücke von börsenmäßiger Beschaffenheit seien. Wie ist zu entscheiden?

248. A. schuldet dem B. ein Darlehn von 1200 M. und verpflichtet sich, es in monatlichen Raten von 100 M. zurückzuzahlen mit der weiteren Bestimmung, daß, wenn er einmal mit vier aufeinanderfolgenden Raten im Rückstande bliebe, der ganze Restbetrag auf einmal fällig sein sollte. A. läßt die ersten drei Raten aus und bezahlte die vierte; hierauf bleibt er wieder mit der 5., 6. und 7. im Rückstande und berichtet die 8. Rate; auch die 9., 10. und 11. Rate entrichtet er nicht, erst mit der 12. Rate findet er sich pünktlich bei B. ein. Dieser klagt darauf die übrigen 900 M. ein. Ist er im Rechte?

249. A. hat dem B. 100 Flaschen Moselwein zu liefern, lieferte aber 1. versehentlich, 2. arglistig Rheinwein. B. nimmt den Wein an. Liegt hier Kauf oder Hingabe an Erfüllungs Statt vor? Was muß B. für den Wein zahlen?

250. Der Generalfeldmarschall X. stellt dem Restaurateur A. über eine Darlehnsschuld von 1000 M. einen Schuldschein aus. Als er sie nach Eintritt der Fälligkeit gegen Rückgabe des Schuldscheines tilgen will, erklärt sich A. zur Rückgabe außerstande, weil er den Schuldschein, nicht die Forderung, dem Autographensammler B. für 10000 M. verkauft hat; er bietet dafür dem X. das öffentlich beglaubigte Anerkenntnis an, daß die Schuld erloschen sei. Hierauf klagt X. gegen A. auf Herausgabe dieses Anerkenntnisses und Zahlung von 9000 M., indem er bemerkt, daß er wegen 1000 M. mit seiner Darlehnsschuld aufrechne. A. verlangt widerklagend von X. Zahlung der 1000 M. gegen Empfang des Anerkenntnisses und Abweisung der Klage.

1. Kann X., falls er nicht in der Weise kompensieren will (oder dessenungeachtet?), nach Bezahlung der Schuld den Schuldschein von B. herausverlangen?

2. Wenn A. die Forderung an C. abgetreten hat, kann dieser von B. den Schuldschein herausverlangen?

251. A. schuldet dem B. ein am 1. März rückzahlbares, zu 4% verzinsliches Darlehn von 1000 M. Als er sich am Fälligkeitstage bei B. mit dem Gelde zur Tilgung seiner Schuld einfindet, ist die Wohnung verschlossen; ein an der Tür angeklebter Zettel besagt, daß B. erst Ende des Jahres von einer Studienfahrt nach Afrika zurückkehren werde. A. hinterlegt hierauf das Geld bei der Hinterlegungsstelle und holt es am 31. Dezember mit den aufgelaufenen 2% Zinsen ab. Er begibt sich damit wiederum zu B. und erfährt, daß dieser erst am 7. Januar zurückkehrt. Nun behält A. das Geld bei sich und trägt am 7. Januar dem B. 1000 M. hin. B. verlangt, daß A. ihm auch die Hinterlegungszinsen herausgebe. A. weigert sich dessen, weil nach § 379 Abs. 3 BGB. die Hinterlegung als von Anfang an nicht erfolgt gelte und er nach § 301 daselbst während des Verzugs des Gläubigers Zinsen nicht zu entrichten habe. B. meint, daß die Hinterlegung erst von dem Augenblicke der Zurücknahme an als nicht erfolgt gelte. Zum Nachweise, daß eine solche Auffassung trotz des Wortlautes des Gesetzes zulässig sei, beruft er sich auf § 2143, wo das Nichterlöschen der Rechtsverhältnisse auch erst von dem Eintritte der Nacherbfolge an Bedeutung haben könne. Zudem bemerkt er, daß nach § 379 Abs. 2 der Schuldner die gezogenen Nutzungen herausgeben müsse.

Wie ist der Fall zu entscheiden? Wie, wenn die Hinterlegung nicht wegen Verzugs des Gläubigers, sondern um deswillen erfolgt wäre, weil B. vor dem Fälligkeitstage gestorben und sein Erbe unbekannt war, und wenn nun A. das einige Monate hinterlegt gewesene Geld samt Zinsen abhebt und es dem inzwischen bekannt gewordenen Erben ohne die Zinsen überbringt?

252. A. hat dem B. vor langer Zeit ein Darlehn von 100 M. gegeben und an verfallenen, zufolge Übereinkommens nicht verjährten Zinsen gleichfalls 100 M. von ihm zu fordern. Nun verkauft und übergibt B. dem A. einen Bücherschrank für 100 M. A. zahlt nicht bar, trifft auch wegen etwaiger Abrechnung seiner Forderung keine

Vereinbarung und klagt demnächst die verfallenen Zinsen ein. B. erklärt, mit der Kaufpreisforderung aufrechnen zu wollen. A. erwidert, daß er die Gegenforderung zwar anerkenne, aber sie gegen die Darlehnsforderung anrechne.

253. Der Hauseigentümer A. hat den B. zum Vizewirt bestellt und ihm als jährliche Vergütung für seine Bemühungen, die in der Besorgung der polizeilichen An- und Abmeldungen, der Einkassierung der Mieten, der Reinigung und Beleuchtung des Hauses bestanden, eine Wohnung im Hause im Jahresmietwert von 360 M. eingeräumt mit der Abrede, daß die monatlich fälligen, im voraus zahlbaren Mietraten durch die Leistungen als Vizewirt abgegolten sein sollen. Der schriftliche Vertrag ist auf dic Dauer eines Jahres geschlossen. Nach Verlauf von 3 Monaten wird die Zwangsverwaltung über das Haus eingeleitet. Der vom Gericht bestellte Verwalter C. entzieht dem B. die Stellung eines Vizewirts und verlangt klagend von ihm Zahlung der Miete für den laufenden Monat. B. stellt ihm den Schaden in Gegenrechnung, der ihm dadurch erwachsen ist, daß C. ihm ohne Grund die Stellung eines Vizewirts abgenommen hat.

254. Ist die Aufrechnung in folgenden Fällen zulässig?

a) A. klagt gegen B. eine Mietforderung ein. Letzterer will mit einer Kaufgeldforderung für Backwaren, welche er der Ehefrau des A. in den Haushalt geliefert hat, kompensieren.

b) A. klagt mit der Behauptung, daß B. sich schriftlich verpflichtet habe, ihm am 1. März ein Darlehn von 1000 M. zu geben. B. will dagegen mit einer gleich hohen Kaufgeldforderung kompensieren.

255. A. verklagt den B. auf Zahlung eines Darlehns von 400 M. B. bestreitet den Empfang des Darlehns und erklärt, daß er für den Fall des Nachweises der Klageforderung mit einer von A. nicht bestrittenen Forderung von 400 M. für ein dem A. verkauftes Pferd aufrechnen wolle. Vgl. hierzu Stölzel, Schulung für die zivilistische Praxis, 2. Teil, S. 139ff., 160ff.; Eccius, in Gruchots Beiträgen, Bd. 42, S. 15ff.

256. A. und B. standen in laufender Rechnung. B. geriet in Konkurs, A. meldet darin eine Forderung von 2900 M. an. Bald nach dem Ausbruche des Konkurses kam ein außergerichtlicher Vergleich zustande, in welchem den Gläubigern 50% zugesichert wurden. Zur Zeit der Konkurseröffnung und des Vergleichsabschlusses hatte B. eine Gegenforderung an A. in Höhe von 1100 M. A. klagt nunmehr

900 Mark ein, indem er geltend macht, er habe damals mit 1100 M. aufrechnen können und sei daher auch heute dazu berechtigt. B. bittet in Höhe von 550 M. um Abweisung. Er führt aus, daß dem Kläger zufolge des Vergleichs nur 1450 M. zustünden und daß er hiergegen mit seiner Gegenforderung aufrechnen dürfe.

257. A. schuldet dem B. 2000 M. B. hat an A. eine Forderung von 1000 M. Darlehn, 1000 M. aus einem Kaufe und 1000 M. aus einem Mietvertrage. B. erklärt, daß er mit den ersten beiden Forderungen aufrechnen wolle. A. widerspricht aber unverzüglich und verlangt, daß die Kauf- und die Mietforderung gegen seine Forderung aufgerechnet werden sollen. B. will darauf nicht eingehen und klagt nunmehr die Mietforderung mit 1000 M. ein. A. beantragt Abweisung der Klage.

258. A. verkauft im Februar sein Haus dem B. für 100000 M. B. übernimmt in Anrechnung auf den Kaufpreis eine darauf für C. eingetragene Hypothek von 50000 M. Die Auflassung soll am 1. April stattfinden. Im März tritt B. seinen Anspruch aus dem Vertrage an D. ab. In welches Verhältnis tritt dieser zu A., B. und C.? Kann er auf Auflassung klagen?

259. A. verkauft dem B. zwei Reitpferde mit der Abrede, daß sie nach acht Tagen geliefert und acht Tage nach der Lieferung bezahlt werden sollen. Noch vor der Lieferung tritt er seinen Anspruch aus dem Vertrage an C. ab. Welche Rechte erwachsen diesem daraus?

260. X. hat sich von Rothschild 1000 M. geborgt und ihm dafür einen Brillantschmuck zum Faustpfand gegeben. Rothschild zediert seine Darlehnsforderung an Y., einen stets in Zahlungsverlegenheiten befindlichen Minderkaufmann, und überläßt ihm zugleich den Besitz des Brillantschmuckes. Muß X. sich die Zession und die Besitzübertragung des Schmuckes gefallen lassen? Welche Rechte hat er gegen Rothschild, welche gegen Y.?

261. Der Lotteriekollekteur A. hat bei der Preuß. Lotteriedirektion eine Kaution von 20000 M. in Staatspapieren hinterlegt. Es ist vereinbart, daß der Anspruch auf Herausgabe der Kaution weder abgetreten noch verpfändet noch sonstwie veräußert werden darf. Gleichwohl tritt A. den Anspruch an B. am 1. Februar ab. Am 10. Oktober läßt C., ein Gläubiger A.s, wegen einer vollstreckbaren Darlehnsforderung von 4000 M. den bezeichneten Anspruch des A. gegen die Lotteriedirektion pfänden und sich zur Einziehung überweisen. B. klagt mit dem Antrage, den C. zu verurteilen, anzuerkennen, daß seine Pfändung unwirksam sei. Er macht geltend, daß A. zur Zeit der Pfändung nicht mehr Eigentümer der Forderung gewesen sei. C. bittet um Abweisung, indem er ausführt, daß zwar nach § 399 BGB. die Zession an B., nicht aber seine Pfändung ungültig, diese vielmehr durch § 851 Abs. 2 ZPO. ausdrücklich zugelassen sei. B. erwidert, daß C. den § 399 BGB. mißverstanden habe; dieser wolle nur dem Schuldner eine Einrede gegenüber dem Zessionar geben, aber weder das Verhältnis zwischen dem Zedenten und dem Zessionar noch das zwischen dem letzteren und einem Vollstreckungsgläubiger des Forderungsberechtigten regeln.

262. A. hat eine am 1. Dezember 1900 fällige Forderung an X. am 1. Februar 1900 dem B. abgetreten und dem X. von der Zession Kenntnis gegeben. Auf die Klage des B. will X. mit einer Forderung an A. kompensieren, die am 15. April 1900 entstanden und am 1. April 1900 fällig gewesen war und die er von A. nicht hatte beitreiben können. Geht dies?

263. A. schuldet dem B. 1000 M. Darlehn gegen einen Schuldschein. B. tritt die Forderung dem C. ohne Übergabe des Schuldscheins, sodann dem D. unter Aushändigung des Schuldscheins ab, und zwar beide Male schriftlich. Keine der beiden Abtretungen ist dem A. angezeigt worden. D. klagt gegen A., erstreitet ein obsiegendes Urteil und wird befriedigt. Nunmehr verlangt C. von ihm Bezahlung auf Grund seiner älteren, ihm von B. über die Abtretung der Forderung ausgestellten Urkunde.

264. Für den A. stehen auf dem Grundstücke des B. 10000 M. Hypothek eingetragen. B. verkauft das Grundstück an C., dieser verkauft es an D. D. hat die Hypothek in Anrechnung auf den Kaufpreis übernommen. Während er Eigentümer des Grundstücks ist, wird es im Wege der Zwangsversteigerung verkauft. A. fällt mit 5000 M. aus. Unter welchen Voraussetzungen kann A. den C. wegen des Ausfalles als persönlichen Schuldner in Anspruch nehmen?

265. B. hat von A. ein Haus gekauft und in Anrechnung auf den Kaufpreis unter anderen Hypotheken auch eine für X. an dritter Stelle eingetragene Darlehnshypothek von 10000 M. übernommen und sich verpflichtet, den A. von der Haftung gegenüber X. zu befreien. B. verkauft das Haus schon nach wenigen Tagen an C., und in dessen Händen kommt es einige Wochen darauf zur Zwangsversteigerung. X. fällt dabei mit seiner Forderung aus. Er läßt sich nunmehr von A. dessen Anspruch an B. auf Befreiung abtreten und klagt gegen B.

auf Zahlung der 10000 M. B. erachtet die Klage an sich für unbegründet; eventuell bestreitet er, daß A. je ein Darlehn von X. erhalten habe.

266. A. und B. sind Gesamtschuldner von C. Dieser tritt seine Forderung gegen A. an D. ab. Welche Wirkung tritt hinsichtlich des B. ein?

267. A. und B. haben sich gegenüber C. mittels ein und desselben Vertrages zur Rückzahlung eines ihnen gemeinschaftlich gegebenen Darlehns verpflichtet. Die Klage des C. gegen A. ist durch rechtskräftiges Versäumnisurteil abgewiesen. C. nimmt hierauf den B. in Anspruch. Dieser bittet um Abweisung, einmal unter Berufung auf das in dem Prozesse mit A. ergangene Urteil, sodann auf eine dem A. unstreitig zustehende Gegenforderung von gleicher Höhe.

268. A., B., C. und D. haben gemeinschaftlich ein Darlehn von 1200 M. aufgenommen. A. hat an den Gläubiger 600 M. gezahlt. Wie hoch ist sein Ersatzanspruch gegen die Mitschuldner? Wie hoch in dem Falle, daß B. zahlungsunfähig ist?

269. A., B. und C. kaufen ein Pferd für 1500 M., die in drei Raten am 2. Januar, 1. Februar und 1. März zu zahlen sind. A. zahlt die erste Rate allein. B. wird am 10. Januar zahlungsunfähig. A. stellt demzufolge gegen C. am 15. Januar die Regreßklage auf 250 M. an. Wird er damit durchdringen? Wie ist zu entscheiden, wenn die Klage am 3. Februar nach Fälligkeit der zweiten, aber unbezahlt gebliebenen Rate erhoben wird?

270. A. und B. verpflichten sich schriftlich, dem C. 6000 M. in 3 Raten zwecks Mitbeteiligung an dessen Handelszeitung zu zahlen. A. zahlt hiervon 5000, B. nur 1000 M. A. verlangt von B. im Regreßwege Zahlung von 2000 M., weil im Vertrage über ihr Verhältnis nichts gesagt worden ist. B. wendet ein, daß er sich nur zur Zahlung von 1000 M. verpflichtet habe. Beide bedienen sich der Eideszuschiebung. Wen trifft die Beweislast? Wie ist zu entscheiden?

271. A. behauptet, B. habe 1000 Zigarren zum Preise von 100 M. bei ihm bestellt, und er habe sie ihm demzufolge geliefert. Eventuell habe B. die ihm mit einer über 100 M. lautenden Rechnung gelieferten 1000 Zigarren verbraucht. A. verlangt Bezahlung. Was für eine Klage liegt vor?

272. A. schreibt an den Getreidehändler B., er möchte für seine, A.s, Rechnung dem C. einen Zentner Weizenmehl schicken. B. tut dies, ohne zuvor dem A. zu antworten, daß er den Auftrag annehme. Welche rechtlichen Beziehungen sind durch die Absendung des Mehles an A. zwischen den drei Personen entstanden? Kann insbesondere B. gegen A. den Marktpreis einklagen?

273. A. hat bei B. einen fertigen Gehrock gekauft, verweigert aber die Abnahme. Auf Zahlung des Kaufpreises belangt, wendet er ein, der von ihm gekaufte Rock sei zweireihig gewesen, während der von B. ihm zugesandte Rock nur eine Reihe Knöpfe gehabt habe. Wen trifft die Beweislast?

274. A. hat dem B. im Mai ohne Angabe der Quantität Kartoffeln, den Sack zu 6 M., lieferbar zu Weihnachten, verkauft. Nachdem die Kartoffeln im Preise sehr gestiegen sind, verlangt B. zu Weihnachten von A. käufliche Überlassung von 100 Sack mit dem Anführen, A. habe gewußt, daß er, B., stets um diese Zeit einer solchen Quantität benötigt sei.

275. A. bestellt in einem Restaurant nach der Speisekarte ein Schnitzel, dessen Preis darin auf 1 M. angegeben war. Bei der Bezahlung verlangt der Wirt von ihm 1,60 M. A. beruft sich auf die Speisekarte. a) Der Wirt erklärt, die Auszeichnung mit 1 M. beruhe auf einem Schreibfehler. b) Der Wirt findet, daß die Auszeichnung von unbekannter Hand in 1 M. geändert ist, aber so sorgfältig, daß die Fälschung nur mit einer Lupe zu erkennen ist. In beiden Fällen weist er darauf hin, A. habe wissen müssen, daß in einem so feinen Restaurant, wie es das seine sei, ein Schnitzel nicht für 1 M. verabfolgt werde. Muß A. 1,60 M. bezahlen?

276. A. verkauft am 1. April eine Kuh an B. für 100 M. B. bittet ihn, die Kuh bis zum 10. April in seinem (A.s) Stalle aufzubewahren, da er sie vorher bei sich nicht unterbringen könne. Am 2. April verkauft A. die nämliche Kuh an C. für 110 M., mietet sie aber von ihm sofort gegen ein tägliches Entgelt von fünfzig Pfennig bis zum 12. April. Am 3. April verkauft er die Kuh für 120 M. dem D., der sie alsbald mit sich fortführt. C. und D. sind bei dem Erwerbe der Kuh in gutem Glauben gewesen. Wie gestaltet sich das gegenseitige Verhältnis der vier Personen?

Gesetzt: D. habe den A. gebeten, die Kuh nach seinem (D.s) Wohnorte X. zu transportieren und dort den Kaufpreis entgegenzunehmen; A. habe sie darauf durch seinen Knecht nach X. geschickt, und die Kuh habe unterwegs ein Kalb geworfen. Wem gebührt es?

277. A. hat im Februar sein Grundstück mittels schriftlichen Vertrags dem B. verkauft und sich verpflichtet, es ihm am 1. April aufzulassen. Im März hat C., ein Gläubiger A.s, eine Hypothek von 10000 M. im Wege der Zwangsvollstreckung eintragen lassen. Kann B. von dem Vertrage zurücktreten oder muß er die Auflassung entgegennehmen?

278. B. hat eine spezielle Erfindung gemacht, ohne die voraufgegangene generelle Erfindung des A. zu kennen. Er hat sie in der Anmeldung so speziell beschrieben, wie er sie gemacht hat, und ein Patent für diese spezielle Ausführungsform gefordert, weil er auf das generelle Verfahren keinen Wert legt. Das Patent wird ihm auch so erteilt, und er gibt dem C. gegen Entgelt eine Lizenz auf die Dauer des Patents. C. erbaut eine Fabrik und trifft kostspielige Einrichtungen. Wie er aber mit seinem Produkt auf dem Markt erscheint, meldet sich A. mit seinem älteren Patent und untersagt dem C. die Produktion. Jetzt will C. gegen B. den Regreß nehmen. In welchem Umfange ist dies statthaft? (Siehe hierzu Bolze, bei Gruchot Bd. 39 S. 7ff.)

279. A. kauft in einem Metzgerladen ein Pfund Wurst. Nachdem der Metzger es ihm zugewogen und auf den Ladentisch gelegt hat, nimmt es unversehens ein Hund weg und frißt es auf. Wer trägt den Schaden? Wie steht es, wenn der Hund dem Metzger gehört?

280. A. hat dem B. ein Haus für 90000 M. verkauft und übergeben. Vor der Eintragung im Grundbuche brennt es ab. Wer trägt die Gefahr? Kommt es darauf an, ob der Kaufpreis zur Zeit des Brandes schon gezahlt oder gestundet war?

281. A. verkauft von 300 in seinem Speicher lagernden Scheffel Getreide 100 Scheffel dem B. und verpflichtet sich, sie der Eisenbahn zum Transport an diesen zu übergeben. Nachdem er sie ausgesondert hat, bricht in der Nacht vor ihrer Ablieferung an die Eisenbahn ein Feuer im Speicher aus, und es verbrennen: 1. die ausgesonderten 100 Scheffel; 2. die übriggebliebenen 200 Scheffel; 3. alle 300 Scheffel. Wer trägt den Schaden?

282. A. verkauft von seinem Holzlager dem B. eine bestimmte Quantität Holz. B. verpflichtet sich, es binnen drei Tagen abholen zu lassen, kommt aber dieser Verpflichtung nicht nach. In der Nacht vom dritten zum vierten Tage: a) wird das Holzlager überschwemmt, und der gesamte Bestand wird dadurch erheblich beschädigt; b) brennt das ganze Lager ab. Wer trägt den Schaden? Kommt es darauf an, ob B. das verkaufte Holz bereits für A. ausgesondert hatte?

283. Der Handlungsgehilfe A. kauft bei B. eine Schreibmaschine für 100 M. mit der Verabredung, daß der Kaufpreis in monatlichen

Raten von 10 M. getilgt und die erste Rate bei der Übergabe in seiner Wohnung gezahlt werden solle. Da er durch seine etwaige Abwesenheit die Ablieferung nicht verzögert wissen will, händigt er seiner Vermieterin C., bei der er als Chambregarnist wohnt, 10 M. ein mit dem Auftrage, sie dem Überbringer der Maschine auszuhändigen. Die Maschine wird geliefert und von der C. in A.s Zimmer auf den Tisch gestellt. Kaum daß dies geschehen war, begegnet der Bote dem eben heimkehrenden A. und will ihm von der Ablieferung berichten. Da vernehmen beide einen Krach. Sie stürzen ins Zimmer und finden die Maschine zerschmettert am Boden. A. gibt sie dem Boten wieder mit. B. verlangt nunmehr die Kosten der Reparatur mit 30 M. von A.

Ist es für die Entscheidung von Belang, ob die Übergabe der Maschine in B.s Geschäft stattgefunden hatte oder ob sie in A.s Wohnung erfolgen sollte?

284. A. kauft bei B., ohne einen Preis zu verabreden, am 3. Januar 1900 einen Teppich und erhält ihn zugesandt. Sechs Monate später schickt ihm B. die Rechnung. Kann er, falls A. nicht sofort zahlt, in der Klage Zinsen seit dem 3. Januar 1900 fordern?

285. A. hat dem B. ein Pferd für 500 M. verkauft und übergeben, sich jedoch das Eigentum daran bis zur Zahlung des in zehn Monatsraten von je 50 M. zu entrichtenden Kaufpreises vorbehalten. Da B. innerhalb Jahresfrist nur sechs Raten bezahlt hat, erklärt A. ihm den Rücktritt vom Vertrag und klagt auf Herausgabe des Pferdes, ohne Rückzahlung des erhaltenen Kaufgeldes anzubieten. B. beantragt aus dem letzteren Grunde Abweisung der Klage.

286. A. verkauft dem B. ein Pferd für 1000 M. unter der ausdrücklichen Zusage, daß es auf beiden Augen sehe. Nach der Übergabe entdeckt B., daß es auf einem Auge blind ist. Wie haftet A.?

287. Der Gutsbesitzer A. kauft bei dem Fabrikanten optischer Instrumente B. zu Jagdzwecken ein in dessen Preisverzeichnis näher beschriebenes Fernrohr, welches eine achtmalige Vergrößerung bewirken sollte, für 95 M.; B. schließt die Haftung für Mängel aus. Nach einigen Wochen sendet A. den Kaufpreis ein und bemerkt dabei, daß das Fernrohr bei hellem Lichte vorzüglich, aber in der Dämmerung als Pirschglas nicht verwendbar sei. Wiederum einige Wochen später schreibt er dem B., er habe das Fernrohr von einem Sachverständigen untersuchen lassen und dieser habe festgestellt, daß es nur sechsmal vergrößere; er verlange, daß B. das Fernrohr zurücknehme. B. erwidert, es sei im Handel mit optischen Instrumenten allgemeiner Brauch, die Angaben über Vergrößerung nur annähernd zu machen; der Käufer lege auch darauf keinen Wert, da ihm nur daran gelegen sei, ein gutes Glas zu erhalten, und hier habe A. das Glas sogar als vorzüglich anerkannt. A. klagt auf Rückgängigmachung des Verkaufs wegen Betrugs, den er darin findet, daß B. eine achtmalige Vergrößerung zugesichert habe, ohne sich vorher davon zu überzeugen, ob das auch wahr sei.

288. A. hat dem B. ein Landgut mit Inventar verkauft und übergeben und klagt die erste Kaufgeldrate ein. B. beantragt Abweisung der Klage. Er erhebt die Einrede des Betrugs: A. habe ihm in bezug auf die Ertragsfähigkeit des Gutes wissentlich falsche Vorspiegelungen gemacht und ihn dadurch zum Kaufe verleitet. A. hält die Einrede für unerheblich, weil B. sich nicht gleichzeitig zur Rückgabe des Gutes erboten habe. Ist das richtig? Wie ist zu erkennen, wenn das Beweisergebnis für B. günstig ist? Wie kommt A. im Falle der Klageabweisung zu seinem Gute? Wer von beiden ist im Rechte?

289. A. hat dem B. eine Sau als englische Zuchtsau verkauft. Das Tier ferkelt, und es stellt sich hierbei heraus, daß es eine ganz gewöhnliche Sau ist. B. wandelt. Wem gebühren die Jungen? Wie steht es mit den Futterkosten?

290. Der Ziegeleibesitzer A. hat dem Amtsrichter B. zu dem Bau seines Wohnhauses eine Schiffsladung Dachziegel nach Probe verkauft. An dem Tage der Ankunft des Schiffs besichtigt B. die Ziegel an der Oberfläche und findet sie probegemäß. Am nächstfolgenden Tage stellt sich heraus, daß nur die obere Schicht, nicht aber die darunter liegenden Schichten der Probe entsprochen haben. Welche Rechte hat B.? Wie steht es mit der Beweislast?

291. A. verkauft dem B. ein Pferd für 1000 M. und übergibt es ihm; B. hat aber das Recht, statt dieses Pferdes, falls es ihm nicht gefiele, ein anderes brauchbares Pferd zu verlangen. Was für ein Vertrag liegt vor? Was muß B. beweisen, wenn er ein anderes Pferd begehrt?

292. A. hat seinen verarmten Bruder B. zu sich genommen und ihn ein Jahr lang beköstigt. Nachdem B. hierauf einen beträchtlichen Gewinn in der Lotterie gemacht hat, klagt A. von ihm für den gewährten Unterhalt 1200 M. als angemessenen Betrag ein. Dieser bittet um Abweisung der Klage, weil A. ihm die Zuwendungen in unentgeltlicher Absicht gemacht und er sie nur unter dieser Voraussetzung entgegengenommen habe.

293. A., der einzige und reiche Verwandte der B., hat dem Volksschullehrer C. eine jährliche Zulage von 400 M. versprochen, um diesen zur Eheschließung mit der B. zu bestimmen und sie ihm durch materielle Unterstützung zu ermöglichen. Mit Rücksicht auf diese Zusage heiratet C. die B., aber schon im dritten Jahre erklärt A., daß er ihm keine weitere Unterstützung zukommen lassen werde, weil er mit seiner politischen Richtung nicht einverstanden sei. C. klagt gegen A. auf Zahlung der fälligen 400 M. mit der Ausführung, daß hier ein lästiger Vertrag vorliege, bei dem die Eheschließung die Gegenleistung darstelle, und daß A. davon nicht zurücktreten könne, nachdem er, C., erfüllt habe. Handle es sich aber um eine Schenkung, so sei der Widerruf ausgeschlossen, weil sie einer sittlichen Pflicht oder einer auf den Anstand zu nehmenden Rücksicht entsprochen habe. A. hält beide Gründe nicht für zutreffend.

294. A. verspricht seinem Prokuristen B. an dessen Hochzeitstage, daß er dessen erstgeborenem Sohne am Tage der Volljährigkeit 10000 M. schenken wolle; B. akzeptiert dieses Versprechen. B. stirbt nach fünf, A. nach zehn Jahren. Der Sohn B.s, welcher noch im ersten Jahre der Ehe zur Welt gekommen war, fordert von den Erben A.s nach erreichter Volljährigkeit die versprochene Summe. Die Erben erachten das Versprechen an sich für ungültig und jedenfalls deshalb für unwirksam geworden, weil ihr Erblasser dabei von der selbstverständlichen Voraussetzung ausgegangen sei, daß B. alsdann noch lebte und solange ihm gedient hätte.

295. Die unverehelichte A. Z. schloß am 11. Juni 1900 mit ihrem Bruder R. Z. einen Schenkungsvertrag ab, inhaltsdessen sie diesem ihr gesamtes Vermögen unter Lebenden mit gewissen Modalitäten überließ. Mit dem Vertrage begab sie sich am folgenden Tage auf das Gericht und erklärte unter Überreichung desselben zu Protokoll: „Ich übergebe dem Gericht den Schenkungsvertrag vom 11. Juni 1900 mit der Bitte, das Original zu den Akten zu nehmen und je eine Ausfertigung desselben, versehen mit der Bescheinigung der gerichtlichen Insinuation, mir und dem Beschenkten zu behändigen.“ Das Gericht hat dem Antrage entsprochen. In einem vom Fiskus angestellten Erbschaftssteuerprozesse ist die Rechtsgültigkeit dieser Schenkung bestritten worden, weil der Beschenkte nicht mit der Schenkerin bei Gericht erschienen und hier die Erklärung über Annahme der Schenkung abgegeben habe. Was ist hierzu zu sagen? Konnte die Schenkerin sich auch durch einen Bevollmächtigten vertreten lassen?

296. A. hat dem B. mittels schriftlichen Mietvertrages eine Wohnung vermietet. B. entschließt sich jedoch, in seiner bisherigen Wohnung zu bleiben, und teilt dem A. gelegentlich einer Zusammenkunft mit, daß er nicht einziehen werde. A. ist damit einverstanden und vermietet und übergibt die Wohnung dem C. Bald darauf brennt das Haus, worin B. wohnt, ab, und er klagt nunmehr gegen A. auf Einräumung der Wohnung. Wird er mit der Klage durchdringen?

297. In einem Reitinstitut ist ein Plakat angebracht, daß Pferde zum Ausreiten vermietet werden, daß aber den Mieter die Gefahr trifft. A. mietet ein Pferd, gerät auf der Straße infolge der durch das Vorübersausen eines Feuerlöschzuges plötzlich eingetretenen Stauung ins Gedränge, und hierbei wird sein Pferd von einem anderen Pferde geschlagen. Der Inhaber des Reitinstituts verlangt Schadensersatz. Die Beweisaufnahme ergibt, daß A. den Schlag nicht hat abwenden können.

298. Liegt in folgenden Fällen Miete oder Pacht vor?

α) Ein Wohnhaus ist samt dem dazugehörigen Obst- und Gemüsegarten dem A. vermietet; A. ist berechtigt, die Früchte des Gartens nach den Regeln einer ordnungsmäßigen Wirtschaft zu beziehen.

β) Ein Hotel ist samt Inventar dem A. vermietet; A. ist berechtigt, das Hotel für eigene Rechnung zu betreiben.

γ) Eine Brauerei hatte eine von ihr eingerichtete Restauration dem A. vermietet; A. ist verpflichtet, das Bier lediglich von der Brauerei zu einem bestimmten Preise zu beziehen.

δ) Dem A. ist ein Mühlengrundstück mit Wasserkraft zum Betriebe des Müllergewerbes entgeltlich überlassen.

ε) Dem A. ist in einer Großstadt das dritte Stockwerk eines Hauses zum Betriebe einer Tischlerei für 150 M. monatlich vermietet und zugleich die elektrische Kraft einer das ganze Haus mit Elektrizität versorgenden, im Keller aufgestellten Maschine gegen eine Entschädigung, deren Höhe nach der Menge des verbrauchten Stromes bemessen ist.

299. A. vermietet dem B. eine Wohnung auf 3 Jahre. Schon nach einem Monate wird B. durch die Polizei aus gesundheitspolizeilichen Rücksichten zum Auszuge genötigt. A. erbietet sich sofort, in dem anstoßenden, ihm gleichfalls gehörigen Hause dem B. eine polizeilich nicht zu beanstandende, im übrigen völlig gleiche Wohnung zu gewähren und die Kosten des Umzugs zu tragen. B. geht darauf nicht ein, mietet vielmehr eine teurere Wohnung, da er abgesehen von der angebotenen Wohnung eine solche in der gleichen Preislage in der Nachbarschaft nicht findet und sein Beruf ihn an die Gegend bindet. Er verlangt nunmehr von B. Schadensersatz.

300. Der Restaurateur A. hatte von B. vom 1. April 1900 bis dahin 1905 eine erst zum Gastwirtschaftsbetrieb einzurichtende größere Räumlichkeit gemietet und ihn am 1. April aufgefordert, binnen 2 Wochen die vermieteten Räumlichkeiten in einen zum vertragsmäßigen Gebrauche geeigneten Zustand zu versetzen. A. war nämlich, wie er ihm mitteilte, auf sein Gesuch um Konzessionserteilung vom Stadtausschuß deswegen abschlägig beschieden worden, „weil das Lokal der Polizeiverordnung vom 21. September 1883 insofern nicht entspräche, als in dem Hause zwei Prostituierte wohnten, über deren Treiben bereits Klagen eingegangen wären". Am 20. April kündigt A. das Mietverhältnis. Er klagt nunmehr auf Rückzahlung der Miete, wogegen B. nicht nur die Abweisung A.s, sondern auch dessen Verurteilung zu weiterer Mietzahlung beantragte. B. macht geltend, daß das Hindernis der Konzessionserteilung nur kurze Zeit bestanden habe und daß der Stadtausschuß nach geschehener Aufklärung und namentlich, wenn sich A. weiter um die Erteilung bemüht hätte, die Konzession jedenfalls in einigen Tagen erteilt haben würde. Aus der kurzen Verspätung könne A. noch kein Recht zum Rücktritte herleiten. Wie ist zu erkennen?

301. Der in H. wohnhafte Pferdehändler A. mietet von B. in Y. einen Pferdestall vom 2. bis 4. September, um darin einen Trupp Pferde für den am 3. September in Y. stattfindenden Pferdemarkt einzustellen. Wie er am 2. September mit 10 Pferden ankommt, kann ihm B. den Stall nicht gewähren, weil er während des gerade abgehaltenen Manövers für militärische Zwecke belegt war. A. findet auch anderweit kein Unterkommen für seine Pferde und ist deshalb genötigt, sie wieder nach Hause zu bringen. Er kündigt dem B. sofort den Mietvertrag und verlangt klagend von ihm Abnahme der 10 Pferde zu dem Preise, welchen er auf dem Markte für sie hätte erzielen können.

302. A. hatte von B. auf eine Reihe von Jahren Lokalitäten „zur Betreibung einer Möbelfabrikation im allgemeinen" gemietet und benutzt, bis ihm die Zollbehörde, deren besonderen Anordnungen diese in der Hamburger Zollvereins-Niederlage belegenen Räume gesetzlich unterworfen waren, am 1. März 1901 untersagte, vom 1. April d. J. an andere Möbel als Polstermöbel dort anzufertigen. A. ersuchte unverzüglich den B., bis zum 15. März Abhilfe zu schaffen, widrigenfalls er das Mietverhältnis zum 1. April kündige. Da es dem B. nicht gelang, die Zollbehörde zur Zurücknahme ihrer Verfügung zu bewegen, klagt A. gegen ihn auf Feststellung seiner Berechtigung, von dem Vertrage zurückzutreten. B. wendet ein, daß es sich nur um eine unerhebliche Einschränkung des vertragsmäßigen Gebrauchs handle, der als ein Fehler der vermieteten Sache nicht gelten könne. A. erwidert, daß sein Rücktrittsrecht eventuell um deswillen berechtigt sei, weil der Beklagte die ihm obliegende Leistung wegen eines von ihm zu vertretenden Umstandes nicht bewirken könne.

303. A. hat von B. am 1. April 1900 Fabrikräume zum Betriebe einer Eisengießerei auf 3 Jahre gemietet und bezogen. Vor dem Abschluß des Mietvertrages hatte ihm B. mitgeteilt, daß ihm die Polizei wegen der für die Benutzung der Räume zu dem vertragsmäßigen Gebrauche erforderlichen polizeilichen Genehmigung noch Schwierigkeiten mache, die er aber zu überwinden hoffe. Es war deshalb vereinbart worden, daß B. die Genehmigung der Polizei bis zum 1. Januar 1901 zu beschaffen habe. Dem B. gelang dies nicht. A. setzte ihm eine Frist bis zum 1. März und kündigte nach deren Ablauf das Mietverhältnis zum 1. April. Wie A. ausziehen will, macht B. sein Pfandrecht für 2 Mietjahre geltend. A. verklagt ihn deshalb mittels der am 10. April zugestellten Klage darauf, seinen Auszug zu dulden und die Auflösung des Vertrages anzuerkennen. B. bittet um Abweisung, einmal weil der Kläger den Mangel der vermieteten Sache, falls von einem solchen überhaupt geredet werden dürfe, bei dem Abschluß des Vertrages gekannt, sodann weil die Polizei am 5. April die erbetene Genehmigung erteilt hat.

304. Der Pianofortefabrikant A. hat von dem Hauseigentümer B. das obere Stockwerk des Hauses zum Fabrikbetriebe gemietet. An einem Sonntagnachmittag, wo niemand in der Werkstatt ist, fällt starker Regen, dringt durch das Dach in die Werkstatt ein und beschädigt ein neu gebautes Klavier. A. verlangt Schadensersatz, weil der Regen nur infolge der Schadhaftigkeit des Daches, welche Beklagter vertreten müsse, habe schädlich wirken können.

305. Beim Auszuge aus der drei Treppen hoch gelegenen Mietwohnung zerbrechen die Arbeiter des Transportgeschäfts, dem der Mieter den Umzug übertragen hat, eine zur Wohnung gehörige Fensterscheibe und das Geländer der Treppe, die zu dem ersten Stockwerke führt. Der Vermieter verlangt klagend Ersatz dafür. Der Mieter wendet ein, daß er für den von Dritten angerichteten Schaden nicht verantwortlich sei und daß ihn bei der Auswahl der Arbeiter kein Versehen treffe, da er nicht mehr tun könne, als mit dem Umzuge ein renommiertes Transportgeschäft zu betrauen. Der Vermieter möge sich an den Transportunternehmer halten.

306. A. hat in der Mietwohnung das Eßzimmer neu tapezieren und dabei einen Telegraphen nach der Küche anlegen lassen. Beim Auszuge zerschneidet er die Tapeten und den Telegraphendraht. Der Vermieter B. beantragt, den A. zu verurteilen, nach seiner Wahl entweder neu tapezieren und den Telegraphen wiederherstellen zu lassen oder die Kosten dafür, nämlich 30 M. für das Tapezieren und 10 M. für den Telegraphen, zu zahlen.

307. A. hat in dem Hause des B. eine Wohnung für 1000 M. vom 1. Oktober 1900 bis zum 30. September 1901 gemietet. Er zieht am 25. September ohne Wissen und Willen des B. ein und schon am 29. September ohne dessen Wissen mit allen Möbeln wieder aus, weil ihm die Wohnung nicht behagt. B. erwartet am 1. Oktober vergeblich seinen Einzug und klagt, nachdem er von dem Vorgefallenen Kenntnis erhalten hat, gegen A. auf Überlassung des Besitzes der eingebrachten, der Pfändung nicht unterworfenen Sachen. A. meint, daß sein eigenmächtiges Handeln vor Beginn der Mietzeit nicht imstande sei, ein Pfandrecht zu begründen, das nur dem Mieter gegenüber vom Gesetz gewährt werde.

308. A. vermietet dem B. sein Haus mittels schriftlichen Vertrages für 500 M. jährlich auf fünf Jahre. Es ist darin vereinbart, daß der Vertrag auf weitere fünf Jahre als verlängert gelten solle, wenn ihn A. nicht 3 Monate vor dem Ablauf der Mietzeit kündige. Am 1. Oktober 1905 läuft der Vertrag ab. Am 30. Juni 1905 kommen beide mündlich dahin überein, daß B. noch bis zum 1. Oktober 1907 wohnen bleiben dürfe. An diesem Tage will B. nicht ausziehen, weil A. ihm nicht gekündigt habe und die mündliche Abrede ihn nicht binde. A. fragt um Rat.

309. Der außerordentliche Professor A. in Berlin hat eine Wohnung auf 5 Jahre gemietet. Nach Ablauf von 3 Jahren erhält er einen Ruf als ordentlicher Professor nach Bonn, dem er Folge leistet. Er kündigt seine Wohnung für den Schluß des nächsten Kalendervierteljahres. Der Vermieter B. erklärt, daß er die Kündigung nicht annehme, und verklagt den A. nach seinem Auszug und dem Ablaufe der ursprünglichen Mietzeit auf die Zahlung der Restmiete.

310. A. hat dem B. eine Wohnung auf drei Jahre mit der Abrede vermietet, daß B. sie, falls A. das Haus verkaufe, unverzüglich räumen müsse. Nachdem A. ein Jahr darauf am 1. April das Haus an C. verkauft und hiervon dem B. Mitteilung gemacht hat, fordert C. am 8. April den B. zur sofortigen Räumung auf und strengt, da B. der Aufforderung nicht nachkommt, am 15. April gegen ihn die Klage auf Herausgabe der Wohnung an. B. wendet ein, daß die Vertragsbestimmung gegen das Gesetz und die guten Sitten verstoße, und verlangt widerklagend Verurteilung des C. zur Aushaltung des Mietvertrages.

311. A. hat dem B. einen wertvollen Brillantring auf drei Monate geliehen. In der Zwischenzeit hat B. ihn versetzt, und darauf ist er in Konkurs geraten. Der Konkursverwalter C. findet den Pfandschein vor. Er hält den Ring für das Eigentum B.s und löst ihn für 300 M. ein. Nach Ablauf der drei Monate meldet sich A. bei C. Dieser will ihn nur gegen Erstattung von 300 M. herausgeben.

312. A. will dem B. auf dessen Ansuchen ein Darlehn dadurch gewähren, daß er ihm einen Schuldschein über 100 M. mit der Genehmigung ausstellt, sich darauf Geld zu verschaffen. B. erhält darauf von C. 50 M. Steht dem C. gegen A. aus dem Schuldschein ein klagbarer Anspruch und bejahendenfalls auf wieviel zu?

313. A. schuldet dem B. 100 M. aus der Ausführung eines Auftrags. Sie kommen überein, daß A. diese 100 M. als Darlehn behalten solle. Kann B. nunmehr die Darlehnsklage anstellen und Zinsen fordern?

314. Auf dem Speditionslager des A. lagerte eine größere Quantität von Heringen des Kaufmanns B. Von diesen verkaufte B. 100 Tonnen Marke X. an C. Hiervon macht B. dem A. mit dem Ersuchen Mitteilung, die Tonnen auf ihn umzuschreiben und ihm Auskunft zu geben, ob die Heringe gut, gesund und von der Marke X. seien. A. erteilt eine bejahende Auskunft. Demnächst verkauft C. die Heringe an D. und bei der Lieferung an ihn stellt sich heraus, daß darunter 80 Tonnen der minderwertigen Marke Y. waren. C. ersetzt dem D. 1540 M. Schaden und verlangt Erstattung dieses

Betrags von A., weil er lediglich im Vertrauen auf dessen Mitteilung, daß die Tonnen sämtlich die Marke X. trugen, die Rechnung B.s bezahlt habe und das bei Kenntnis des wahren Sachverhalts nicht getan hätte.

A. wendet ein, daß C. zunächst den ihm haftenden Verkäufer B. in Anspruch nehmen müsse, da er (A.) nur subsidiär hafte; sollte das nicht zutreffen, so verlangt er zum mindesten Abtretung des dem C. gegen B. zustehenden Anspruchs.

315. A. in Berlin schuldet der Nürnberger Bank in Nürnberg, die in Berlin nur zur Bequemlichkeit ihrer Kunden eine Zahlstelle (nicht eine Niederlassung) hat, eine zum 1. Januar zur Rückzahlung gekündigte Hypothek von 260000 M. Er händigt diesen Betrag dem Rechtsanwalt B. ein mit dem Bemerken, daß die Zinsen bis zum 31. Dezember gezahlt seien, und mit dem Auftrage, ihn an die Berliner Zahlstelle der Gläubigerin abzuführen. B. begibt sich am 2. Januar zur Zahlstelle, der daselbst anwesende Vertreter macht jedoch die Annahme des Kapitals von der gleichzeitigen Entrichtung von 30,68 M. Zinsen für den 1. Januar abhängig, lehnt die Aufnahme eines hierauf bezüglichen Vorbehaltes in die Quittung ab und stellt Leistung der Zahlung in Nürnberg anheim. Da hierdurch unstreitig ein zweitägiger Zinsverlust entstanden wäre, zahlt B. den geforderten Zinsbetrag ohne Vorbehalt.

Er verlangt ihn von A. zurück. Dieser weigert sich aber, weil B. zu der Zahlung keinen Anlaß gehabt habe. Die Bank hätte, so meint er, am 1. Januar wegen des Feiertags die Rückzahlung nicht beanspruchen können und somit die rechtzeitig am 2. angebotene Leistung nicht zurückweisen dürfen. A. habe erkennen müssen, daß ihr ein Zinsenanspruch für den 1. Januar nicht zustehe. Sei ihm das zweifelhaft gewesen, so habe er vorerst bei A. anzufragen gehabt.

316. A. beauftragt auf seinem Sterbebette seinen Diener B., nach seinem Tode dem C. dessen Schuldschein über ein Darlehn von 1000 M. zur Vernichtung zurückzugeben, damit, wie er hinzufügt, C. seiner Schuld ledig werde. B. führt den Auftrag aus, und C. vernichtet den Schuldschein.

A.s Erbe klagt dessenungeachtet auf Rückzahlung des Darlehns. Er führt aus, daß es sich hier in Wahrheit um ein Vermächtnis handle, das wegen Formmangels ungültig sei (§ 1939). C. dagegen beruft sich darauf, daß B.s Vollmacht durch A.s Tod nicht erloschen, seine Handlung daher für den Kläger verbindlich sei (§ 672).

317. A. in Hamburg hat eine Filiale in Hongkong. B. in Rüdesheim hat dieser auf ihre Veranlassung im Juni 1900 eine Partie Rüdesheimer Auslese zum kommissionsweisen Verkaufe gegen Provision übersandt. Im Dezember 1901 hat die Filiale den Wein nach Le Havre zur Verfügung B.s mit der Benachrichtigung zurückgeschickt, daß ihr der Verkauf nicht gelungen sei, ohne zuvor seine Disposition einzuholen. B. teilt unverzüglich dem A. mit, daß er die Annahme verweigere und die Ware zur Verfügung A.s auf der Zollstelle in Le Havre belasse. Er klagt hiernächst auf Schadensersatz, den er dergestalt berechnet, daß er von dem fakturierten Preise die Provisionsansprüche A.s bei vollzogenem Verkauf abzieht.

A. bestreitet, daß ihn überhaupt eine Schadensersatzpflicht treffe. Außerdem wendet er ein, daß der Kläger den eingeklagten Betrag nicht hätte erzielen können und durch Unterlassung von Maßnahmen zur Herabminderung des Schadens an dessen Herbeiführung mit die Schuld trage.

318. A. hat wegen einer rechtskräftigen Forderung an B. bei diesem einen Schreibtisch pfänden und zur Pfandkammer schaffen lassen, das Pfandstück aber auf die Aufforderung des Eigentümers C. unverzüglich freigegeben. C. hat den Gerichtsvollzieher X. vor der Auslieferung des Schreibtischs 2 M. Aufbewahrungskosten bezahlen müssen und verlangt sie von A. zurück, weil er ihn von seiner Schuld gegenüber dem Gerichtsvollzieher (§ 19 der Gebührenordnung f. G.) befreit habe (§§ 684, 812). A. beruft sich darauf, daß nach § 788 ZPO. die Kosten der Zwangsvollstreckung seinem Schuldner B. zur Last fielen. Ferner meint er, daß sein, wie unstreitig, guter Glaube beim Besitzerwerbe ihn berechtigt hätte, Ersatz vom Kläger zu fordern, falls er die Aufbewahrungskosten an den Gerichtsvollzieher bezahlt hätte (§ 995). Kläger habe darnach eine eigene Schuld bezahlt.

319. A. gibt während der Abwesenheit seines Freundes B. von dessen in seiner Verwahrung befindlichen Geldern dem C. ein Darlehn. Nach seiner Rückkunft erfährt B. den Sachverhalt und stellt gegen C. die Darlehnsklage an. Ist sie begründet?

320. Der Raritätenliebhaber A. schickt dem Antiquitätenhändler B. eine aus dem griechischen Altertum stammende Urne zur Abschätzung ihres Wertes zu. Durch ein Versehen A.s bei der Adressierung gelangt sie an einen Trödler gleichen Namens. Dieser erwidert, daß sie nach seiner Meinung höchstens 1,50 M. wert sei und daß er sie zur Abholung bereit halte. Er stellt sie zu altem Gerümpel, wo sie beschädigt wird. Ist er schadensersatzpflichtig? Hat er Ansprüche auf Ersatz von Lagerspesen?

Wie ist der Fall zu beurteilen, wenn A. richtig adressiert, die Post aber das Paket versehentlich an den Trödler B. abgeliefert hat?

321. A. bittet seinen Freund B. um ein Darlehn von 100 M. Dieser gibt ihm mangels Geldes seine mindestens 100 M. werte goldene Uhr, damit er sie verkaufe und den Erlös als Darlehn behalte. Auf dem Wege zum Uhrenhändler wird dem A. die Uhr gestohlen. Kann B. mit der Darlehnsklage 100 M. erlangen?

322. Ein sechsjähriger Knabe wird infolge grober Nachlässigkeit seiner Wärterin von einem vorüberfahrenden Bierwagen erfaßt und überfahren. Kann sein Vater gegen sie auf Schadensersatz klagen? Kann, wenn der Knabe in ein Krankenhaus gebracht worden ist, dessen Vorstand von ihr Erstattung der Verpflegungskosten verlangen?

323. A. hat von B. 1000 M. auf Grund eines rechtskräftigen Urteils zu fordern, bisher aber die Zwangsvollstreckung ohne Erfolg versucht. C., ein wohlhabender Schuldner B.s in Höhe von 600 M., erfährt davon. Um für sich einen Vorteil zu erlangen, begibt er sich zu A. und sagt zu ihm: Ich bin bereit, dir einen solventen Schuldner B.s nachzuweisen, dessen Forderung du pfänden und dir zur Einziehung überweisen lassen kannst; ich verlange aber dafür, daß du mir einen Teil jener Forderung als Vergütung überläßt. A. ist erfreut, daß er auf diese Weise wenigstens befriedigt werden soll, und geht auf den Vorschlag ein. Hierauf sagt ihm C., daß er der Schuldner sei. Kann er auf Grund jenes Abkommens dem A. einen Abzug machen und in welcher Höhe?

324. Die Köchin A. hatte bei dem Restaurateur B. sechs Monate in Dienst gestanden und bei ihrer Entlassung von ihm auf ihr Verlangen ein Zeugnis über ihre Leistungen erhalten, worin gesagt war: „Die A. leistet als selbständige Köchin zu wenig.“ Sie behauptet, daß sie infolge dieses Zeugnisses drei Monate lang keine anderweitige Stellung habe finden können, und beansprucht von B. Schadensersatz. B. bestreitet seine Verpflichtung dazu überhaupt und sodann um deswillen, weil das Zeugnis der Wahrheit entsprochen habe. Ist hier ein Schadensersatzanspruch gegeben? Bejahendenfalls, wie ist die Beweislast zu verteilen?

325. A. hat den Inseratenteil der in seinem Verlage erscheinenden Wochenschrift „Alldeutschland“ dem B. auf 5 Jahre zur Einrückung von Inseraten gegen einen für jede Nummer zu zahlenden Pauschalbetrag überlassen. Was für ein Vertrag liegt vor?

326. Der Kläger, ein Bilderhändler, behauptet, daß die Beklagte bei ihm ihr Ölporträt nach übergebener Photographie zum Preise von 250 M. bestellt habe. Die Beklagte macht geltend, daß außerdem verabredet worden sei, sie sollte mindestens zweimal zu dem Porträt sitzen. Der Kläger bestreitet dies und beruft sich auf das Gutachten von Sachverständigen, daß die Beklagte ein besseres Porträt für den bedungenen Preis nicht verlangen könnte und daß es nicht anders geworden wäre, wenn sie persönlich dazu gesessen hätte.

327. A. hat sich im Berliner Theater auf einem Parkettsitz an einem vorspringenden Nagel den Rock zerrissen. Er nimmt den Theaterunternehmer auf Schadensersatz in Anspruch. Dieser wendet ein, A. hätte sich vor dem Hinsetzen den Sitz ansehen sollen, dann hätte er den Unfall vermeiden können. Außerdem könne er keinen Anspruch an ihn erheben, denn er habe, wie nicht streitig, das Billet von B. geschenkt bekommen, stehe also mit ihm in keinerlei Vertragsverhältnis. — Wie ist der Fall zu beurteilen, wenn B., ein bekannter Schriftsteller, das Billet seinerseits von dem Beklagten aus Freundschaft umsonst erhalten und es dem A. geschenkt hätte?

328. A. in Kassel läßt sich bei dem Schneider B. in Berlin, der auch den Stoff hergibt, einen Frack für 140 M. machen. Als dieser bei ihm eintrifft, findet er ihn am Halse und im Rücken zu weit. Er schreibt dem B., daß er den Frack wegen der erwähnten Mängel nicht gebrauchen könne und nicht abnehme, aber des Beweises halber bis zur Vorlegung an einen Sachverständigen behalte. Nach Ablauf eines Jahres klagt B. auf Zahlung des Preises. A. verlangt Rückgängigmachung des Vertrags, eventuell Minderung um die Hälfte.

329. Der Gerichtsvollzieher A. in Berlin hatte den Droschkenkutscher B. zu einer längeren Fahrt innerhalb der Stadt engagiert, auf der er Zustellungen, Protesterhebungen und Zwangsvollstreckungen zu besorgen gedachte. Er war bereits mehrere Male aus der Droschke unter Zurücklassung der entbehrlichen Sachen ausgestiegen, um seine Dienstgeschäfte zu erledigen, und hatte bei der Rückkehr sie sämtlich wieder vorgefunden. Das veranlaßte ihn auch, seinen Mantel, den er wegen der zunehmenden Tageswärme ablegen wollte, bei dem nächsten Verlassen der Droschke in dieser liegen zu lassen. Als er jetzt nach Erledigung einer Zustellung die Droschke bestieg, vermißte er sofort seinen Mantel. Der Kutscher erklärte, den müsse wohl jemand gestohlen haben; er habe sich um die zurückgebliebenen Sachen nicht gekümmert, sondern auf sein Pferd geachtet. A. nimmt den B. auf Ersatz des Mantels in Anspruch. Wäre es von Einfluß, wenn A.

dem B. vor dem Verlassen der Droschke gesagt hätte, er solle auf den Mantel aufpassen?

330. A. hat sich vertraglich verpflichtet, den Schornstein des B. gegen eine vierteljährliche Vergütung von 9 M. zu kehren. Im 3. Quartale kehrt er den Schornstein so mangelhaft, daß B. ihn von C. nochmals reinigen läßt und hierfür 5 M. aufwenden muß. B. zahlt indes die 3. Quartalsrate und weigert sich erst, als A. Vergütung für das 4. Quartal verlangt, mehr als 4 M. zu bezahlen; er hält sich im Hinblick auf den ihm von A. zugefügten Schaden zum Abzuge von 5 M. für berechtigt.

331. A. läßt sich in seinem Hause von dem Maler B. porträtieren. Für das fertige Bild ist ein Preis von 200 M. vereinbart. Nachdem das Bild nahezu fertig war, brennt das Haus des A., von einem Blitzstrahle getroffen, ab, und das Bild geht zugrunde. Welchen Anspruch hat B. an A.?

332. Die A. verspricht dem Heiratsvermittler B. für den Nachweis der Gelegenheit zur Eingehung einer Ehe 1000 M. B. weist ihr den C. nach. Die A. verlobt sich mit C. und zahlt dem B. 1000 M. Nachher empfindet sie Reue und löst die Verlobung. Kann sie die 1000 M. von B. zurückverlangen?

333. A. hat dem B. im Jahre 1899 schriftlich eine Provision von 1000 M. versprochen, falls er ihm eine Frau mit einer Mitgift von 100000 M. verschafft. Nachdem dies dem B. im Jahre 1900 gelungen ist, beansprucht er von A. Zahlung der 1000 M. A. weigert sich unter Hinweis auf § 656 BGB. B. meint, daß ihm Art. 170 EG. z. BGB. zur Seite stehe.

334. A. spielt in der auf vier Klassen berechneten Lotterie das Los Nr. 310 und erklärt dem B. auf dessen vor der Ziehung der ersten Klasse geäußertes Verlangen, an dem Lose zur Hälfte beteiligt zu werden, daß er dies gegen Zahlung des Beitrags tun wolle. B. zahlt ihm hierauf den ersten Beitrag, nicht aber die Beiträge zu den anderen Klassen, die auch B. von ihm nicht gefordert hatte. Das Los bleibt in den Händen des A. und kommt in der vierten Klasse mit einem erheblichen Gewinne heraus. Nun verlangt B. von A. gegen Zahlung seiner übrigen Beiträge samt Zinsen von der Zeit ihrer Aufwendung an die Hälfte des Gewinns herausbezahlt. A. lehnt mit der Begründung ab, daß B. durch Nichtzahlung des Anteils an den Einsätzen zu den späteren Klassen seines Teilnehmerrechts verlustig gegangen sei. B. hält das für ausgeschlossen, weil er nur durch eine Mahnung hätte in Verzug geraten können.

335. Ein Rechtsanwalt hat bei Erteilung eines von ihm in einer Hypothekenangelegenheit verlangten juristischen Rates ein grobes Versehen begangen, durch welches der beratene A. einen Schaden von 1000 M. erlitten hat. Der Rat ist unentgeltlich erteilt. Kann A. vom Rechtsanwalt Schadensersatz beanspruchen?

336. A. hat dem B. eine Wohnung für die Zeit vom 1. April 1900 bis dahin 1902 vermietet, B. hat sie aber nicht bezogen und erklärt, daß er sie nicht beziehen wolle. Darauf hat A. die Wohnung vom 1. Oktober 1900 ab an C. vermietet. C. hat jedoch nur unter der Bedingung gemietet, daß er schon am 1. September einziehen dürfe, ohne für diesen Monat eine Entschädigung zahlen zu müssen. Demnächst ist C. am 1. September eingezogen. A. verlangt von B. Zahlung des Mietzinses für sechs Monate, B. will den letzten Monat nicht bezahlen, weil A. seiner Vorleistungspflicht nicht nachgekommen ist. Wer ist im Rechte? — Gesetzt, A. hätte an C. teurer als an B. vermietet, wem gebührt der Überschuß?

337. A. ist in der Referendarprüfung durchgefallen. Er beschließt, sich in Amerika der Landwirtschaft zu widmen; da er hierzu seine aus mehreren gebräuchlichen Kompendien bestehende juristische Bibliothek nicht nötig hat, diese seinem Studienfreunde B. zu schenken. Auf dem Hamburger Bahnhofe in Berlin übergibt er die Bücher dem Dienstmanne C. mit dem Auftrage, sie dem B. hinzutragen, und lohnt ihn dafür ab. Zugleich macht er in einer Abschiedskarte dem B. von seiner „letztwilligen Verfügung" und der Beauftragung des Dienstmanns C. Mitteilung. C. trifft mit den Büchern nicht ein; er hat an ihrer Lektüre Gefallen gefunden und sie seiner Bibliothek einverleibt. Nach einigen Monaten braucht sie B. notwendig zur Vorbereitung auf das Examen und fragt, ob er gegen C. auf Herausgabe der Bücher klagen könne.

338. Ein Kind ist aus Berlin seinen Eltern nach Potsdam entlaufen. A., der zufällig in Geschäften nach Potsdam reist, trifft dort das ihm bekannte Kind und bringt es den Eltern bei seiner Rückkehr nach Berlin mit zurück. Die Eltern hatten auf die Wiederbringung des Kindes eine Belohnung im „Lokalanzeiger" ausgesetzt. Kann A., der hiervon erst nachträglich Kenntnis erlangt hat, diese sowie Ersatz der Reisekosten für sich und das Kind verlangen?

339. A. stiehlt dem B. eine kostbare Uhr und übergibt sie dem

C. zur unentgeltlichen Aufbewahrung. Nach einiger Zeit verlangen sowohl A. wie B. die Rückgabe der Uhr. Kann C. diese dem Diebe verweigern und darf er die Uhr an B. herausgeben?

340. A. hat dem B. einen eisernen Kasten zur Verwahrung übergeben. B. hat ihn, da er ihn anderweit nicht unterbringen konnte, in den Keller gestellt. Bei der Rückgabe ist der Kasten vollständig verrostet. A. beansprucht von ihm Entschädigung. Was hat er zu beweisen?

B. hat, um ein weiteres Einfressen des Rostes zu verhüten, den Kasten durch einen Schlosser vom Rost befreien und an einen andern Ort bringen lassen; welches Recht hat er wegen der aufgewendeten Kosten und wie macht er es geltend?

341. Der Zigarrenhändler A. schickt dem Referendar B. ohne Bestellung im Sommer einige Kisten Zigarren mit einer über 50 M. lautenden Rechnung zu. Das Dienstmädchen nimmt sie in Empfang und stellt sie auf den Kaminsims. Da B. die Zigarren nicht bestellt hat, läßt er sie ruhig dort stehen. Im Dezember erinnert A. an Zahlung. B. schreibt ihm, er solle sich die Zigarren abholen; sie seien nicht bestellt worden und stünden seit dem Tage ihrer Ankunft noch unberührt auf demselben Platze. A. geht zu B. und erklärt nach Besichtigung der Zigarren, daß sie durch die Hitze völlig wertlos geworden seien. B. meint, das ginge ihn nichts an; er sei weder Besitzer noch Verwahrer, noch träfen ihn sonstige Pflichten. A. klagt hierauf gegen B. auf Zahlung von 50 M. als Kaufpreis oder Schadensersatz.

342. A. hat bei B. 1000 M. hinterlegt. Der von A. in einem Erbvertrage eingesetzte Erbe C. verlangt klagend Zurückgabe des hinterlegten Betrags. B. weigert sich, weil A. seinen einzigen ehelichen Sohn übergangen habe und dieser demnächst Anspruch auf den Nachlaß erheben werde. Ist B. zur Hinterlegung berechtigt?

343. A. hat am 1. April bei B. 100 M. hinterlegt. Am 1. Juli gestattet er ihm auf seine Bitte, sie zu verbrauchen. Tags darauf, noch ehe B. von der Erlaubnis Gebrauch gemacht und das Geld sich angeeignet hat, gehen sie bei einer Feuersbrunst zugrunde. Steht dem A. die Darlehns- oder eine sonstige Klage zu? — Würde es auf die Entscheidung von Einfluß sein, wenn die Erlaubnis gleich bei der Niederlegung erteilt und der Untergang vor der Aneignung des Geldes eingetreten wäre?

344. A. bittet seinen Freund B., ihm zum Ankaufe von Grundstücken seinerzeit ein Darlehn von 100000 M. zu geben. B. ist hierzu bereit, muß aber, bevor es zum Abschluß des Kaufes kommt, verreisen und übergibt deshalb dem A. die 100000 M. mit der Ermächtigung, sie zur Bezahlung des Kaufpreises zu verwenden. Kurz nach der Niederlegung werden dem A. 50000 M. gestohlen. Dessenungeachtet klagt B. später 100000 M. als Darlehn ein. Ist seine Klage begründet?

345. A. kehrt am Morgen in dem Hotel des B. ein und bringt einen Überzieher mit. Gegen Mittag geht er im Überzieher aus. Abends vermißt er ihn. Er macht davon dem B. unverzüglich Anzeige. Da sich der Überzieher nicht findet, klagt A. auf Schadensersatz. B. behauptet, daß A. den Überzieher von dem Ausgange nicht in das Hotel zurückgebracht habe. A. bestreitet es. Wen trifft die Beweislast?

346. A. hat für die Fahrt von Berlin nach Köln einen Platz im Schlafwagen der Internationalen Schlafwagengesellschaft, welche ihren Gästen während der Fahrt auch Beköstigung gegen Bezahlung gewährt, gemietet. Wie er am Morgen in Köln erwacht, bemerkt er, daß ihm in der Nacht seine goldene Uhr im Werte von 500 M. gestohlen worden ist. Er verlangt von der Gesellschaft Ersatz. Diese macht geltend: sie sei nicht Gastwirt, noch habe sie mit ihm einen Mietvertrag geschlossen; vielmehr stelle sich der Vertrag als ein Transportvertrag dar, indem sein wesentlicher Zweck gewesen sei, den A. gegen eine Preiserhöhung in behaglicherer Weise von Berlin nach Köln zu bringen.

347. Der Geschäftsreisende A. macht am Abend bei dem Gastwirte B. eine große Zechschuld. Da er am anderen Tage arbeiten wollte, läßt ihm B. frühmorgens durch den Kellner die Rechnung auf das Zimmer bringen. A. erklärt, daß er gestern seine Barschaft im Kartenspiele verloren habe und nur noch so viel besitze, um weiterzureisen, daß er aber von dem nächsten Orte aus das Geld einschicken werde. B. nimmt hierauf den dem Reisenden von seinem Prinzipale mitgegebenen Musterkoffer und die Kleider und Schuhe des Reisenden an sich. Dieser vermochte erst am nächstfolgenden Tage Geld von dritter Seite aufzutreiben. Er nimmt den Gastwirt auf Ersatz des ihm durch die Verzögerung der Abreise entstandenen Schadens in Anspruch, wogegen sich dieser auf sein gesetzliches Pfandrecht beruft.

348. A. und B. verabreden miteinander, ein Los der in vier Klassen gezogenen Wohlfahrtslotterie in der Weise gemeinschaftlich zu spielen, daß A. davon mit 1/5, B. mit 4/5 beteiligt ist. A. zahlt dem B. sofort seinen Beitrag für sämtliche Klassen aus. B. gibt, ohne hiervon dem A. etwas zu sagen, von seinen vier Fünftel dem C. $^{3}/_{5}$ ab und händigt ihm das Los ein. Es wird in der vierten Klasse mit 10000 M. gezogen. A. beansprucht von B. Zahlung der 2000 M. Dieser bittet um Abweisung der Klage, weil kein Gewinn gemacht sei. C. hat nämlich, wie A. nicht bestreitet, die Erneuerung des Loses zur vierten Klasse vergessen, und B. hat sich vergeblich bemüht, das inzwischen in andere Hände übergegangene Los wieder zu erwerben.

349. X. verklagt die aus A., B. und C. bestehende Gesellschaft auf Zahlung des Kaufpreises für ein geliefertes Pferd. Kann diese mit einer ihrem Gesellschafter A. zustehenden Darlehnsforderung an X. aufrechnen? Darf A. es tun, wenn X. ihn wegen der Gesellschaftsschuld in Anspruch nimmt? Ist X. zur Aufrechnung befugt, wenn er von A. wegen des Darlehns belangt wird?

350. Der Gesellschafter A. schuldet dem Schneider X. 100 M. für einen Anzug. Auf Zahlung belangt, will er mit einer Forderung aufrechnen, die der aus A., B. und C. bestehenden Gesellschaft gegen X. zusteht. Kann er das? Kann er es, wenn er geschäftsführender Gesellschafter ist und seine Gesellschafter ihm erlaubt haben, daß er die Gesellschaftsforderung im Namen der Gesellschaft an sich abtrete?

Ist X. zur Aufrechnung befugt, wenn er von der Gesellschaft verklagt wird?

351. X. ist Darlehnsgläubiger des Gesellschafters A. Er will ein diesem gehöriges Bärenfell, welches A. der aus A, B. und C. bestehenden Gesellschaft unentgeltlich zum Gebrauch überlassen ist und von ihr als Wanddekoration benutzt wird, pfänden lassen. Ein Rechtsanwalt rät ihm aber, sich keine unnötigen Kosten zu machen, weil die Pfändung nach § 719 BGB. unzulässig sei. Ist das richtig?

352. Der aus A., B. und C. bestehenden Gesellschaft war der Nießbrauch an einem dem X. gehörigen Grundstück bis zur Tilgung einer ihr gegen diesen zustehenden Forderung bestellt worden. Die Gesellschaft verfiel in Konkurs. Das Grundstück war inzwischen an Y. verkauft worden. Da er sich weigert, das Nießbrauchsrecht anzuerkennen, klagt der Konkursverwalter gegen ihn auf Anerkennung des Rechts für die Dauer des wider die Gesellschaft anhängigen Konkursverfahrens. Ist die Klage begründet?

353. A. hatte bei einer Feuersbrunst dem B. 100 M. zugesagt, falls er, wie er versprach, eine Maschine aus der brennenden Scheune herausholе. Dem B. gelang dies. Seiner Klage auf Zahlung der 100 M. setzte A. entgegen, daß hier eine Wette vorliege.

354. Der 19jährige Student A. hat im Kartenspiel 20 M. an B. verloren und bezahlt. Er fordert sie zurück: 1. weil er minderjährig sei; 2. weil B. falsch (mit gezeichneten Karten) gespielt habe.

B. erwidert: A. habe ein monatliches Taschengeld von 100 M. und damit die Schuld beglichen. Die Karten seien allerdings gezeichnet gewesen. Wenn A. in Unkenntnis davon sich mit ihm auf das Spiel eingelassen habe, so sei doch die Anfechtung der Zahlung ausgeschlossen, weil das Spiel keine Willenserklärung sei. (§§ 104 ff.; 123; 762.)

354a. Die Geschäftsreisenden A. und B. beteiligen sich im Gasthofe an einem Glücksspiel. A. entfernt sich bald, um schlafen zu gehen. Zwei Stunden später wird er von B. geweckt, der um 500 M. Darlehn bittet, weil er verloren hätte und den Verlust wieder einbringen wille. A. gibt ihm 500 M. Als B. später die Rückgabe verweigert, erhebt A. Klage aus Darlehn und Bereicherung. B. wendet ein, aus einem Darlehn für Spielzwecke entstehe kein Anspruch.

355. Der Bankier A. nimmt den B. als Kassierer an, nachdem sich C. bei ihm wegen etwaiger Kassendefekte unter Verzicht auf die Rechtswohltaten eines Bürgen verbürgt hatte. Hierauf unterschlägt B. dem A. 1000 M. A. verzeiht ihm die Unterschlagung und behält ihn weiter in seinem Geschäft. Dem C. macht er von dem Vorfalle keine Mitteilung. Nach einem halben Jahre unterschlägt B. wiederum 1000 M. Jetzt beansprucht A. von C. 2000 M. C. weigert sich, irgend etwas zu zahlen, weil A. ihn von der ersten Unterschlagung nicht benachrichtigt hat.

356. Der aus den Kaufleuten A., B. und C. bestehende Arbeitsausschuß einer Gewerbeausstellung nimmt den X. auf Grund folgenden Garantiescheins in Anspruch:

> Ich zeichne zum Garantiefonds der Gewerbeausstellung 1000 M. und erkläre die Kaufleute A., B. und C. in ihrer Eigenschaft als Arbeitsausschuß für berechtigt, mich wegen des gezeichneten Betrages in Anspruch zu nehmen, sobald sich ein Fehlbetrag bei dem Unternehmen ergibt.
>
> Nach Aufstellung der Schlußrechnung des Unternehmens soll der Gesamtvorstand der Ausstellung befugt sein, die gezeichneten Beträge durch den Arbeitsausschuß einzufordern.

Nach Schluß der Ausstellung legt der Arbeitsausschuß dem Gesamtvorstande die Schlußrechnung vor, und dieser beschließt in Hinblick darauf, daß ein Fehlbetrag von einer Million nachgewiesen und ein Garantiefonds von zwei Millionen vorhanden ist, von jedem Garanten 50% einzufordern.

Der auf Zahlung belangte Garant X. weigert sich zu zahlen, weil nur der Gesamtvorstand zur Klage legitimiert sei, eventuell, weil hier eine unverbindliche Schwenkung vorliege, eventuell um deswillen, weil die Schlußrechnung ihm oder doch der Gesamtheit der Zeichner hätte gelegt werden müssen, da die Zeichner die wahren Geschäftsherren seien.

357. A. hat im Skat 100 M. an B. verloren und unter Verzicht auf den Einwand des Spiels dem B. einen Schuldschein in Höhe von 100 M. ausgestellt. C. hat schriftlich die Bürgschaft dafür übernommen. Auf die Klage B.s wendet C. ein, daß die Bürgschaft wegen Nichtigkeit der Hauptverbindlichkeit unwirksam sei.

358. A. in X. hat sich für B. in Y. bei C. verbürgt. B. hatte mit C. verabredet, daß, falls es wegen der Hauptverbindlichkeit zum Prozeß komme, das Amtsgericht in Z. zuständig sein solle. Nachdem B. nach Amerika ausgewandert war, verklagt C. den A. bei dem Amtsgericht in X. Dieser wendet Unzuständigkeit ein; er habe Anspruch darauf, in Z. verklagt zu werden.

359. A. in X. hat sich für eine Schuld des B. in Y. gegenüber C. in Z. selbstschuldnerisch verbürgt. C. fordert beide gleichzeitig zur Zahlung auf und erhält sie von beiden. Wer von ihnen kann gegen C. eine Kondiktion anstellen? Kann A. von B. Erstattung verlangen, auch wenn seine Zahlung bei C. erst später als die A.s eingetroffen ist?

360. Der Buchhalter A. unterschlägt seinem Prinzipal B. 10 000 M. B. begibt sich in Abwesenheit A.s in dessen Wohnung und erhält von der Ehefrau und dem großjährigen Sohne je 2000 M. ihnen gehöriger Berliner Stadtobligationen zur Deckung der unterschlagenen Summe unter der Bedingung ausgehändigt, daß A. nicht strafrechtlich verfolgt werde. Auf eine Anzeige des dem A. feindlich gesinnten Hausdieners X. wird indes gegen A. ein Strafverfahren eingeleitet, das ihm eine längere Gefängnisstrafe einträgt. Nunmehr klagen seine Ehefrau und sein Sohn auf Herausgabe der Berliner Stadtobligationen, eventuell auf Ersatz ihres Wertes.

361. A. ist Vormund der minderjährigen B. Diese hat am 1. April ein Kind geboren und es gegen eine von ihr zugesagte monatliche Vergütung von 20 M. der C. in Pflege gegeben. Nach dem am

15. Juli erfolgten Tode des Kindes hat die B., wiederum ohne Zuziehung ihres Vormundes, sich verpflichtet, der C. die rückständigen Alimente im Betrage von 70 M. in monatlichen Raten von 5 M. vom 1. August an zu bezahlen. Von dieser Abrede hat die C. den A. in Kenntnis gesetzt. A. hat ihr darauf erklärt: „Sie können sich wegen des Geldes an mich halten." Ist damit für die C., die von der inzwischen flüchtig gewordenen B. kein Geld erhalten hat, ein klagbarer Anspruch gegen A. entstanden?

362. A. hat in einem schriftlichen Vertrage gegenüber B. anerkannt, diesem aus verschiedenen Darlehns- und Kaufgeschäften 10000 M. zu verschulden und sich verpflichtet, die Schuld bei dem Eintritte besserer Vermögensverhältnisse zu bezahlen. Nach einigen Jahren klagt B. auf Zahlung dieser Summe mit der Behauptung, die Vermögensverhältnisse A.s hätten sich gebessert; er habe nämlich vor einigen Wochen in der Lotterie 100000 M. gewonnen und beziehe als Angestellter in einem Patentbüro ein Jahreseinkommen von 3000 M. A. bestreitet unter Hinweis darauf, daß er noch andere ehemalige Gläubiger zu befriedigen und eine aus fünf Köpfen bestehende Familie zu ernähren habe, zur Nachzahlung ohne Unbequemlichkeiten imstande zu sein. Muß B., um mit der Klage durchzudringen, nachweisen, daß der Beklagte keine anderweitigen Schulden habe und ohne Beeinträchtigung des unentbehrlichen Lebensbedarfs für sich und seine Familie befriedigen könne? Ist A. mit dem Eintritte der besseren Vermögensverhältnisse in Verzug geraten?

363. A. hat aus entschuldbarem Irrtum und ohne jede Verpflichtung seinem Schuldner B. die Schuld erlassen. Nachdem er seines Irrtums inne geworden war, klagt er auf Zahlung der erlassenen Summe, ohne den alten Schuldgrund darzulegen.

364. A. hebt von seinem Guthaben bei dem Bankier B. 400 M. ab. Er erhält eine verschlossene Rolle, auf welcher der Vermerk steht: „400 M. in Gold; beim Empfange zu zählen." A. quittiert indes, ohne nachzuzählen, und findet erst, wie er die Rolle zu Hause öffnet, daß ein Zwanzigmarkstück fehlt. Hat er eine Klage gegen B.? Was muß er beweisen?

365. A. hat ein ihm von B. verpfändetes Pferd an C. für 100 M. verkauft. D., der wahre Eigentümer des Pferdes, hat es mit Erfolg dem C. abgestritten. An wen kann sich C. wegen des Kaufpreises halten?

366. Auf dem Bahnhofe der Gemeinde X. hat ein Zug mit

russischen Auswanderern einen einstündigen Aufenthalt. Es befindet sich darin eine Mutter mit einem schwerkranken Kinde. Der Stationsvorsteher wird von dritten Personen auf den Zustand des Kindes aufmerksam gemacht und entsendet einen Unterbeamten zum Bahnarzte mit dem Bemerken, daß schnellste Hilfe nötig sei. Der Unterbeamte trifft den Bahnarzt nicht an und geht deshalb zu einem in der Nähe wohnenden anderen Arzte, dem er mitteilt, daß ein schwerkrankes Kind auf dem Bahnhofe sei, daß er den Bahnarzt nicht angetroffen habe und deshalb zu ihm komme.

Der Arzt begibt sich sofort auf den Bahnhof und findet das Kind tot. Der Stationsvorsteher erhält erst jetzt Kenntnis von der Zuziehung des Arztes.

An wen kann sich der Arzt wegen eines Honorars halten? Eventuell, welcher Regreß ist unter den Beteiligten statthaft?

367. A. hat gegen B. ein vollstreckbares Urteil wegen 100 M. und beauftragt den Gerichtsvollzieher C. mit der Pfändung. Dieser findet als einzigen pfändbaren Gegenstand ein Pianino, das der hinzukommende Hochschüler D. als sein Eigentum in Anspruch nimmt. Da sich C. dadurch von der Pfändung nicht abhalten lassen will, händigt ihm D. 100 M. unter der Bedingung ein, daß er sie nicht an A. zahle, sondern hinterlege. C. verspricht zwar die Hinterlegung, zahlt aber trotzdem das Geld dem A. aus. Kann D. es von A. kondizieren? Hat er einen Anspruch an C.?

368. Der Sparkassenrendant A. der Gemeinde X. will seinem Freunde B. aus der Not helfen und stellt betrüglich ein auf ihn lautendes Sparkassenbuch über eine angebliche Einlage von 1000 M. aus. Das Buch gelangt durch Verpfändung in die Hände C.s. Diesem verweigert die Gemeindesparkasse unter Berufung auf den von A. verübten Betrug die Auszahlung der 1000 M. Ist sie im Rechte?

369. Der Lotteriekollekteur A. sendet dem Rendanten B. 1000 M. als Gewinn auf sein Los Nr. 71. B. macht davon am Abend in der Kneipe seinen Freunden Mitteilung und gibt ihnen aus Freude über das unerwartete Ereignis ein solennes Mahl, das 90 M. kostete. Tags darauf zeigt ihm der Kollekteur an, daß er sich geirrt habe, und bittet um Rückgabe der 1000 M. B. will ihm nur 910 M. herausgeben.

370. Der Gläubiger A. hat aus einem rechtskräftigen Schuldtitel bei B. ein Billard im Werte von 500 M. pfänden und versteigern lassen, und der Gerichtsvollzieher hat an ihn den reinen

Erlös von 150 M. ausgezahlt. C., der Eigentümer des Billards, verlangt von A. zunächst Herausgabe des Erlöses. Zugleich fragt er, ob er den A. auch in weiterem Maße in Anspruch nehmen könnte. A. beruft sich auf § 812 BGB. mit dem Beifügen, daß er nichts erlangt habe, was vorher in C.s Vermögen gewesen sei. (Vgl. auch §§ 816, 823.)

371. A. ließ wegen einer rechtskräftigen Forderung von 200 M. bei seinem Schuldner B. einen Teppich pfänden, der in der Zwangsversteigerung nur 8 M. Erlös brachte und zur Deckung der sich auf 9,20 M. belaufenden Zwangsvollstreckungskosten nicht hinreichte. B. hatte den Teppich für 50 M. von C. gekauft mit der Abrede, daß C. bis zur vollständigen Berichtigung des in Raten von 5 M. zu zahlenden Kaufpreises Eigentümer des Teppichs bleiben sollte. Unstreitig sind bisher erst 25 M. gezahlt. C. nimmt nunmehr den A. auf Herausgabe des Erlöses von 8 M. in Anspruch. A. weigert sich dessen mit der Begründung, daß die Zwangsvollstreckungskosten in allen Fällen von dem Erlös in Abzug gebracht werden müßten, weil sie notwendig seien, um den Erlös behalten zu können; vorliegend aber sei er durch die Zwangsvollstreckung nicht nur nicht bereichert, sondern um 1,20 M. geschädigt. Kläger könne froh sein, daß er ihn nicht wegen dieses Schadens im Wege der Widerklage belange. C. hingegen meint, daß zunächst A. für die Kosten der Zwangsvollstreckung aufzukommen habe und daß er daher insoweit bereichert sei, als er hiervon durch Verrechnung des Erlöses befreit werde. Wer ist im Rechte?

372. A. schuldet dem B. 1000 M. C. bittet den A., ihm diese 1000 M. als ein Darlehn des B. zu geben, da B., der sie ihm sonst geliehen hätte, verreist sei. A. tut es in der Erwartung, daß B. nach seiner Rückkehr es genehmigen werde. B. versagt jedoch die Genehmigung. Welche Klage hat A. gegen C.? Muß A. zur Begründung der Klage beweisen, daß B. nicht genehmigt habe, oder liegt dem C. der Beweis für die Genehmigung B.s ob?

373. A. hat dem B. ein Zehnmarkstück gestohlen, sich dafür ein Los gekauft und auf dieses 5000 M. gewonnen. B. verlangt die 5000 M. heraus.

A. hat dem B. einen Papagei gestohlen und ihn an einen Liebhaber für mehr als den doppelten Wert verkauft. B. beansprucht den von A. erzielten Preis.

374. Einem Sammler von Violinen wird eine kostbare Violine gestohlen. Der Dieb veranstaltet Konzerte — eins davon zu Wohltätigkeitszwecken —, wobei er auf der gestohlenen Violine spielt. Der Bestohlene belangt ihn auf Herausgabe der Violine und der Einnahmen aus den Konzerten sowie auf Erstattung einer für die Entdeckung des Diebes ausgesetzten Belohnung.

375. A. schuldet dem B. aus einem Hasardspiele 1000 M., zahlbar am 1. Juli. Im Mai wird A. wegen Geistesstörung in eine Nervenheilanstalt gebracht. Sein Bruder ordnet seine Angelegenheiten und bezahlt die Spielschuld. Als A. im November geheilt aus der Anstalt zurückkehrt, kondiziert er von B. den gezahlten Betrag, indem er sich darauf beruft, daß sein Bruder keinen Auftrag gehabt habe, ihn zu vertreten, und daß er die Zahlung nicht genehmige.

376. A. in X. hat seinem Freunde B. daselbst 1000 M. übergeben, damit er mit diesen in Berlin, wohin er gerade reiste, für ihn Wertpapiere kaufe. Hiervon gibt B. 200 M. aus. Die übrigen 800 M. hatte er in einem besonderen Teile seines Portemonnaies, worin außerdem noch 8 M. lagen, bei sich, als sie ihm vom Gerichtsvollzieher im Auftrage C.s, eines seiner Gläubiger, abgepfändet wurden. A. begehrt von C. Herausgabe der 800 M., wogegen dieser einwendet, daß er nur erhalten habe, was ihm zugekommen wäre. — Ist es von Belang, wenn B. dem Gerichtsvollzieher vor der Pfändung erklärt, daß die 800 M. dem A. gehörten?

377. A. hat einen Teil seines Grundstückes dem B. verkauft und aufgelassen. Gleichwohl wird versehentlich von A. seit mehreren Jahren die Grundsteuer sowohl für sein eigenes Grundstück als auch für das von B. verkaufte eingezogen. Er zahlt in der irrigen Annahme, zur Zahlung verpflichtet zu sein. Später erfährt er, daß er für das Grundstück des B. nicht hätte zu zahlen brauchen, sondern daß B. dies hätte tun müssen. Zu welcher Klage und gegen wen ist dem A. zu raten? Wie kann er dem Einwande des B., daß einige Raten bereits verjährt seien und diese daher auch der Fiskus von ihm, B., nicht fordern könnte, begegnen?

378. Ein Grundstück ist im Wege der Zwangsversteigerung verkauft. Der Gläubiger A. hat seinen Anspruch nicht angemeldet und ist demzufolge bei der Verteilung nicht berücksichtigt worden. Dadurch haben die Gläubiger B., C. und D. 3% mehr erhalten. A. klagt gegen sie auf Herausgabe dieser 3%.

379. A. übersendet seinem Gläubiger B. am 20. April eine Darlehnsschuld von 20 M., ohne zu wissen, daß B. die Forderung bereits am 18. April an C. abgetreten hatte. Dieser macht dem A. im Mai vorschriftsmäßig die Abtretung bekannt, verklagt ihn, erwirkt ein Versäumnisurteil und treibt nach dessen Rechtskraft die 20 M. für sich im Wege der Zwangsvollstreckung bei.

A. belangt nunmehr den B. auf Herausgabe der ihm am 20. April überschickten 20 M. Wird er mit der Klage durchdringen?

380. A. in X. ist in Konkurs geraten; dieser ist durch einen Zwangsvergleich mit 20% beendet. Zwei Konkursgläubiger, B. und C., wohnen in Y. B. hatte 100 M., C. hatte 20 M. als Vergleichsquote zu fordern. A. versendet das Geld mittels Postanweisung und versieht sich bei der Adressierung. Auf diese Weise erhält C. 100 M. Er fordert von C. 80 M. zurück. C. weigert sich, weil seine Forderung vor dem Zwangsvergleiche 100 M. betragen und er somit nur diese bezahlt erhalten habe. — Wie ist der Fall zu beurteilen, wenn der Irrtum A.s darin bestanden hat, daß er annahm, B. habe 20 M. und C. habe 100 M. zu fordern, und wenn er auf Grund dieses Irrtums das Geld abgesandt hat?

381. Der Postsekretär A. in X. schuldet dem Kaufmann B. in Y. 500 M. Auf Grund der von ihm verübten Fälschung einer Postanweisung und verschiedentlicher Eintragungen zahlt die Post in Y. dem B. 500 M. aus. Nach einigen Wochen wird der Sachverhalt entdeckt, und der Postfiskus verlangt von B. Rückerstattung der 500 M. nebst Zinsen seit dem Tage der Auszahlung. B. macht geltend, daß er nur empfangen habe, was ihm A. schuldig gewesen sei. Zu einer Verzinsung des Geldes hält er sich in keinem Falle für verpflichtet, weil er es mangels einer geeigneten Gelegenheit zur zinsbaren Anlegung bisher zinslos in seinem Geldschranke hat liegen lassen.

381a. Ein holländischer Kaufmann gibt seiner Berliner Bank, bei der er ein Depot unterhält, den Auftrag, 13000 M. Aktien eines bestimmten Stahlwerks aus seinem Depot an A. auszuhändigen. Versehentlich händigt die Bank dem A. die gesamten Aktien dieser Art im Betrage von 18000 M. aus dem Depot aus. Die Bank begehrt im Rechtsstreit Rückgabe der zuviel gegebenen 5000 M. Aktien von A. A. entgegnet, ihm habe der Holländer noch 10000 M. Aktien eines anderen Stahlwerks geschuldet, deren Kurs damals 10% niedriger gestanden habe und jetzt um weitere 40% gesunken sei. Er habe damals dem Holländer mitgeteilt, er nehme die 5000 M. nicht geschuldeter Aktien an Zahlungs Statt für 5000 M. der zweiten Art. A. macht in zweiter Reihe ein Zurückbehaltungsrecht geltend und erklärt in letzter Reihe die Aufrechnung.

Die Bank hält diese Anführungen für bedeutungslos und ihre Bereicherungsklage unter allen Umständen für durchgreifend, weil der Auftrag bloß den Anlaß zu einer fehlerhaften Erfüllung des Schuldverhältnisses ihres Auftraggebers gegeben habe. (Kommentar der RGR. Note 4 zu § 812.)

382. A. hat an den Gemeinschuldner B. eine Forderung von 1000 M. Der Konkurs wird durch Zwangsvergleich mit 50% beendet. B. zahlt irrtümlich 800 M. und kondiziert nun 300 M. Ist die Zurückforderung begründet?

383. A. hat dem B. in notarieller Urkunde 1000 M. zu einer Studienreise nach Griechenland versprochen, wenn er das Doktorexamen Summa cum laude bestehe. Einige Zeit darauf liest A. in der Zeitung, daß der Kandidat der Philologie B. Summa cum laude zum Doktor promoviert worden ist. Er sendet ihm darauf mittels Postanweisung 1000 M. B. tritt unverzüglich die längst ersehnte Studienreise an bedankt sich von Athen aus bei A., daß er ihm die Vollendung seiner Doktorarbeit durch die Ermöglichung von Studien an Ort und Stelle erleichtert habe. A. wird dadurch stutzig und erfährt zu seinem Ärger, daß sich der Zeitungsbericht auf einen Namensvetter des B. bezogen habe. Er fragt, ob er die 1000 M. zurückfordern könne.

384. A. will sich das Eigentum an dem Grundstücke seines Vaters verschaffen. Er bestimmt den X., daß dieser sich für seinen Vater ausgibt, und es gelingt ihnen, vor dem Grundbuchamte die Auflassung an A. zu bewirken. Hierauf schenkt A. das Grundstück seiner gutgläubigen, ein Handelsgeschäft betreibenden Ehefrau. Kann A.s Vater von ihr die Herausgabe des Grundstückes verlangen? Auch dann, wenn sie vor der Anstellung der Klage in Konkurs geraten ist?

385. A. hat eine 200 M. werte Kuh unentgeltlich, aber gutgläubig erworben und sie sodann dem B. für 300 M. verkauft und übergeben. Hat C., der wahre Eigentümer, irgendeinen Anspruch gegen A.? Kann A. Abzüge machen wegen Verwendungen?

386. Dem A. wird eine Kiste mit 20000 M. Inhalt gestohlen. Er setzt eine Belohnung von 500 M. für denjenigen aus, der den Dieb entdeckt und ihm das Geld wiederschafft. B. tut beides und erhält die Belohnung. Kann A. sie von dem Diebe ersetzt verlangen?

386a. Professor X. wirft nach Abschluß seiner Gebirgsreise vor dem Dorfe seinen Bergstock als nunmehr überflüssige Beschwerung weg. Der wegen Geisteskrankheit entmündigte Ziegenhirt A. beobachtet den Vorgang und holt sich den Stock. Am folgenden Tage überläßt er den Stock auf dessen Bitte dem Holzknecht B. für die Dauer der Führung einer Vergnügungsgesellschaft. B. gerät bei der Führung in Streit mit dem Waldhüter C. und benutzt den Stock bei einem Angriffe auf C. C. entwindet ihm den Stock und verkauft diesen, als er zufällig erfährt, daß Professor X. den Stock getragen habe, an einen Verehrer des Professors für 20 M.

Der Vormund des A. belangt B. und C. als Gesamtschuldner auf Zahlung von 20 M., auch erstattet er Strafanzeige gegen C. C. stellt in beiden Verfahren nunmehr die Behauptung auf, ihm sei vor der Veräußerung des Stockes die Vorgeschichte, insbesondere die Entmündigung des A., genau bekannt gewesen.

Kommt es für die zivil- und strafrechtliche Haftung auf diese Kenntnis an?

387. A. hat mit dem Eigentümer des vor Anker liegenden Seeschiffes X. einen Frachtvertrag geschlossen. Dieses wird, noch bevor er es befrachtet, von dem Seeschiffe Y., dessen Eigentümer B. ist, infolge eines Verschuldens der Besatzung von Y. angerannt und dadurch reiseuntüchtig gemacht. A. muß den Frachtvertrag lösen und nimmt B. dieserhalb auf Schadensersatz in Anspruch. Ist die Klage begründet?

388. A. hat eine fiskalische Fichtenschonung mit brennender Zigarre durchstreift. Die Schonung ist gleich darauf in Brand geraten. Der Fiskus fordert von dem Unvorsichtigen Schadensersatz. Wer ist beweispflichtig? Was muß bewiesen werden?

389. Einem dem A. gehörigen wertvollen Bernhardinerhunde werden von der elektrischen Straßenbahn beide Hinterfüße völlig abgefahren. Heulend liegt der Hund, von einer Menge Zuschauer umgeben, auf dem Straßendamm. Angesichts der entsetzlichen Verletzungen, die jede Hoffnung auf Heilung ausschließen, zieht der des Weges kommende Kassenbote B. seinen Revolver und tötet das Tier durch einen Schuß ins Ohr. A. verlangt von ihm als Schadensersatz 1000 M., weil der Hund vor der Verletzung so viel wert gewesen sei und durch diese für ihn, den A., an Wert nichts verloren habe. B. wendet ein, daß er das Tier lediglich aus Mitleid umgebracht, daß er es wegen seiner Verletzung für wertlos gehalten und daß es in seiner verstümmelten Gestalt einen gemeinen Wert überhaupt nicht gehabt habe. Er hält lediglich die Straßenbahngesellschaft für haftpflichtig.

390. Die B. hatte dem A. vier Hundertmarkscheine gestohlen.

und diese nebst 50 M. von ihrem eigenen Gelde bei der Sparkasse auf den Namen ihrer Mutter eingezahlt. Ein Jahr später starb die Mutter und wurde von der B. und ihren beiden Geschwistern C. und D. beerbt. A. klagt gegen B., C. und D. mit dem Antrage: einzuwilligen, daß von den eingezahlten 450 M. der Betrag von 400 M. an ihn ausgezahlt werde. — Ist es auf die Entscheidung von Einfluß, wenn die B. die Scheine vor der Einzahlung in Gold umgewechselt oder zunächst ausgeliehen und sodann das zurückgegebene Kapital samt den 10 M. betragenden Zinsen eingezahlt hat?

391. Der Kaufmann A. verkauft am Sedantage entgegen einem Polizeigesetze, welches den Verkauf von Feuerwerkskörpern an Leute unter 18 Jahren verbietet, dem 12jährigen B. Raketen. Dieser brennt sie am Abend in Gemeinschaft mit anderen Knaben ab. Von einer niederfallenden Rakete wird C. am Arm verletzt. Er verlangt von A. Ersatz der Heilungskosten. A. wendet ein, daß er für die Handlung B.s nicht haftbar sei; auch hätten die Knaben X. und Y. gleichfalls Raketen steigen lassen, und zwar teilweise solche, die sie sich bei D. gekauft haben; es stehe gar nicht fest, daß A. von einer aus seinem, B.s, Geschäft herrührenden Rakete getroffen worden sei.

392. Der Arbeiter A., Mitglied einer Krankenkasse, soll sich auf Verordnung des Kassenarztes einer Massagebehandlung bei dem von der Kasse zugelassenen Masseur B. unterziehen, der nach einer Vereinbarung mit dem Kassenvorstande für einmaliges Massieren in seiner Wohnung 1 M. erhält. A. zeigt die ärztliche Verordnung seinem Barbier C., der auch Masseur war und ihm sofort erklärte, er möge sich doch von ihm massieren lassen, es sei gleichgültig, ob er, C., oder B. ihn massiere, er, C., würde das schon mit B. abmachen. Daraufhin ließ sich A. von C. massieren. Gelegentlich der dritten Massage sagte ihm C. wahrheitswidrig, er habe mit B. gesprochen, dieser sei mit seiner Massage einverstanden. A. ist im ganzen 30mal von C. massiert worden. B. verlangt von C. 30 M. Schadensersatz, weil er ihn um diese 30 M. in seinem Gewerbe geschädigt habe.

393. A. untersagt auf Grund eines für ihn eingetragenen Gebrauchsmusters für Juteplüsch dem B. am 1. April 1907 unter Androhung der Entschädigungsklage und der Strafanzeige die Nachbildung seines Gebrauchsmusters. B. gibt demzufolge die seit dem 1. Januar 1907 aufgenommene Herstellung von Juteplüsch auf. Im Mai 1907 ist A. auf die Klage von C. zur Löschung des Gebrauchsmusters verurteilt worden, weil das Modell der Neuheit ermangelte. Nunmehr verlangt B. von A. Schadensersatz, weil er ihn durch sein

Verbot im Gewerbebetriebe fahrlässig und widerrechtlich gestört hat. A. leugnet, daß es sich hier um ein schutzfähiges Recht handle, und macht geltend, daß B. nicht genötigt gewesen sei, das Verbot zu beachten.

394. Dem Bezirksverband A. liegt die ordnungsmäßige Instandhaltung der Berliner Landstraße und des Wasserdurchlasses ob. B. bricht des Nachts auf dieser Straße das Bein, indem er wegen der Dunkelheit in eine dem Wasserdurchlaß dienende, unverschlossene und nicht eingefriedigte etwa 52 cm tiefe Öffnung mit steilen Rändern geraten war. Der auf Schadensersatz belangte Bezirksverband leugnet seine Verbindlichkeit: einmal, weil er nur für ein Verschulden seines ihn im Willen vertretenden Organs hafte und dessen Kenntnis von dem gefährdenden Zustande des Wasserdurchlasses nicht nachgewiesen sei, sodann, weil den Kläger ein eigenes Verschulden treffe, insofern er des Nachts ohne Laterne gegangen sei. (Vgl. §§ 823; 31; 278; 831; 254.)

395. Der Maurermeister A. hat die Reparatur einer Giebelwand des dem B. gehörigen Hauses übernommen. Zur Anbringung des Gerüstes hat er einige Dachziegel eines unter der Giebelwand stehenden Schuppens, der von B. an den Maurermeister C. vermietet war, aufnehmen müssen. Die hierdurch entstandenen, nicht gehörig zugedeckten Öffnungen haben dem zum Abputzen der Wand benutzten, schmutzig gewordenen Wasser Zugang zu dem Innern des Schuppens gewährt und ein darin befindliches Sofa des C. völlig verdorben. C. verlangt Schadensersatz von A. Dieser weigert sich dessen: einmal, weil ihm B. vor der Vornahme der Arbeiten gesagt hatte, in dem Schuppen befänden sich nur Arbeitsgeräte des B., ihnen hätte der Schmutz nichts geschadet, sodann, weil B. den C. von der bevorstehenden Reparatur in Kenntnis gesetzt hatte und C. daher das Sofa hätte entfernen oder so bedecken müssen, daß es keinen Schaden nehmen konnte.

396. Die beiden miteinander bekannten Handlungsreisenden A. und B. besteigen in Berlin gemeinsam den nach München fahrenden Schnellzug. A. erzählt dem gegenübersitzenden B., daß er in Leipzig den Zug verlassen müsse, um ein dringliches Geschäft zu besorgen, und erst mit dem nächsten Zug weiterfahren könne. Hierauf schläft A. ein und erwacht erst in Hof. Die ihm dadurch entstandenen Unkosten klagt er von B. mit der Begründung ein, daß er ihm in einer gegen die guten Sitten verstoßenden Weise vorsätzlich Schaden zugefügt habe. Er behauptet, daß B. nach dem Anstandsgefühl aller billig und gerecht denkenden Handlungsreisenden verpflichtet gewesen sei, ihn zu wecken, und nur aus Bosheit es unterlassen habe. B. erwidert, er habe nur das Vergnügen der weiteren Reisegesellschaft A.s genießen, ihn auch, da er offenbar übermüdet gewesen, im Schlafe nicht stören wollen.

397. Der Goldarbeiterlehrling A. stiehlt seinem Prinzipal B. einen Brillantring im Werte von 500 M. und verkauft ihn an den Trödler C. für 120 M.; dieser veräußert ihn weiter an D. für 360 M. A. wird wegen Diebstahl des Ringes und C. wird wegen Hehlerei bestraft. B. klagt gegen C. auf Ersatz von 500 M. C. bestreitet jede Verbindlichkeit und meint, daß er schlimmstenfalls nur in Höhe von 360 M. haftbar sei.

398. A., der bei B. zur Miete wohnt, hat dem Möbeltransporteur C. den Transport eines eisernen Geldschrankes aus seiner Wohnung in das gegenüber gelegene Geschäftslokal übertragen. Die Leute des C. gehen unvorsichtig zu Werke und beschädigen nicht nur den Geldschrank, sondern auch den Treppenflur. Welchen Ansprüchen ist C. ausgesetzt?

399. A. hat dem Baumeister B. den Abbruch seines Hauses und die Errichtung eines neuen Hauses auf der Stelle des alten übertragen. B. verabredet mit dem Maurermeister C., daß dieser den Neubau unter Beobachtung aller polizeilichen Vorschriften für seine, B.s, Rechnung ausführt.

Bei den Ausschachtungsarbeiten unterläßt C., die Wand des dem Nachbarn D. gehörigen Hauses vorschriftsmäßig zu stützen. Sie erleidet dadurch Risse.

An wen kann sich D. mit seinem Schadensersatzanspruche halten?

400. A. macht mit dem seiner Erziehung anvertrauten Sextaner B. einen Spaziergang. Plötzlich springt B. davon, um einem Schmetterling nachzujagen. Er verfolgt diesen in einen fremden Garten, dessen Tür offen stand, und zertritt dort ein Teppichbeet, das er für einfachen Rasen gehalten hatte. Ist A. für den von B. angerichteten Schaden verantwortlich?

401. Bei einem Schulausfluge unter der Leitung des Lehrers A. schießt B. seinem Mitschüler C. gelegentlich des Preisschießens mit einem Pustrohre das rechte Auge aus. C. verlangt von A. Schadensersatz in Gestalt einer jährlichen Rente. A. macht geltend: es sei nicht seine Aufgabe, Beschädigungen Dritter zu verhüten, noch sei er bei sechzig Schülern imstande, einen jeden zu beaufsichtigen.

402. Ein Schlächtermeister hat einen Laden für 1500 M. auf ein Jahr gemietet mit der Klausel, daß der Vertrag stillschweigend um ein Jahr als verlängert angesehen werden solle, wenn er nicht drei Monate vorher von einer der Parteien gekündigt würde. Der Vermieter kündigt, erklärt aber, daß er bereit sei, dem Schlächtermeister den Laden auf weitere drei Jahre zu überlassen, falls dieser ihm jährlich 2000 M. Miete zahlen wolle. Dieser geht darauf nicht ein und bringt, teils wohl in der Absicht, den Vermieter zu kränken, teils um seinen demnächstigen Auszug der Kundschaft bekanntzugeben und zu begründen, folgendes Plakat am Schaufenster an: „Wegen ungebührlicher Steigerung der Miete verlasse ich dieses Lokal am 1. April und verlege mein Geschäft nach der X.-Straße Nr. 10.“ Der Vermieter klagt auf Entfernung des Plakats und Schadensersatz mit der Behauptung, daß er dadurch in seiner Ehre und in seinem Vermögen geschädigt werde. Das Plakat verfolge den Zweck, ihn als habsüchtigen Vermieter darzustellen, und erschwere ihm damit gleichzeitig die anderweitige Vermietung sowohl dieses Ladens als auch anderer leerstehender Wohnungen im Hause.

403. In einem Villenquartier der Stadt X. hatte sich eine Baugesellschaft gebildet, die Parzellen nur mit der als Servitut eingetragenen Verpflichtung verkaufte, daß der Käufer auf dem Grundstück nur eine Villa errichten und darin nicht ein geräuschvolles, die Luft verunreinigendes oder feuergefährliches Gewerbe betreiben dürfe. Ein Arzt baute in diesem Quartier im Villenstil ein Krankenhaus mit Operations- und Sektionszimmern. Sein Nachbar klagt gegen ihn darauf, das Krankenhaus aufzuheben und in eine Villa zurückzuverwandeln. (Aus Kohler im Archiv für ziv. Pr. Bd. 87 S. 157.)

404. Der Rechtsanwalt A. erfährt, daß sein Bürovorsteher B. bei seinem vorigen Prinzipale sich der Unterschlagung eines erheblichen Betrags schuldig gemacht hat. Gleichwohl behält er ihn in seinen Diensten. Eines Tages kommt C., gegen den A. im Auftrage des D. ein rechtskräftiges Urteil auf Zahlung von 1000 M. erstritten hatte, in das Geschäftslokal des A. und zahlt den genannten Betrag, da er den A. nicht antraf, an B., der über die Zahlung „für den Rechtsanwalt A.“ quittierte. B. unterschlägt die 1000 M. C. klagt hierauf gegen A. auf Befreiung von seiner Schuldverbindlichkeit gegen den D. A. wendet ein, daß C. an den zur Empfangnahme des Geldes nicht legitimierten B. nicht habe zahlen dürfen, und bittet um Abweisung der Klage.

405. Das Dienstmädchen A. wirft aus Bequemlichkeit den Kehricht, anstatt ihn in den Hof hinunterzutragen, in das Klosett. Dieses wird dadurch verstopft und ausbesserungsbedürftig. Der Hauseigentümer fordert vom Dienstherrn Ersatz der Reparaturkosten. Kann dieser ihn an das Dienstmädchen verweisen? Wenn nicht, was muß er dartun, um sich von der Ersatzpflicht zu befreien?

406. In der Stadt X. ist die Treppenbeleuchtung in den Häusern nach Eintritt der Dunkelheit bis 10 Uhr abends polizeilich vorgeschrieben. Der Hauseigentümer A., welcher nicht in seinem Hause wohnt, macht mit seinen Mietern B., C., D. und E., welche je ein Stockwerk bewohnen, im Mietvertrage aus, daß jeder die Treppe seines Stockwerks der Polizeiverordnung gemäß zu beleuchten habe. Am 3. Januar abends um 7 Uhr begibt sich die Ehefrau des im 4. Stockwerke wohnenden E. die Treppe hinunter, um einen Einkauf zu besorgen; das Stockwerk, für dessen Beleuchtung B. Sorge zu tragen hat, war finster; sie stürzt und bricht ein Bein. Nunmehr klagen sie und ihr Mann auf Ersatz der Kur- und Heilungskosten und Entschädigung wegen des der Ehefrau E. während der Krankheit entgangenen Arbeitsverdienstes (sie war Plätterin) und wegen ihrer für die Zukunft verminderten Erwerbsfähigkeit. A. beruft sich auf den mit B. geschlossenen Vertrag und macht außerdem geltend, daß die Lampe am Abend des 3. Januar angezündet, aber entweder durch einen Unbefugten oder durch einen Windstoß ausgelöscht worden sei.

Würde der Fall irgendwie anders zu beurteilen sein, wenn eine die E. besuchende Waschfrau das Bein gebrochen hätte?

407. A. hält sich zu seinem Vergnügen einen Raben, den er bei schönem Wetter im Freien umherfliegen läßt. Er weiß, daß der Rabe stiehlt. Eines Tages beobachtete der Rabe, der auf das Nachbarhaus geflogen war, wie der dort wohnende B. sich am offenen Fenster wusch und dabei einen Brillantring auf das Fensterbrett legte. Durch den Glanz der Steine angezogen, fliegt er heran, nimmt ihn in den Schnabel und fliegt, noch ehe B. es verhindern kann, mit dem Ringe auf und davon. Als es gelingt, ihn einzufangen, hat er den Ring nicht mehr. Alles Suchen danach ist vergeblich. B. verlangt nunmehr von A. Ersatz des Ringes.

408. Ein dem A. gehöriger bissiger Hund zerreißt dem ruhig des Weges daherkommenden Lehrer B. den neuen Sommerüberzieher. B. verlangt Ersatz des Anschaffungspreises gegen Überlassung des Überziehers. A. meint, daß er nichts zu zahlen habe. B. sei selber an dem Unfalle schuld. Bei einer Hitze von 28° R habe er nicht nötig gehabt, einen Überzieher zu tragen. Eventuell will A. nur den

Minderwert ersetzen, weil sich das Loch so fein verstopfen lasse, daß niemand es bemerken könne. — Gesetzt, der Hund gehöre der einen Milchhandel selbständig betreibenden Ehefrau des A., wie steht es mit der Haftung ihres eingebrachten Gutes?

409. A. wird bei dem Verlassen des Stadtbahnzuges im Bahnhofe Friedrichstraße in Berlin mit einer nicht durchlochten Bahnkarte angetroffen und hat damit eine Strafe von 6 M. verwirkt. Der Eisenbahnfiskus klagt sie gegen ihn ein. Er verlangt Abweisung der Klage, weil der Schaffner am Bahnhof Alexanderplatz, wo er eingestiegen war, wie durch Zeugen festgestellt wird, die Karte zur Durchlochung in Empfang genommen, aber nicht durchlocht zurückgegeben hatte.

410. Der Vormundschaftsrichter A. hat den ihm vom Gemeindewaisenrate vorgeschlagenen B. zum Pfleger der zukünftigen Deszendenz des X. bestellt, welcher ein großes Vermögen zugefallen war. Nach einiger Zeit berichtet der Waisenrat, daß er das Vermögen in der Hand des B. für gefährdet halte, weil dieser, wie er erfahren, ein Spekulant und Spieler sei. Daraufhin gibt A. dem B. auf, binnen zwei Wochen für das von ihm verwaltete Vermögen Sicherheit zu leisten. B. erwidert, er sei ein reicher Mann und lehne die verlangte Sicherheitsleistung als ihn verletzend ab; lieber wolle er seines Amtes entlassen sein. Der Vormundschaftsrichter traut dem B. und zieht seine Verfügung zurück. Zwei Jahre später nimmt sich B. das Leben. Der neue Pfleger C. rettet in dem über den Nachlaß des B. eröffneten Konkurse nur 10%. Er nimmt wegen des Ausfalles den A. in Anspruch. Dieser verteidigt sich damit, daß die Anordnung einer Sicherheit aus besonderen Gründen erfolgen könne, aber nicht müsse und daß es ihm nicht als Verletzung einer Amtspflicht angerechnet werden dürfe, wenn er von seinem Ermessen den Gebrauch gemacht habe, der ihm damals richtig erschienen sei.

411. In einer bei dem Schöffengericht anhängigen Strafsache gegen X. wurde A. ausweislich des Hauptverhandlungsprotokolles „nach Leistung des Zeugeneides" als Zeuge vernommen. Er beantragt in der demnächst gegen ihn wegen Meineids eröffneten Voruntersuchung seine Haftentlassung, indem er unter Berufung auf das Zeugnis des Vorsitzenden und des Urkundsbeamten des Schöffengerichts erklärt, daß er in jener Verhandlung überhaupt keinen Eid geleistet habe; das Sitzungsprotokoll müsse unrichtig sein. Der Untersuchungsrichter erhob jedoch nicht diesen Beweis, bemerkte vielmehr zu den Akten, daß in dem Protokoll durch Richter und Urkundsbeamten die Eidesleistung des A. bezeugt sei; hingegen vernahm er mehrere Belastungszeugen, womit zwei Wochen vergingen, schloß die Voruntersuchung und übersandte die Akten der Staatsanwaltschaft. Diese beantragte die Vernehmung der von A. benannten Gerichtspersonen. Der Vorsitzende wie der Urkundsbeamte erklärten, daß das Protokoll erst nach der Sitzung gefertigt worden sei und hinsichtlich des Beeidigungsvermerkes sehr wohl auf einem Irrtum beruhen könne, da ihre Privatnotizen einen Vermerk über die Beeidigung nicht enthielten. A. wurde demzufolge auf freien Fuß gestellt und durch späteren Beschluß der Strafkammer außer Verfolgung gesetzt, weil er einen Eid nicht geleistet habe.

Er verlangt nunmehr von dem Untersuchungsrichter Erstattung des ihm durch die widerrechtliche Verhaftung entstandenen Schadens mit der Begründung, daß die Nichterhebung des von ihm angetretenen Beweises eine fahrlässige Verletzung der Amtspflicht enthalten habe.

Der Beklagte wendet ein, daß ihm im Hinblick auf die §§ 188, 274 StPO. ein Versehen nicht zur Last falle und daß, da das grundlegende Versehen den Vorsitzenden und den Urkundsbeamten des Schöffengerichts treffe, diese in erster Reihe haften müßten.

412. Die A. ist an Syphilis schwer erkrankt, hatte sich einer langwierigen Kur zu unterziehen und erlitt auch durch häßliche Vernarbung von Gesichtswunden eine dauernde Entstellung. Ihre Erkrankung ist durch Küsse herbeigeführt worden, welche ihr der damals syphilitische B. gegeben hatte. Sie verlangt von ihm Ersatz der Heilungs- und Kurkosten, Bezahlung eines Schmerzensgeldes und eine Abfindung in Kapital, welche ihr die anderweitige Verheiratung ermöglichen soll.

Der Beklagte erachtet sich nicht für schadensersatzpflichtig, einmal, weil er die Klägerin mit ihrer Erlaubnis geküßt, und sodann, weil er nicht gewußt habe, daß Syphilis durch Küssen übertragen werden könne.

413. Die Lustdirne A. ist von B., welchem sie gegen Entgelt den Beischlaf gestattet hatte, syphilitisch angesteckt und dadurch ein Jahr lang ihrem gewohnten Erwerbe entzogen worden. Kann sie von B. überhaupt, und bejahendenfalls in welchem Umfange, Schadensersatz verlangen?

414. Während eines Schiffbruches retten sich A. und B. zur gleichen Zeit auf eine Planke. A. erkennt, daß diese sie beide nicht zu tragen vermag. Er stößt, da er die einzige Stütze seiner alten hilflosen Mutter ist, den B. ins Meer zurück, um sich zu retten. B. geht unter. Seine Witwe und Kinder klagen gegen A. auf Schadensersatz.

A. wendet ein, er habe sich in der Notwehr oder im Notstande befunden oder in erlaubter Selbsthilfe die Planke, auf die B. keinen Anspruch gehabt, weggenommen. Auch sei B. durch sein eigenes Verschulden untergegangen. denn er habe gesehen, daß A. sich auf der Planke retten wollte und daß diese nur einen Mann zu tragen imstande war. Überdies habe er den Tod des B. weder vorsätzlich noch fahrlässig herbeigeführt, da er im Augenblicke der höchsten Gefahr in Erinnerung an seine Mutter nur daran gedacht habe, sein eigenes Leben zu retten; was aus B. würde, für den zu sorgen er nicht verpflichtet gewesen sei, habe er sich nicht überlegt (§§ 227 ff., 823, 827, 844 ff.).

Drittes Buch.

Sachenrecht.

415. Ein davongeflogener Kolibri hat sich in A.s Garten auf einem Baume niedergelassen. Der Nachbar B. bemerkt, wie A. sich anschickt, auf einer Leiter den Baum zu ersteigen, um den Kolibri zu fangen. Er verscheucht den Vogel und nimmt ihn, nachdem er auf sein Grundstück geflogen war, in Besitz. A. klagt nunmehr gegen B. auf Wiedereinräumung des Besitzes.

416. A. kauft bei dem Kunsthändler B. im November ein Ölgemälde und ersucht ihn um dessen Zusendung am Weihnachtsabende, weil er es seiner Frau schenken wolle. B. vermietet inzwischen das Bild an C. Kann A. gegen C. wegen Besitzstörung klagen? Ist es von Einfluß, ob C. von dem Verkaufe des Bildes Kenntnis gehabt hat?

417. A., der Mieter des oberen Stockwerks, spielt allabendlich Klavier. B., der Mieter des unteren Stockwerks, pocht, sobald es zehn Uhr schlägt, derart gegen die Stubendecke, daß er dem A. die Fortsetzung des Spieles unmöglich macht.

A. klagt gegen B. auf Unterlassung der Störung bei Vermeidung einer Geldstrafe von 10 M. für jede Zuwiderhandlung.

B. bittet um Abweisung der Klage. Er bestreitet, daß überhaupt eine Besitzstörung vorliege. In Wahrheit sei er durch das Klavierspielen von A. über die Polizeistunde hinaus gestört worden. Er habe sich daher schlimmstenfalls verbotener Eigenmacht mit Gewalt erwehrt. (§§ 865, 862, 858, 859. — § 890 ZPO.)

418. A. mietet sich bei B. ein Pferd zum Ausreiten und verkauft es unterwegs dem C., der das Eigentum B.s an dem Pferde nicht kennt, gegen eine bare Zahlung von 1000 M. Auf die Bitte C.s reitet er das Pferd zur Stadt zurück, um es dort in C.s Stall zu bringen. Kurz davor begegnet ihm B. Auf dessen Frage, wie er in diese Gegend komme, da doch sein, B.s, Stall ganz woanders liege, erwidert ihm A., das Pferd gehöre jetzt dem C. B. nimmt ihm darauf das Pferd mit Gewalt ab. Kann A. oder C. wegen Besitzentsetzung klagen?

418a. In Erwartung seiner baldigen Einberufung zum Heeresdienste kündigt der Ehemann die Wohnung. Da er mit der Ehefrau in Unfrieden lebt und beide Scheidungsabsichten haben, überläßt er es ihr, sich eine kleine Wohnung zu mieten. Die Einberufung des Ehemannes erfolgt, die Ehefrau mietet eine kleinere Wohnung im eigenen Namen und zieht dorthin mit sämtlichen Sachen um. Der Ehemann will nach Beendigung des Krieges nicht mehr die Lebensgemeinschaft herstellen und eine Vermögensauseinandersetzung herbeiführen, insbesondere auch bezüglich der Einrichtungsgegenstände, deren er zur Ausstattung einer eigenen Wohnung bedarf. Eine Einigung kommt nicht zustande. Der Ehemann begibt sich in Begleitung von mehreren Arbeitern in die Wohnung der Ehefrau und läßt diejenigen Gegenstände wegschaffen, die während der Ehe angeschafft worden sind. Die Ehefrau ist eingeschüchtert, weint und sagt nur: „Die Sachen gehören mir." Sie erhebt Klage auf Herausgabe der weggeschafften Sachen und erbietet sich auch zum Beweise, daß sie die Sachen von Ersparnissen des Wirtschaftsgeldes im eigenen Namen erworben habe. Der Ehemann bestreitet.

Die Klage ist in erster Instanz mangels Beweises des Eigentumserwerbs abgewiesen.

Ist die Entscheidung zutreffend?

419. Der Luftschiffer A. fliegt mit seinem Ballon bei jedem Aufstieg über das Grundstück des B. Dieser ärgert sich darüber und klagt gegen A. wegen Besitzstörung. Auf den Einwand A.s, daß die Luft frei sei, erwidert er: ein solcher Satz bestehe nicht; das wisse er besser, denn er habe erst jüngst ein Urteil gegen den Postfiskus auf Beseitigung eines über sein Grundstück gezogenen Telephondrahtes erstritten.

420. Der Kolonialwarenhändler A. ist Mieter im Hause des X. Er hat über der Eingangstür seines Ladens ein auf sein Gewerbe bezügliches Schild angebracht. B., der Mieter des 1. Stockwerks, hat dieses Schild dadurch zum größten Teil den Augen des Publikums entzogen, daß er vor seinem Fenster auf Blumenbrettern Töpfe mit herabhängenden Schlinggewächsen aufgestellt hat. A. klagt gegen B. auf Unterlassung der Störung. B. beruft sich darauf, daß X. ihm die Aufstellung von Blumentöpfen vertraglich gestattet habe.

421. A. mietet sich bei dem Pferdehändler B. ein Pferd zum Ausreiten. Unterwegs entdeckt er, daß das gemietete Pferd sein eigenes ist, das er einige Wochen vorher bei B. eingestellt und bisher nicht abgeholt hatte. Er bringt es daher nicht dem B. zurück, sondern führt es in seinen Stall. B. klagt auf Wiedereinräumung des Besitzes. A. schützt sein Eigentum vor. Wer von beiden siegt?

422. A. hat einen dicken Pfahl, der als Grenzzeichen diente, in das Grundstück seines Nachbarn B. hineingesetzt. B. läßt ein Jahr verstreichen und stellt hiernach die Besitzstörungsklage an. Auf den Einwand der Verjährung entgegnet er, daß hiervon keine Rede sein könne, weil die Besitzstörung sich in jedem Augenblicke wiederholt habe.

423. A. hat 88000 Steine, welche für ihn auf dem Rüstplatz des X. standen, an B. verkauft und ihm schriftlich den Anspruch auf Herausgabe der Steine abgetreten. Tags darauf verkauft er von ebendiesen Steinen 13000 an C., der sie sofort abfährt. Als B. hiervon Kenntnis erhält, erklärt er dem A., daß er vom Vertrage zurücktrete, weil dieser sich durch die anderweitige Verfügung über die 13000 Steine außerstand gesetzt habe, das ganze Kaufobjekt zu übergeben, er, B., aber ein geringeres Quantum nicht anzunehmen brauche. A. bestreitet die Berechtigung des Klägers zum Rücktritt, weil er den Vertrag durch die Übergabe der Steine an ihn erfüllt und er sich wegen der 13000 Steine höchstens ersatzpflichtig gemacht habe. B. leugnet eine gehörige Besitzübertragung, weil dem X. die Zession nicht mitgeteilt worden ist. Sein Klagantrag geht auf Verurteilung des A., seinen, des B., Rücktritt für berechtigt anzuerkennen. Ist ihm stattzugeben?

424. A. hat sein Haus dem B. für 20000 M. verkauft. In dem darüber aufgenommenen notariellen Vertrage geben sie jedoch, weil B. sich vor den Vorwürfen seiner Ehefrau fürchtet, 15000 M. als Kaufpreis an. Bevor es zur Auflassung kommt, erklärt A. sich an den Vertrag nicht gebunden. Ist er im Rechte? (§§ 873, 125, 117.)

Wieviel muß er bezahlen, wenn die Auflassung und die Eintragung in das Grundbuch erfolgt ist? (§ 313.)

425. A. hat bei B. zehn Flaschen Wein bestellt. Während seiner Abwesenheit vom Wohnorte werden sie aus Versehen bei dem in A.s Hause als Mieter wohnenden C. abgegeben, der sie in der Meinung, daß sie für ihn bestimmt seien, an sich nimmt. Wird A. oder B. mit einer possessorischen Klage gegen C. durchdringen?

426. A. hat Bäume gekauft, die in dem von ihm an B. vermieteten Garten im Herbst gepflanzt werden sollen, und den Verkäufer angewiesen, sie dorthin zu schaffen, ohne daß er vorher den B. davon in Kenntnis gesetzt hatte. Der Verkäufer bringt sie während einer mehrtägigen Abwesenheit des B. hin. Diese macht sich sein Nachbar C. zunutze, indem er die Bäume in seinen Garten holt. Kann A. oder B. oder keiner von ihnen auf Wiedereinräumung des Besitzes gegen C. klagen?

427. A. spiegelt dem B. betrüglich vor, daß er zahlungsunfähig sei, und veranlaßt ihn dadurch, ihm ein Grundstück unter Kreditierung des Kaufpreises zu verkaufen. B. erkennt erst einige Zeit nach der Auflassung, daß er betrogen worden ist. Inzwischen hat A. das Grundstück dem C., der um den Betrug wußte, entgeltlich aufgelassen. B. klagt gegen C. auf Anerkennung der Nichtigkeit der Auflassung wegen Betrugs und auf entsprechende Berichtigung des Grundbuchs. C. bittet um Abweisung der Klage, weil, wie er ausführt, dem B. nur ein persönlicher Anspruch auf Rückauflassung gegen A. zustehe und von einer dinglichen Wirkung seiner Anfechtung der Auflassung keine Rede sein könne. (Vgl. hierzu Mügel bei Gruchot Bd. 37 S. 339 ff.)

428. A. verspricht am 1. April, dem B. ein Darlehn von 1000 M. zu gewähren, wenn sein, des A., Sohn glücklich von der afrikanischen Forschungsreise heimkehre. B. verpfändet ihm hierfür das Grundstück X. Am folgenden Tage gibt B. das nämliche Grundstück dem C. für eine am 1. Mai fällige Forderung zum Pfande. Die Rückkehr von A.s Sohn ist am 1. Juni erfolgt, und das Darlehn ist an diesem Tage zur Auszahlung gelangt. Im Grundbuche ist zuerst die Hypothek des C., alsdann die des A. eingetragen. Wem gebührt die Priorität des Pfandrechts?

429. A. hatte von B. ein Darlehn von 100000 M. aufnehmen wollen und in der notariellen Schuldurkunde vom 8. Januar dafür sein Grundstück verpfändet, auch eine Hypothek von gleicher Höhe an der dritten Stelle für ihn eintragen lassen. B. gewährte ihm jedoch nur ein Darlehn von 77000 M. und erklärte sich wegen des Restes bereit, nach Wahl des A. eine löschungsfähige Quittung oder Abtretung auszustellen. Am 1. April wurde das Grundstück auf den Antrag des an der ersten Stelle eingetragenen Hypothekengläubigers zur Zwangsverwaltung und Zwangsversteigerung gebracht und in dem am 3. Juli verkündeten Zuschlagsbeschlusse dem C., für den an der vierten Stelle eine Grundschuld von 50000 M. eingetragen war, zugeschlagen. Tags zuvor, am 2. Juli, hatte B. auf Ersuchen A.s die ihm aus der Eintragung von 23000 M., für welche keine Valuta gezahlt war, zustehenden Rechte ohne Gewährleistung und unter Wahrung des Vorzugsrechts für seine Hypothek von 77000 M. an den mit der Sachlage bekannten D. abgetreten und den über die Post gebildeten Teilhypothekenbrief ausgehändigt. Dieser zahlte dem A. noch am selben Tage 8000 M. und am 10. Juli 15000 M. In dem Verteilungstermin am 3. August ergab sich, daß nach Befriedigung des B. ein Kaufgelderrest von 26000 M. verblieb. Ihn beanspruchte D. für sich insoweit, als er zur Deckung der ihm abgetretenen Forderung von 23000 M. und Zinsen erforderlich war. C. widersprach. Zufolge richterlicher Anordnung wurden 23067 M. als Streitmasse für D. und C. hinterlegt. D. bittet, den C. zur Einwilligung in die Auszahlung der hinterlegten Summe nebst den davon aufgelaufenen Zinsen an ihn zu verurteilen, indem er sich auf die Abtretung vom 2. Juli und die Konvaleszenz der Hypothek durch die nachträgliche Zahlung der Valuta beruft. C. begehrt die Abweisung der Klage, weil A. durch die Einleitung der Zwangsversteigerung und die Verkündung des Zuschlagsbeschlusses die Verfügung über das Pfandgrundstück verloren habe. Dem Versteigerungsverfahren war C. nicht beigetreten. Wie ist zu entscheiden?

430. Auf dem Pfandgrundstück ist an erster Stelle eine Hypothek von 10000 M. für A. mit dem Vorbehalte des Vorranges für eine später einzutragende Hypothek von 10000 M., an zweiter Stelle für B. im Wege der Zwangsvollstreckung 100 M. und an dritter Stelle die ursprünglich vorbehaltene Hypothek von 10000 M. für C. eingetragen. Bei der Zwangsversteigerung des Grundstücks ergibt sich ein Erlös von 1. 20000 M., 2. 10000 M., 3. 12000 M. Wie ist er zu verteilen?

431. A. hat durch notariellen Vertrag von B. das Grundstück X. für 4500 M. gekauft und sich verpflichtet, gegen dessen Auflassung 1500 M. auf das Kaufgeld zu zahlen. Er bittet, zur Sicherung seines Anspruchs durch eine einstweilige Verfügung die Eintragung einer Vormerkung in das Grundbuch anzuordnen. B. widerspricht, weil A. vor Zahlung der 1500 M. kein durch Eintragung einer Vormerkung zu schützendes Recht auf Auflassung habe.

432. A. verkaufte am 9. April eine Feldparzelle von seinem Hausgrundstücke mittels notariell beurkundeten Vertrags an B., trat aber alsbald von dem Vertrage zurück und ließ dieselbe Parzelle am 14. April dem C. auf. Inzwischen hatte B. eine einstweilige Verfügung erwirkt, durch welche die Eintragung einer Vormerkung zur Sicherung seines Rechts auf Auflassung angeordnet wurde, und das Grundbuchamt am 13. April um die Eintragung dieser Vormerkung ersucht. Das Grundbuchamt verfügte sie aber erst nach der Auflassung und zugleich die Eintragung des Eigentumsüberganges. Zunächst wurde darauf die Vormerkung, sodann der Eigentumsübergang eingetragen. Bei der Abschreibung der Parzelle wurde demgemäß die Vormerkung auf das neue Grundbuchblatt mit übertragen.

B. klagt gegen A. auf Vertragserfüllung und gleichzeitig auf Grund der Vormerkung gegen C. dahin, in die Auflassung der auf ihn umgeschriebenen Parzelle an B. zu willigen. Die Beklagten bestreiten die Gültigkeit der Vormerkung, weil sie erst nach der Auflassung an C., also zu einer Zeit, wo B. nicht mehr Eigentümer war, eingetragen worden ist. Ist diese Ansicht zu billigen?

433. Auf einem Grundstück ist ein Altenteil für A. eingetragen. A. erwirbt es in der Zwangsversteigerung ohne Übernahme des Altenteils, doch wird dieser nicht gelöscht. In seiner Hand wird das Grundstück nochmals versteigert. Ausweislich des Protokolls und des Zuschlagsurteils ist der Altenteil von dem Ersteher B. übernommen, aber jetzt wieder auf dessen Antrag im Grundbuche gelöscht. Nunmehr klagt A. gegen B. auf Wiedereintragung des Altenteils.

434. A. hat sein Grundstück mittels notariellen Vertrags vom 3. Januar 1907 an B. verkauft und übergeben. Die Auflassung und die Eintragung B.s als Eigentümer hat am 2. April 1907 stattgefunden. Im Januar 1918 wird A. wegen Geisteskrankheit entmündigt. Sein Vormund klagt gegen B. auf Rückauflassung mit der Behauptung, daß A. schon im Dezember 1906 geisteskrank gewesen sei. B. erklärt diese Behauptung nicht bestreiten zu wollen, beruft sich aber auf seinen guten Glauben und den öffentlichen Glauben des Grundbuchs.

Ist es von Einfluß, wenn die — im Prozeß bestrittene — Geisteskrankheit erst für den 1. März 1907 festgestellt wird?

Dringt der Kläger gegen C. durch, wenn B. schon mehrere Wochen vor der Klagezustellung das Grundstück an diesen übertragen hatte?

435. A. wird, ohne daß er etwas davon erfährt, zufolge eines Irrtums des Grundbuchamts als Eigentümer des dem B. gehörigen Grundstücks eingetragen. B., der von dieser Eintragung keine Kenntnis erhält, bleibt weiter im Besitze des Grundstücks. Nach mehr als 30 Jahren stirbt A. Sein Erbe C. begehrt von B. Herausgabe des Grundstücks. B. bittet um Abweisung der Klage und verlangt widerklagend die Verurteilung C.s, in die Berichtigung des Grundbuchs und die Umschreibung des Grundstücks auf seinen, B.s, Namen zu willigen. C. setzt der Widerklage den Einwand der Verjährung entgegen. (Aus: Dernburg, Sachenrecht, 1904, § 49 Nr. 7.)

436. Der absolut vermögenslose A. soll am 2. April exmittiert werden. Da er des Lebens müde ist, erhängt er sich am 1. April nachmittags in der Dämmerstunde, nachdem er zuvor die Zimmertür verschlossen, aber vergessen hatte, das Fenster seiner zu ebener Erde gelegenen Stube zu verhängen. B., der kurz darauf vorübergeht, sieht ihn und will ihn losschneiden; weil er durch die Tür nicht in das Zimmer gelangen kann, schlägt er die Fensterscheiben ein und klettert hinein. Es gelingt ihm, den A. zu retten. Der Hauseigentümer C. verklagt ihn auf Ersatz der angerichteten Beschädigung, weil von A. nichts zu erlangen ist. B. erwidert, daß er lediglich zur Rettung A.s gehandelt habe und daher auch nur dieser zum Ersatz verpflichtet sei; besitze A. nichts, so sei es eine soziale Pflicht des C., sich das gefallen zu lassen. — Ist es auf die Entscheidung von Einfluß, wenn zur Zeit des Eingreifens von B. Rettung nicht mehr möglich ist, weil A. bereits erstickt war?

437. A. hat sein Haus dem Arzte B. verkauft, und dieser hat es zu einer Heilanstalt für arme Lungenkranke eingerichtet. Der Nachbar C. klagt auf Einstellung des Betriebes, weil sein Grundstück durch die im Übermaße hinübergelangenden Tuberkelbazillen völlig entwertet werde, was daraus erhelle, daß ihm schon sämtliche Mieter gekündigt haben. B. meint, daß A. sich das gefallen lassen müsse, weil die Anstalt der allgemeinen Wohlfahrt diene und die öffentlichen Interessen denen des einzelnen vorgingen.

438. Die Seifenfabrik des A. verbreitet bei Ostwind einen das erträgliche Maß weit übersteigenden üblen Geruch auf das Grundstück des Nachbars B. Diesem haben die Mieter bereits Kündigung wegen Gesundheitsgefährlichkeit der Wohnungen angedroht. B. erhebt daher Klage gegen A. auf Einstellung des Betriebes, eventuell auf Herstellung solcher Einrichtungen, welche die benachteiligende Einwirkung ausschließen, und auf Ersatz des in einem besonderen Prozesse zu ermittelnden Schadens. Die Beweisaufnahme ergibt, daß andere Einrichtungen als die bereits vorhandenen, untunlich, auch mit einem gehörigen Betriebe der Fabrik nicht vereinbar sind.

439. Auf einem Oderkahne geriet dem Kläger gehöriges Heu dadurch in Brand, daß aus der am Uferrand aufgestellten Lokomotive des Beklagten Funken herausflogen. Die Lokomotive war auf fremdem Grund und Boden mit obrigkeitlicher Genehmigung zur Beförderung von Erdmassen benutzt worden. Gegen die auf Ersatz des durch den Brand entstandenen Schadens gerichtete Klage wurde eingewendet, daß der Schutz gegen Immissionen sich auf Grundstücke im Verhältnis zu anderen beschränke, außerdem aber dem Beklagten bei der Benutzung der Lokomotive kein Verschulden zur Last falle.

440. Zur Zeit der Obsternte schüttelt A. seinen Apfelbaum und langt die auf das Grundstück des Nachbars B. gefallenen Früchte mit einem Instrumente zurück. B. nimmt sie als sein Eigentum in Anspruch. A. verneint dies, weil § 911 BGB. sich nur auf Fallobst beziehe. B. hält diese Auslegung für irrig; denn das Gesetz spreche schlechtweg von hinübergefallenen Früchten, ohne zu unterscheiden, was die Ursache des Fallens sei.

441. A., der Eigentümer eines auf einem hohen Berge gelegenen, nach der einen Seite 300 m steil abfallenden Grundstücks, baut einen Aussichtspavillon mit einem über die Grenze ragenden Balkon. B., der Eigentümer des am Fuße der Bergwand gelegenen Grundstücks, in dessen Luftraum der Balkon hineinragt, erhebt sofort nach der Grenzüberschreitung Widerspruch. A. kehrt sich nicht daran. B. klagt gegen ihn auf Einziehung des Baues oder Entschädigung in einer Geldrente. A. bittet um Abweisung, weil es dem B. ganz gleichgültig sein könne, was in einer solchen Höhe über seinem Grundstück geschehe.

442. Die Parteien streiten um das Eigentum eines Grundstücks. Der Kläger stützt sein Recht auf die Auflassung, die er im Jahre 1900 gegen Entgelt erhalten hat, der Beklagte das seinige auf die vor der Auflassung vollendete Ersitzung, indem er die Auflassung sich gegenüber deshalb für wirkungslos hielt, weil die im Jahre 1871 erfolgte Eintragung des Auflassenden als Eigentümer noch herrührte aus der Zeit vor Einführung des Eigentumserwerbsgesetzes vom 5. Mai 1872.

443. A. läßt durch seinen Diener B. bei dem Bankier C. ein Staatspapier verkaufen. C. weiß, daß B. A.s Diener ist. Keiner von beiden sagt, für wen der Verkauf abgeschlossen wird. Wer wird

Eigentümer des Geldes? Wie, wenn B. von vornherein die Absicht hat, das Geld für sich zu behalten? Wie, wenn er diese Absicht hat, C. aber ihm erklärt hat, er solle das Geld ja dem A. abliefern? Wie steht es in den ersten beiden Fällen, wenn C. nicht weiß, daß B. A.s Diener ist?

444. A. verkauft mittels schriftlichen Vertrags vom 1. Februar eine in sein Fabrikgrundstück eingemauerte, zum Betriebe der Fabrik unentbehrliche Maschine für 20000 M. an B. und mietet sie zugleich von diesem zu einem Mietzinse von 4 M. für jeden Arbeitstag bis zum 1. Oktober, behält sich auch ein bis zu diesem Tage auszuübendes Wiederkaufsrecht zu einem Rückkaufspreise von 20500 M. vor. B. verlangt mit der nach dem 1. Oktober angestellten Klage Anerkennung seines Eigentums an der Maschine und ihre Herausgabe. A. bittet um Abweisung, weil eine zur Übertragung des Eigentums geeignete Besitzübertragung nicht stattgefunden habe.

445. A. war Mieter des B. und hatte die in B.s Hause befindliche Wohnung heimlich unter Mitnahme seiner eingebrachten Sachen verlassen. B. erhob wegen des Mietrestes Klage und erwirkte ein obsiegendes Urteil. Er vollstreckte zunächst wegen der Hauptsache und ließ bei A. pfänden. Während die Sachen noch mit dem Pfandsiegel behaftet in der Wohnung des A. waren, schloß A. mit C. über die Sachen einen Kaufvertrag ab und vereinbarte zugleich einen besonderen Mietvertrag. Hierauf bezahlte er die Hauptforderung, und B. erklärte die Freigabe der Pfandstücke. Später vollstreckte B. wegen der Prozeßkosten und ließ einen Teil derselben Sachen pfänden. C. erhebt nunmehr als Eigentümer die Interventionsklage, der B. damit begegnet, daß die Übergabe der Sachen durch constitutum possessorium wegen damals nicht vorhandenen Besitzes des A. sowie wegen des Fortbestandes seines, des B., Pfandrechts als Vermieter bei heimlicher Fortschaffung ohne Wirkung gewesen und daher das Eigentum auf C. nicht übergegangen sei.

446. A. hat dem B. ein Klavier auf sechs Monate vermietet und übergeben. Nach einem Monate verkauft er es dem C. und tritt ihm seinen Anspruch auf Herausgabe des Klaviers gegen B. ab. Kann C. es sofort herausverlangen?

447. Der Amtsrichter A. übergibt während des Ferienurlaubs seine Blumen dem Handelsgärtner B. zur Aufbewahrung. Der Gehilfe B.s verkauft in dessen Abwesenheit versehentlich eine dem A. gehörige Palme an C. A. erfährt hiervon nach seiner Rückkehr und verlangt die Palme, die er von einem guten Freunde zur Hochzeit geschenkt erhalten hatte, von C. heraus. Dieser verweigert die Herausgabe unter Berufung auf § 932 BGB.

Wie liegt die Sache, wenn B. selbst die Palme irrig für die seinige gehalten und dem C. geschenkt hat?

448. A. hat von B. ein Klavier gemietet. Einige Zeit darauf kommt C. zu ihm, legitimiert sich durch einen — wie sich später herausstellt — gefälschten Kaufvertrag als Eigentümer des Klaviers und verkaufte es ihm für einen angemessenen Preis. Hat B. Eigentum an dem Klavier erworben? Wie, wenn A. das Klavier an D. mittels schriftlichen Vertrags verkauft und C. sich unter Aneignung des Vertrags für D. ausgegeben hat? Wie, wenn A. überdies dem D. den Anspruch auf Herausgabe des Klaviers abgetreten und C. auch diese Urkunde dem B. vorgelegt hat?

449. Der Kaufmann A. in X. schickt an den Kaufmann B. in Y. drei norwegische Obligationen im Werte von 3000 M. mittels eingeschriebenen Briefes. Dieser wird dem Briefträger in Y. geraubt. Der Raub wird alsbald in verschiedenen Zeitungen und im Deutschen Reichsanzeiger bekanntgemacht. Einige Zeit darauf kauft auf dem Pferdemarkte in Z. ein vornehm gekleideter Ausländer dem Pferdehändler C. ein Pferd für 3000 M. ab und zahlt mit den geraubten Obligationen. A. erfährt hiervon und verlangt von C. ihre Herausgabe. Dieser bittet als redlicher Erwerber um Abweisung der Klage.

450. A. verkauft seine vergoldete Taschenuhr, die sich in einer Kapsel befindet, dem B. für 25 M. Bei der Übergabe verwechselt er sie mit seiner echt goldenen Taschenuhr, die in einer ganz ähnlichen Kapsel steckte und 200 M. wert war. B. verkauft diese letztere alsbald für 150 M. an C. weiter. A. verlangt sie von C. im Wege der Klage mit der Begründung heraus, daß sie ihm wider seinen Willen abhanden gekommen sei. C. bestreitet das, indem er darauf hinweist, daß A. selber die Uhr dem B. eingehändigt habe. Muß C. die Uhr herausgeben? Wie, wenn A. sich zu ihrer Einlösung für 150 M. erbietet?

Welchen Anspruch hat A. gegen B.?

451. A. verkauft und übergibt dem B. ein kostbares Klavier. Da er bald darauf eine größere Reise unternimmt, vergißt er, den Kaufpreis einzufordern. B. vermietet das Klavier dem C. Von ihm vindiziert es A. nach Verlauf von elf Jahren. C. wendet ein, B. habe das Klavier ersessen. A. entgegnet, daß die Ersitzung ausgeschlossen gewesen sei, weil B. bisher den Kaufpreis nicht gezahlt hat.

452. Die Beklagten haben im Jahre 1908 bei ihrem Schuldner, dem Spediteur A. zu Lüneburg, verschiedene Sachen pfänden lassen. Der Kläger hat behauptet, daß er auf Grund eines mit A. am 13. Juni 1904 abgeschlossenen Kaufvertrags das Eigentum dieser Sachen erworben habe und daß ihm deren Besitz durch constitutum possessorium seitens des A. übertragen sei. Er verlangt von den Beklagten, daß sie sein Eigentum an den verpfändeten Sachen anerkennen und diese aus der Pfändung entlassen. Die Beklagten wenden ein, A. sei zur Zeit des Abschlusses des Vertrags mit dem Kläger nicht berechtigt gewesen, über die Sachen zu verfügen, weil er sie bereits im Jahre 1903 dem Kaufmann X. in Harburg verkauft und mittels constitutum possessorium übertragen habe. Sie räumen ein, daß der Kläger dies weder bei dem Abschluß des Vertrags gewußt noch nachher erfahren hat.

453. A. hat während einer mehrwöchigen Abwesenheit seines Nachbars B. in den Monaten August und September Weinbergspfähle aus dessen Weinberg ausgegraben und in dem seinigen verwendet. Kann B. sie vindizieren? Hat er einen Anspruch auf Ersatz des Schadens, der dadurch entstanden ist, daß seine Reben, der Stützen beraubt, einen geringeren Ertrag abwarfen?

454. A. hat dem B. 10000 M. in Zehnmarkstücken gestohlen und sie mit fünf eigenen Zehnmarkstücken dergestalt vermischt, daß eine Unterscheidung nicht mehr möglich ist. Tags darauf wird über sein Vermögen der Konkurs eröffnet. B. behauptet, Miteigentümer des im Geldschranke vorgefundenen Betrags von 10050 M. zu sein, und verlangt Teilung außerhalb des Konkursverfahrens. Der Konkursverwalter meint, daß dem A. nur eine Konkursforderung zustehe.

455. Der in dem Baubüro des A. als Zeichner beschäftigte B. stiehlt seinem Herrn Papier und Zeichenmaterial und verwendet es zur Herstellung einer künstlerischen Zeichnung. Kann A. Eigentum an ihr oder was sonst beanspruchen? Steht ihm ein Anspruch gegen C. zu, dem A. die Zeichnung geschenkt hat?

455a. Der wegen Geisteskrankheit entmündigte Maler A. stiehlt eine Elfenbeinplatte und malt darauf ein von Kennern für sehr wertvoll gehaltenes Bild.

Der Bestohlene verlangt Herausgabe der Platte, die für ihn als Erinnerungszeichen an seinen Aufenthalt in Indien besonderen Wert habe. Die Entfernung der Malerei stellt er frei.

456. Der Photograph A. weiß, daß der von seinen Zuhörern verehrte Rechtslehrer B. regelmäßig in einer Konditorei Kaffee trinkt. Da ihm viel daran gelegen ist, seine Photographie zu besitzen, um sie an die Zuhörer verkaufen zu können, B. es aber abgelehnt hat, sich photographieren zu lassen, nimmt er eines Tages vor der Konditorei Aufstellung, und in einem günstigen Augenblick photographiert er den in Sinnen versunkenen Professor. Dieser wird von dem Kellner auf die Tat des A. aufmerksam gemacht, und er legt sich die Frage vor, welche Rechte ihm gegen A. zustehen, insbesondere ob er die Herausgabe der Platte verlangen darf.

457. Der Nießbraucher A. hat das Grundstück, dessen Eigentümer B. ist, auf die Zeit vom 1. Juli 1902 bis dahin 1908 an C. verpachtet. Am 1. Oktober 1905 stirbt A. B. kündigt dem Pächter auf Grund des § 1056 BGB. die Pacht zum 1. Juli 1906, und der Pächter gewährt ihm an diesem Tage, seiner Verpflichtung gemäß, das Grundstück mit den darauf stehenden Früchten zurück. Muß sich B. gefallen lassen, daß sich die Erben des A. aus den nach dem 1. Juli 1906 reifenden Früchten des Grundstücks wegen gewisser Pachtrückstände des C. befriedigen? (S. Küntzel bei Gruchot 1897 S. 439.)

458. A. findet an der pommerschen Küste von der See ausgeworfenen Bernstein. Er nimmt irrtümlich an, daß dieser Regal sei, entschließt sich aber doch, ihn sich zur Erinnerung anzueignen. Einige Tage darauf stirbt er. Darf sein Erbe den Bernstein behalten?

459. Die Unternehmer einer Gewerbeausstellung im Sommer des Jahres 1901 hatten auf dem von der Stadtgemeinde X. gemieteten Platze einen eisernen Pavillon errichtet, in dem die Erzeugnisse des Bäckereigewerbes untergebracht waren. Nach Schluß der Ausstellung stellt sich heraus, daß die Abbruchskosten den Wert des Pavillons übersteigen. Es wird daher beschlossen, ihn zu derelinquieren. Der Bäcker A. nimmt darauf den Pavillon in Eigenbesitz und beginnt sofort mit dem Abbruche. Sobald die Stadtgemeinde davon Kenntnis erhält, erhebt sie Klage auf Anerkennung ihres Eigentums, das sie aus dem Eigentum am Grund und Boden herleitet. A. beruft sich auf §§ 958, 95 BGB.

460. A. hat an einem Sonntage, wo die Jagd durch Polizeiverordnung verboten war, über die Grenze seines Jagdgrundes hinaus einen Hirsch verfolgt und auf dem Terrain des Jagdberechtigten B. erlegt. Mit welcher Klage kann B. den Hirsch von A. herausverlangen? Steht seinem Anspruche der Einwand entgegen, daß er keinen Schaden erlitten habe, weil das Jagen am Sonntage verboten war und er deshalb den Hirsch nicht hätte behalten dürfen, wenn er ihn selbst geschossen hätte? Kann B. die Herausgabe des Hirsches von dem Wildbrethändler C. fordern, der ihn gutgläubig und entgeltlich von A. erworben hat? Hat er Anspruch auf das Geweih, das A. dem D. geschenkt hat?

Wie ist der Fall zu entscheiden, wenn Gegenstand der Jagd ein über die Landesgrenze gekommener Bär gewesen ist? (Behält ALR. I 9 § 115 weiter Geltung?)

461. A. und B., zwei Rechtskandidaten, befahren in einem Boote einen Gebirgssee. A. sitzt am Steuerruder und erblickt ein im Schilfe hängendes Ledertäschchen. Er macht den B. darauf aufmerksam, und sie beschließen, es in ihre Gewalt zu bringen. Da es ihnen jedoch nicht gelingt, nahe genug heranzukommen, fährt A., nachdem er den B. in der Nähe ans Land gesetzt hat, zurück, um eine lange Stange herbeizuschaffen. Inzwischen hat B. sich ins Wasser begeben und das Täschchen herausgeholt. Es enthielt 1000 M. in Papier und einen Zettel folgenden Inhalts: „Elendes Geld, du hast mich ins Unglück gestürzt. Ich will dich nicht mehr. Wer dich findet, mag dich behalten." Als A. mit der Stange eintrifft, erzählt ihm B., daß und wie er sich des Täschchens samt Inhalt bereits bemächtigt habe. A. sagt sich, daß er keinen Eigentumsanspruch gegen B. erheben könne; er meint aber, bei Dernburg, Sachenrecht, § 110 Anm. 13 gelesen zu haben, daß ihm B. gegenüber ein Schadensersatzanspruch zustehe. Was ist richtig?

462. A. findet in der Nähe einer sumpfigen Wiese eine dem Botaniker B. gehörige, mit kostbaren Pflanzen gefüllte Pflanzenpresse, die dieser einige Jahre zuvor beim Botanisieren verloren hatte und troz vielen Suchens nicht hatte wiederfinden können. Er nimmt sie an sich. Nachdem er schon einige hundert Schritte mit ihr gegangen ist, wird sie ihm, da sie sehr schmutzig ist und vorsichtig getragen werden muß, lästig. Er entledigt sich ihrer deshalb und legt sie am Rande der nach der Stadt führenden Landstraße nieder. Zu Hause angelangt, meldet er seinen Fund dem B. und den Ort, wo er ihn niedergelegt hat. B. begibt sich sofort dahin, findet jedoch an der bezeichneten Stelle nur einen Zettel mit den Worten: „Sie war dein. Ein Pflanzenliebhaber." Hierauf verklagt er den A., weil er seiner Verwahrungspflicht nicht genügt, auf Ersatz des Wertes der Pflanzenpresse samt Inhalt. A. bittet um Abweisung. Ihm falle, so führt er aus, bei der Aufgabe des Besitzes weder Vorsatz noch grobe Fahrlässigkeit zur Last; denn man habe ihm nicht zumuten können, die beschmutzte Pflanzenpresse noch eine Stunde weit zu tragen. Auch habe er nicht gewußt, daß die Pflanzen einen so großen Wert gehabt hätten. Auf alle Fälle aber beanspruche er, daß B. sich den Finderlohn kürzen lasse, den er hätte aufwenden müssen, um wieder in den Besitz des Fundes zu gelangen.

463. Der Droschkenkutscher A. fährt in Berlin am Vormittag eine fremde, vornehm gekleidete Dame vom Hotel zum Bahnhofe. Wie er mittags nach Hause kommt, findet er in seiner Droschke eine mit Brillanten besetzte Damenuhr. 1. Er liefert sie unverzüglich der Polizeibehörde ab und erfährt dabei, daß die Dame bereits telegraphisch ihren Verlust gemeldet hatte. — 2. Er zeigt den Fund unverzüglich und gehörig der Polizeibehörde an, behält aber die Uhr der größeren Sicherheit halber bei sich und verliert sie auf dem Hofe des Nachbargrundstückes. Sein sechsjähriger Sohn findet sie daselbst beim Spielen in der Nähe eines Sandhaufens und bringt sie dem Vater, ohne zu wissen, daß dieser der Verlierer war. — Hat A. Anspruch auf Finderlohn?

464. A. findet ein über 6000 M. lautendes Sparkassenbuch sowie ein Lotterielos, auf welches am Tage zuvor ein Gewinn von 50000 M. gefallen war. Er zeigt den Fund unverzüglich und gehörig der Polizeibehörde an. Wieviel beträgt der Finderlohn? An welche Frist ist der Anspruch darauf geknüpft, wenn A. das Buch und das Los dem Eigentümer herausgegeben hat?

Gesetzt, A. habe das Eigentum an den 50000 M. erworben und sie hypothekarisch angelegt; vier Jahre darauf melde sich der wahre Eigentümer des Loses; kann dieser noch etwas von ihm beanspruchen?

465. A. hatte vor etwa zehn Jahren einen alten Kleiderschrank für 14 M. aus dem Nachlaß eines Junggesellen in öffentlicher, durch die Erben veranlaßter Versteigerung erworben. Nachdem er seiner nicht mehr bedürftig war, verkaufte er ihn für 12 M. an den Trödler B., der ihn auf einem Handwagen nach Hause fuhr. Der Wagen stieß an einen Prellstein, und gleich darauf hörte man ein eigentümliches Klingen. Als der Trödler sich umsah, rief ihm der Bäckerjunge C. zu: „Mann, Sie verlieren ja lauter Talerstücke“ und half ihm zehn auf die Straße gerollte Taler aufheben. Bei näherer Untersuchung fand B., daß der Schrank in einem kleinen Fache, das zwischen der Rückwand und der nicht ganz bis an diese heranreichenden unteren Schublade des Schrankes angebracht war, noch weitere 90 Taler aus den Jahren 1800—1810 enthielt. Auf die 100 Taler oder doch einen Teil von ihnen machen jetzt Anspruch A., C. und die Erben des Junggesellen, während B. sich als Eigentümer des Schrankes auch das Eigentum an dem Gelde zuschreibt.

466. A. hat ein großes Gut, von dem er ein Stück Acker als wertlos liegenläßt. Sein Nachbar B. entdeckt, daß das brachliegende Ackerstück wertvolle Mineralien in sich birgt, und er beginnt damit, sie bergmännisch abzubauen. A. läßt hierauf „sein Gut mit allem Zubehör" dem C., dieser läßt es nach einiger Zeit dem D., und D. endlich läßt es mehrere Jahre später dem E. auf. E. ist der Ansicht, daß auch das unbebaute Stück, auf das weder C. noch D. Anspruch erhoben hatten, ihm mitverkauft sei; er klagt gegen B. auf Herausgabe.

467. A. ist eingetragener Eigentümer des Grundstückes X. Er hat es von B. in dem Zustande durch Auflassung erworben, wie dieser es tatsächlich besessen hatte. Ohne Wissen des B. war indes durch eine bei der Zurückführung des Grundbuches auf das Kataster eingetretene Verwechslung vor der Auflassung an A. eine zu dem Grundstücke Y. gehörige Parzelle dem Grundstücke X. zugeschrieben worden; bei der Auflassung hatte A. keine Kenntnis davon. Die Parzelle befindet sich im Besitze von C. A. verlangt ihre Herausgabe als Eigentümer. C. bittet um Abweisung der Klage, weil A. mangels einer auf die Parzelle gerichteten Auflassung nicht ihr Eigentümer geworden sei.

468. A. kauft zur Vergrößerung seines Geschäftshauses am 1. April von seinem Nachbar B. dessen Grundstück für 100000 M. und erhält es gegen Barzahlung übergeben. Die Auflassung sollte am 20. April erfolgen. Hiervon erfährt C., ein dem A. gegenüberwohnender Konkurrent. Um den von ihm als nachteilig befürchteten Erweiterungsbau zu hindern, kauft er am 1. April das Grundstück dem B. für 180000 M. ab und erlangt noch an demselben Tage Auflassung und Eintragung im Grundbuche. Hierauf stellt er gegen B. die Klage auf Herausgabe des Grundstückes an. Dieser bittet um Abweisung, weil C. durch eine unmoralische Handlung keine Rechte erwerben könne. Eventuell beantragt er widerklagend seine Verurteilung zum Schadensersatze, den er näher darlegt. C. begehrt Abweisung der Widerklage. Er habe weder unmoralisch noch unbillig gehandelt. Wenn A. Schaden erlitten habe, so sei er allein daran schuld; er hätte eben zur rechten Zeit sich die Auflassung des Grundstückes beschaffen sollen. (Vgl. hierzu Gruchot Bd. 33 S. 949.)

469. A. und B. lassen auf Grund vollstreckbarer Schuldtitel ein jeder für sich bei C. pfänden. Da die Pfandstücke von der Ehefrau C.s in die Ehe eingebracht sind, erhebt sie, gestützt auf ihr Eigentum, gemäß § 771 ZPO. Widerspruchsklage. Die Urteile lauten entsprechend den von verschiedenen Anwälten gestellten Anträgen: „A. wird verurteilt, die Pfandstücke an die Klägerin herauszugeben." „B. wird verurteilt, das Eigentum der Klägerin an den Pfandstücken anzuerkennen und diese an sie herauszugeben." Einige Zeit darauf lassen A. und B. wiederum die nämlichen Sachen bei C. pfänden. Kann sich die Ehefrau C.s beiden gegenüber darauf berufen, daß ihr Eigentum an den Pfandstücken bereits rechtskräftig feststeht?

470. Der später in Konkurs geratene Gutsbesitzer A. verkauft dem B. eine Waldparzelle Bäume für 10000 M. und übergibt sie ihm in der Weise, daß B. eine Anzahl der an der äußeren Grenze der Parzelle stehenden Bäume mit seiner Namenschiffer zeichnet. B. verlangt von dem Konkursverwalter, daß dieser sein Eigentum an dem Holze anerkenne und ihm gestatte, es einschlagen und wegholen zu lassen. Der Konkursverwalter bestreitet, daß B. Eigentümer des Holzes geworden sei, weil es an einer gehörigen Besitzübertragung mangele.

Ändert sich die Entscheidung, wenn B. sämtliche Bäume mit dem Forsthammer gezeichnet hat? Ist es von Belang, ob der Kaufpreis gezahlt oder gestundet ist? Welchen Einfluß hat es, wenn der Konkursverwalter noch vor der Dazwischenkunft des B. 1. das Gut an C. aufgelassen hat?; 2. das Holz hat schlagen lassen und demnächst an C. verkauft hat, Hat insbesondere B. an C. einen Anspruch?

471. A. läßt wegen einer rechtskräftigen Forderung bei dem Buchhalter B. in dessen Ehewohnung eine Wanduhr, einen Spiegel, einen Kleiderschrank und einen Teppich pfänden. B.s Ehefrau interveniert und verlangt Freigabe der Gegenstände mit der Behauptung: sie habe die Uhr in die Ehe gebracht, den Spiegel von ihrem Manne vor mehreren Jahren zu Weihnachten bekommen, den Kleiderschrank in Gemeinschaft mit ihm aus gemeinsamen Mitteln (nämlich ihrerseits aus erspartem Wirtschaftsgelde) gekauft und den Teppich von ihren Freundinnen zugleich mit ihrem Manne zur silbernen Hochzeit geschenkt erhalten.

472. A. findet einen kostbaren Ring und schenkt ihn seiner Geliebten B., indem er ihr erzählt, er habe ihn billig von einem Freunde erstanden. Die B. versetzt den Ring nach Lösung des Verhältnisses mit A. bei dem Pfandleiher C. Dieser läßt ihn nach eingetretener

Fälligkeit des Darlehns öffentlich versteigern. Hier erwirbt ihn der Goldwarenhändler D. In dessen Schaufenster entdeckt ihn beim Vorübergehen die frühere Eigentümerin. Welche Ansprüche hat sie gegen A., B., C. oder D.?

473. A. verliert seine Taschenuhr und stirbt bald darauf. Sein Erbe B. sieht sie nach elf Jahren bei C., der sie gefunden hatte. Welche Klage steht ihm gegen diesen zu? Greift der Einwand der Ersitzung durch?

474. A. stellt gegen B. die Eigentumsklage auf Herausgabe eines Grundstückes an. Nach der Klagezustellung gerät B. in Konkurs. Der Verwalter hat den Rechtsstreit aufgenommen. Muß er die nach der Konkurseröffnung gezogenen Früchte herausgeben und die nicht gezogenen ersetzen?

475. A. verkauft ein dem B. gehöriges Arbeitspferd dem gutgläubigen C. Diesem wird es von B. evinziert. Welche Ansprüche kann C. gegen B., welche gegen A. erheben? Kann er insbesondere von B. Erstattung des Kaufpreises und der Futterkosten, von A. Erstattung der Kosten des Eviktionsprozesses fordern?

476. A. hat über sein Grundstück mündlich mit B. einen Kaufvertrag abgeschlossen und diesem gestattet, inzwischen auf dem Grundstück einen Brunnen anzulegen. B. hat es getan, noch ehe es zur schriftlichen Abfassung des Vertrages gekommen war. Diese zerschlägt sich wegen Differenzen. A. klagt nunmehr gegen B. mit dem Antrage, ihn zur Beseitigung des Brunnens oder zur Zahlung von 100 M. zu verurteilen.

477. Die 2 ha große, an dem Ufer eines öffentlichen Flusses gelegene Wiese des A. wird in jedem Frühjahr bei Hochwasser derart überschwemmt, daß die Wasserfläche mit dem Flußbett in ungetrenntem Zusammenhange steht. B. ist im Flusse fischereiberechtigt und fischt seit einigen Jahren während der Überschwemmungszeit auch auf der die Wiese bedeckenden Wasserfläche. Er leitet das Recht dazu daraus her, daß die erweiterte Wasserfläche als ein Teil des Flusses zu betrachten und das Eigentum an dem überschwemmten Grundstücke gewissermaßen suspendiert sei, indem der Eigentümer seine Eigentumsrechte daran nicht ausüben könne. A. klagt gegen ihn mit dem Antrage zu erkennen, daß dem B. das Fischereirecht auf der Wiese nicht zustehe. Er führt aus, daß als Flußbett nur derjenige Teil des Flußgebietes angesehen werden dürfe, der bei gewöhnlichem Wasserstande von dem Flußufer eingefaßt werde, daß das Recht des Eigentümers des neben dem Flusse liegenden Grundstückes sich auf den Raum über der Oberfläche erstrecke und eine rechtliche Behinderung in der Ausübung dieses Rechtes nicht vorliege.

478. A. betreibt eine im Jahre 1906 staatlich genehmigte Pulverfabrik. Zwei Jahre darauf wird eine dem Kreise B. gehörige öffentliche Landstraße in der Nähe der Fabrik in geringer Entfernung vorübergelegt. Die Polizeibehörde gibt dem A. demzufolge zur Vermeidung von Explosionsgefahren für die Benutzer der Landstraße auf, drei Fabrikgebäude mit Erdwällen von bestimmter Höhe zu versehen, und droht ihm für den Fall der Nichtbefolgung der Anordnung die Untersagung des weiteren Betriebes an. Nachdem A. vergeblich Beschwerde eingelegt hat, ist er der polizeilichen Verfügung nachgekommen. Er verlangt aber jetzt als Ersatz des ihm aus ihrer Befolgung erwachsenen Schadens, und zwar vom Fiskus und vom Kreise B. als Gesamtschuldnern die Erstattung der Kosten für die Anlegung der Wälle. Die Beklagten wenden ein, daß die polizeiliche Verfügung nicht in das Eigentum des Klägers eingegriffen habe, sondern nur seinen Gewerbebetrieb berühre, und daß dieser in der Gleichberechtigung aller seine Grenze finde, daß sich daher A. eine Einschränkung im öffentlichen Interesse gefallen lassen müsse. A. beruft sich demgegenüber auf den § 51 der Reichsgewerbeordnung. Die Beklagten meinen, daß diese Vorschrift hier nicht zutreffe, weil A. die Ausführung der polizeilichen Androhung durch Befolgung der getroffenen Anordnung abzuwenden in der Lage war.

479. A. hat dem B. zehn Hundertmarkscheine gestohlen und damit bei dem Bankier C., der um den Diebstahl wußte, Staatspapiere gekauft. B. vindiziert von C. die bei diesem noch unterscheidbar vorhandenen Scheine als sein Eigentum. Ist C. zu ihrer unentgeltlichen Herausgabe verpflichtet?

480. Dem A. ist ein in Deutschland im Jahre 1899 außer Kurs gesetztes ausländisches Inhaberpapier abhanden gekommen. Er sieht es im Jahre 1900 bei B., der es in gutem Glauben erworben hat, und verlangt es von ihm heraus. B. weigert sich dessen unter Berufung auf § 1007 BGB. und Art. 176 Einf.-Ges. A. erwidert, daß hier das ausländische Recht entscheide. Dieses läßt unstreitig die Außerkurssetzung zu und legt ihr die Wirkung bei, daß das Papier des Inhabercharakters entkleidet und wie ein Namenspapier behandelt wird.

481. A., B., C. und D. sind zu gleichen Teilen Eigentümer eines sehr großen, zwischen den Straßen X. und Y. belegenen Terrains. Um es zweckmäßig bebauen zu können, widmen sie einen Teil davon zur Privatstraße mit der in das Grundbuch eingetragenen Bestimmung, daß er für immer unteilbar sein sollte. Den Rest teilen sie unter sich auf. Nachdem A., B. und C. längst ihre Grundstücke bebaut hatten, will auch D. auf dem seinigen ein Haus errichten. Darin stört ihn eine auf der Privatstraße stehende alte, majestätische Eiche insofern, als sie ihm die bequeme Zufahrt verhindern würde. Nur A. widerspricht. Er habe ein besonderes Interesse an dem Stehenbleiben der Eiche, weil der Mietpreis seiner Wohnungen durch den Ausblick auf den herrlichen Baum wesentlich erhöht werde. Er wird von B., C. und D. darauf verklagt, in die Beseitigung der Eiche zu willigen. In der Klage wird besonders hervorgehoben, daß sie den Wagenverkehr in der Straße beeinträchtige.

482. Die in dem Acker des Klägers entspringende Quelle ist von dem Beklagten in den 1870er Jahren in einer Brunnenkammer gefaßt und von da bis zum Ende des Jahres 1910 nach dem Dorfe geleitet worden. Als damals die Quelle sich senkte und die Leitung nur spärlich Wasser gab, wurde die Quelle neu gefaßt und die Brunnenkammer zwei Fuß tief in die Erde gelegt. Der Kläger verlangt Beseitigung der neuen Brunnenkammer, weil sie ohne sein Wissen und seine Erlaubnis angelegt worden ist. Ist sein Anspruch begründet?

483. A. hat eine Wasserschöpfgerechtigkeit auf dem Grundstücke seines Nachbars B. Da auf dieses Grundstück häufig fremdes Vieh übertritt, zäunt B. es ein, läßt jedoch für A. eine Tür anbringen, damit er zur Quelle gelangen kann. Muß sich A. das gefallen lassen?

A. hat gegen die Anlage des B. nichts eingewendet, er läßt aber beim Wasserholen stets die Tür offen. Als B., um dies zu verhindern, eine selbstschließende Tür anbringt, öffnet sie A. so weit, daß der Mechanismus nicht mehr wirken kann. Wie ist dem B. zu helfen?

484. A. ist Nießbraucher eines dem B. gehörigen Waldes. Während B. auf einer mehrjährigen Forschungsreise abwesend ist, verkauft A. den gesamten Holzbestand des Waldes dem C., der wohl weiß, daß A. nur Nießbraucher ist, für den dritten Teil des wahren Wertes. C. läßt den Wald schlagen und verkauft das Holz mit einem seinen Wert erheblich übersteigenden Nutzen. Wie B. zurückkehrt, ist A. in völliger Armut, ohne Hinterlassung von Erben, gestorben. Er fragt, ob er von C. Erstattung des gesamten erzielten Nutzens oder mindestens der Differenz zwischen dem wahren Werte des Holzbestandes und seinem Kaufpreise oder doch des Überschusses verlangen kann, um den der Verkaufspreis des gefällten Holzes den von C. gezahlten Einkaufspreis abzüglich der von ihm aufgewandten Kosten übersteigt.

485. A. hat testamentarisch den B. zum Erben seines Handelsgeschäftes eingesetzt und dem C. für ein Jahr den Nießbrauch daran vermacht. Nach Ablauf des Jahres will C.: 1. dem B. das Handelsgeschäft herausgeben. Dieser verweigert jedoch die Annahme und klagt gegen C. auf Zahlung des Wertes, den das Handelsgeschäft zur Zeit von A.s Tode gehabt hat; 2. das Handelsgeschäft für sich behalten und dem B. den Wert, den es zur Zeit des Todes A.s gehabt hat, ersetzen. B. verweigert die Annahme des Geldes und begehrt klagend die Herausgabe des ihm vermachten Handelsgeschäftes. Er weist darauf hin, daß ihm mit dem angebotenen Werterſatze nicht gedient sei, da ihm C., solange er das Handelsgeschäft fortführe, eine beträchtliche Konkurrenz machen würde und nach der Absicht des Testators das Geschäft doch nur ein Jahr lang in seinen Händen bleiben sollte.

486. Dem A. steht an einer auf dem Grundstücke des X. eingetragenen Hypothek der Nießbrauch, dem B. das Eigentum daran zu. B. tritt die Hypothek dem C. ab. Dieser kündigt sie dem X. und klagt gegen A., daß er in die anderweitige, mündelsichere Belegung des Kapitals willige. A. bittet um Abweisung der Klage, weil, wie C. nicht bestreitet, X. erklärt hat, daß er die von C. allein ausgegangene Kündigung nicht für wirksam halte und deshalb nicht zahlen werde.

487. A. hat für den Neubau des B. die Lieferung von Türen und Fenstern zum Preise von 4000 M. übernommen und sich bis zur völligen Bezahlung des Kaufpreises das Eigentum daran vorbehalten. Nachdem er sie sämtlich abgeliefert und eingesetzt, aber erst 3000 M. gezahlt erhalten hat, erfährt er, daß die Verhältnisse B.s sich verschlechtert haben. Er erscheint daher eines Morgens mit Wagen und Leuten auf dem Neubau, nimmt (mit Genehmigung B.s) Türen und Fenster im Werte von 100 M. heraus und fährt damit weg. C., der dem B. zum Zwecke des Neubaues ein auf dem Grundstück eingetragenes Darlehn gewährt hat, verlangt von A. Herausgabe der weggeschafften Gegenstände. A. beruft sich auf seinen Vertrag und die besondere Genehmigung B.s.

488. A. hat am 28. Dezember 1902 auf Grund eines mündlich getroffenen Abtretungsabkommens und gegen Empfang der Valuta dem B. schriftlich eine für ihn eingetragene Briefgrundschuld von 6000 M. mit Umschreibungsbewilligung, in der jedoch der Name des Zessionars offen gelassen ist, abgetreten und den Brief nebst der Abtretungsurkunde dem B. übergeben. Am 25. November 1907 wurde über das Vermögen A.s der Konkurs eröffnet. Der Konkursverwalter klagt auf Herausgabe des Grundschuldbriefes, weil eine unwirksame Blankoabtretung vorliege. Der Beklagte macht geltend: er brauche den Grundschuldbrief in keinem Falle herauszugeben, denn der Gemeinschuldner habe sich durch den vor der Ausstellung der Urkunde vom 28. Dezember 1902 geschlossenen, formlos gültigen Vorvertrag zur Abtretung der Grundschuld verpflichtet und ihm in Erfüllung dieses Versprechens den Grundschuldbrief übergeben.

489. A. zwingt den B., vor dem Grundbuchrichter eine Hypothek für ihn zu bestellen. Sie wird eingetragen, und der darüber erteilte Hypothekenbrief wird dem A. ausgehändigt. A. tritt sodann die Hypothek unter Übergabe des Briefes entgeltlich an C. ab, der über das Zustandekommen der Hypothek nicht unterrichtet ist. Kann B. gegen eine hypothekarische Klage des C. die Einrede des Zwanges erheben? Wie ist der Fall zu beurteilen, wenn es sich um eine Grundschuld handelte?

489 a. A. legt dem Grundbuchrichter Ausfertigung eines gerichtlichen Testaments vor, wonach ihm eine Hypothek von 1000 M., ohne Brief eingetragen auf dem Grundstücke des M., als Vermächtnis des E. zugefallen ist, und erlangt die Umschreibung auf seinen Namen. E. war jedoch nach Testamentserrichtung kurz vor seinem Tode von M. befriedigt worden und hatte löschungsfähige Quittung erteilt, die M. dem Grundbuchrichter bis dahin nicht vorgelegt hatte. Hat A. einen Anspruch gegen E.? Falls nicht, hat er einen solchen gegen die Erben des E.?

490. A. klagt als Erbe des B. gegen C. auf Herausgabe eines auf den Namen des Erblassers lautenden Hypothekenbriefes. C. wendet ein, daß B. ihm den Hypothekenbrief zur Belohnung für geleistete Dienste vor einigen Jahren geschenkt und übergeben habe. A. hält die Schenkung wegen Formmangels für unwirksam.

491. A. hat für die Schulden des Verwalters B. aus dessen Verwaltung dem C. eine Sicherungshypothek von 5000 M. bestellt. Demnächst hat B. dem C. gegenüber in einer notariellen Urkunde eine Schuld von 5000 M. anerkannt. Auf den Antrag C.s hat der Grundbuchrichter ohne die Einwilligung A.s die Sicherungshypothek in eine gewöhnliche Hypothek umgeschrieben. A. erhebt gegen C. Klage auf Löschung. Wie steht es mit der Beweislast?

492. Bei der Kaufgeldbelegung eines subhastierten Grundstückes liquidiert A. an Stelle einer von dem Subhastaten (als eingetragenem Eigentümer) bezahlten Grundschuld den Betrag einer persönlichen Forderung an den Subhastaten, für welche dieser dem A. die Grundschuld unter Übergabe der (vom Grundschuldgläubiger erhaltenen) Löschungsbewilligung schriftlich verpfändet hatte. Der Nachhypothekar B. widersprach, indem er die Gültigkeit der Verpfändung der Grundschuld bestritt. Der Betrag ist demzufolge zu einer Streitmasse hinterlegt worden. Es sollen folgende Fragen beantwortet werden:

a) Wer hat zu klagen, A. oder B.?

b) Ist der Widerspruch des B. begründet?

493. A. hat sein Leben zugunsten des B. versichert. An der Police hat er später dem C. zur Sicherung einer Darlehnsschuld von 1000 M. ein Pfandrecht bestellt und vereinbart, daß er sie bloß gegen Zahlung der 1000 M. herauszugeben brauche. Nach seinem Tode klagt B. gegen C. auf Herausgabe der Police. C. verweigert sie unter Berufung auf sein Pfandrecht und sein vertragsmäßiges Zurückbehaltungsrecht.

494. A. hatte an den Ladeneinrichtungsstücken seines Schuldners B. durch ordnungsmäßige Pfändung ein Pfandrecht gemäß § 804 ZPO. erworben, diesem aber, damit niemand etwas von der Pfändung erfahre, wenige Tage darauf „unbeschadet seines Pfandrechts" gestattet, die Siegel zu entfernen. Von dieser Erlaubnis hat B. Gebrauch gemacht. In dem Konkurs B.s beansprucht er abgesonderte Befriedigung aus den Pfandstücken. Der Konkursverwalter erkennt den Anspruch nicht an, weil das Pfandrecht dadurch erloschen sei, daß der Schuldner mit Einwilligung A.s die Pfandzeichen an den gepfändeten Gegenständen alsbald wieder beseitigt habe. A. weist darauf hin, daß seine Erlaubnis keineswegs einen Verzicht auf das Pfandrecht enthalten sollte und daß diese Fortdauer des Pfändungspfandrechts, wie § 808 ZPO. erkennen lasse, nicht von der Fortdauer der Erkennbarkeit der Pfändung abhänge. Ist ihm zur Klage zu raten?

495. A. hat dem B. für eine Schuld von 500 M. ein Pferd als Faustpfand gegeben. Es wird von einem Blitzstrahl getötet. Kann B. von A. ein anderes Pferd verlangen? Kann B. die versicherte Forderung trotz Verlustes des Faustpfandes eintreiben?

Haftet B. für den Untergang des Pferdes, wenn er es während des Gewitters im Freien gelassen, hingegen seine eigenen Pferde im Stalle untergebracht hat?

Das verpfändete Pferd hat an einer ansteckenden Krankheit gelitten. Demzufolge sind zwei Pferde des B. krepiert. Kann dieser dafür Ersatz verlangen? Mit welcher Klage?

496. A. bittet den B. um ein Darlehen von 100 M. gegen Verpfändung seiner Uhr. Da er aber nur diese Uhr besitzt, beläßt sie ihm B. unter Vorbehalt seines Pfandrechts. Später pfändet C. die Uhr im Wege der Zwangsvollstreckung. B. erhebt gegen ihn die Interventionsklage unter Berufung auf sein Pfandrecht.

497. A. verpfändet seine Kuh dem Wucherer B. für ein Darlehn von 200 M. und mietet sie zugleich von ihm gegen eine monatliche Entschädigung von 5 M. mit der Abrede, daß die Mietentschädigung gegen die Zinsen aufgerechnet werden solle. Einige Tage darauf läßt C., ein Gläubiger A.s, die Kuh pfänden. B. interveniert unter Berufung auf sein Pfandrecht mit dem Beifügen, daß die Übergabe der Sache durch constitutum possessorium (§ 930 BGB.) ersetzt sei. A. meint, daß ein Pfandrecht nicht entstanden oder, wenn entstanden, durch die Zurückgabe der Kuh wieder erloschen sei.

498. A. hat sein Weinlager dem B. für eine Schuld von 20000 M. in der Weise verpfändet, daß er ihm einen Schlüssel zu dem Lager und ein schriftliches Verzeichnis über den Bestand einhändigte. Als demnächst C., ein Gläubiger des A., wegen einer vollstreckbaren Forderung eine Zwangsvollstreckung in das Weinlager ausbrachte, intervenierte B. C. wendete ein, daß A. mit Zustimmung des B. einen zweiten Schlüssel zum Lager behalten und wiederholt ohne Zuziehung des B. Wein von dem Lager zu seinen Zwecken entnommen habe. B. hält das für unerheblich, weil Einräumung des Mitbesitzes zur Pfandbestellung genüge.

499. Dem A. ist ein auf seinen Namen lautendes Sparkassenbuch, das aber von der Sparkasse nach einem darauf gedruckten Vermerke an jeden Inhaber ausgezahlt werden durfte, von B. gestohlen worden. B. hat es unter dem Vorgeben, durch Schenkung Eigentümer geworden zu sein, dem Kaufmann C. für eine Warenschuld verpfändet. Gegen ihn klagt A. auf Herausgabe; seine Schlechtgläubigkeit leitet er daraus her, daß ihm die Mitteilung B.s hätte bedenklich erscheinen und er deshalb bei A. hätte nachfragen müssen; er habe sich aber leichtfertig darüber hinweggesetzt. C. verteidigt sich zunächst damit, daß das Sparkassenbuch die Eigenschaft eines Inhaberpapiers (vgl. § 808 BGB.) habe, und sodann damit, daß er keinen Anlaß gehabt habe, an den Worten des ihm bekannten und bisher unbestraften B. zu zweifeln. Wie ist der Fall zu entscheiden, wenn A. dem B. das Sparkassenbuch übergeben hat, um einen Teilbetrag abzuheben und als Darlehn zu behalten, B. aber, nachdem er dies getan, das Buch dem C. verpfändet hat? Welchen Anspruch hat in beiden Fällen A. gegen B.?

500. Die Gemeinde A. ist Eigentümerin von vier Stück Saalbahnprioritäten. Ihr Bürgermeister B. gerät in Geldverlegenheit und verpfändet die Prioritäten bei dem Kaufmann C. in X. für ein Darlehn, das er für eigene Zwecke aufgenommen hatte. Nachdem er in Konkurs geraten war, klagte die Gemeinde gegen C. auf Herausgabe der Prioritäten. Sie führt aus: er habe nicht mit der gehörigen Vorsicht gehandelt, da er vor der Inpfandnahme der Papiere über die Rechtmäßigkeit des Besitzes des Verpfänders hätte Erkundigungen einziehen müssen; er sei daher unredlicher Besitzer. C. macht sein Pfandrecht geltend.

501. A. bestellt dem B. für eine Darlehnsforderung von 1000 M. einen kostbaren Bechsteinschen Flügel mit der Abrede zum Pfande, daß B. an Stelle der Zinsen befugt sein solle, das Pfand zu nutzen. B. vermietet darauf den Flügel an den Inhaber eines Tanzlokals, wo er allabendlich von mehr oder minder geübten Händen bearbeitet wird. Nach fünf Monaten berichtigt A. das Darlehn und erhält von B. den Flügel übel zugerichtet zurück. Er klagt auf Schadensersatz, wogegen B. einwendet, daß es ihm freigestanden habe, das Pfand in beliebiger und möglichst fruchtbringender Weise zu nutzen.

501a. Ist die bei der Pfandbestellung getroffene Abrede, daß der Gläubiger bei Fälligkeit der Schuld und deren Nichtzahlung eine etwaige Zwangsvollstreckung zunächst in das Pfand vornehmen solle, rechtswirksam und wie und wann durfte der Schuldner sich auf dieses Abkommen stützen?

502. A. hatte von B. zwei Kühe für 1200 M. gekauft. C. hatte als Sicherheit für den Kaufpreis dem B. eine Stammaktie im Werte von 1000 M. auf die Dauer von vierzehn Tagen bestellt. Nachdem die vierzehn Tage abgelaufen waren, ohne daß B. gegen A. auf Zahlung des Kaufpreises geklagt hatte, fordert C. die Aktie im Wege der Klage von A. und B. zurück.

503. A. hat für eine Schuld von 100 M. sein 500 M. wertes Pianino dem B. verpfändet und übergeben. C. beschädigt es derart, daß es nur noch 300 M. wert ist. Wer kann gegen C. klagen, A. oder B.? Wenn B., in welcher Höhe? Würde A. durch die Anstellung der Klage seitens des B. ausgeschlossen?

504. A. hat dem B. für verschiedene Wechselverbindlichkeiten Waren mit der Abrede verpfändet, daß sie, wenn die Wechsel zur Verfallzeit nicht eingelöst würden, dem B. eigentümlich gehören sollen und er sie veräußern dürfe. B. hat sie der Abrede gemäß aus freier Hand verkauft. A. verlangt dieserhalb Werterſatz, weil die Abrede nichtig gewesen sei.

505. Der Gläubiger A. hat das Pfand dem Verpfänder B. in der irrtümlichen Meinung zurückgegeben, daß die Pfandschuld getilgt sei. Steht ihm eine Klage zur Wiedererlangung des Pfandes zu? Hat er vielleicht einen Bereicherungsanspruch?

506. A. hat unter Bürgschaft des B. aus einer in einer Staatswaldung des Regierungsbezirkes Kassel abgehaltenen Versteigerung Holz gekauft. Zur Sicherung des geschuldeten Kaufpreises erwirkte die Regierung in Kassel in Vertretung des Forstfiskus auf Grund des dem Fiskus zustehenden gesetzlichen Pfandrechtes die Eintragung einer Hypothek auf dem Grundbesitze des B. Letzterer stellte gegen die Regierung Klage an mit dem Antrage, sie zur Bewilligung der Löschung dieser Hypothek zu verurteilen.

Viertes Buch.

Familienrecht.

---

507. Die A. hat sich bei ihrer Verlobung von ihrem Bräutigam B. in einer notariellen Urkunde eine Strafe von 10000 M. für den Fall versprechen lassen, daß er durch sein Verschulden ihren Rücktritt vom Verlöbnisse veranlassen sollte. Es stellt sich heraus, daß B. trotz der Verlobung ein intimes Verhältnis mit einer Schauspielerin unterhält. Die A. löst deshalb die Verlobung. Welche Ansprüche kann sie gegen B. erheben?

508. Die A. verlangt von B., der vom Verlöbnis zurückgetreten ist, wegen Defloration Schadensersatz. B. macht geltend, daß die A. hierzu nicht berechtigt sei, weil sie ihm schon mehrere Wochen vor der Verlobung die Beiwohnung gestattet habe. Greift dieser Einwand durch oder beeinflußt er nur die Höhe des Schadensersatzes?

509. Der chinesische Gesandte verheiratet sich in Berlin mit einer Chinesin nach chinesischem Ritus. Ist die Heirat gültig? Wie, wenn die Trauung im Gesandtschaftshotel vorgenommen ist?

510. Ein 17jähriger Student hat mit der 15jährigen Tochter seines Hauswirts ein intimes Verhältnis angeknüpft, das nicht ohne Folgen geblieben ist. Die Konkubenten und ihre Eltern wünschen nunmehr die unverzügliche eheliche Verbindung. Ist diese zu erreichen? Gesetzt, der mit den Eltern befreundete Standesbeamte habe die Ehe nach Erfüllung der im § 1317 BGB. vorgeschriebenen Form geschlossen, kann sie der Ehemann demnächst anfechten? Welchen Einfluß hat der Eheschluß auf die elterliche Gewalt und Nutznießung? Welche Rechtsstellung erlangt das vor der Ehe erzeugte Kind?

511. Der Standesbeamte einer kleinen Stadt spielt in einer Wohltätigkeitsvorstellung die Rolle eines Standesbeamten. Vor ihm erklären der A. und die B., die in dem Stücke das Liebespaar spielen, in der Schlußszene genau den Formen des Gesetzes entsprechend, daß sie die Ehe miteinander eingehen wollen, und er spricht hierauf aus, daß sie kraft dieses Gesetzes nunmehr rechtmäßig verbundene Eheleute seien. Ist eine gültige Ehe zustande gekommen? Wie, wenn ein Ehehindernis vorliegt?

512. Die A. hat sich von ihrem Ehemann getrennt. Der Klage auf Herstellung des ehelichen Lebens setzt sie den Einwand entgegen, daß ihr Mann geschlechtlich erkrankt sei und sie die Ansteckung fürchte. Zugleich beantragt sie die Erlassung einer einstweiligen Verfügung auf Herausgabe ihrer Tochter.

513. Die Ehefrau eines Rentiers läßt sich in Lebensgröße photographieren, um ihren Mann damit zum Geburtstage zu überraschen. Sie nimmt aber die Photographie nicht ab, weil sie ihr nicht gefällt. Der Photograph verklagt den Ehemann auf Bezahlung des mit seiner Frau vereinbarten Preises, erbietet sich auch zur Herausgabe der Photographie. Der Beklagte meint, daß es sich hier um eine Schuld seiner Frau handle, zu deren Bezahlung er nicht verpflichtet sei.

514. Die A. hat vor ihrer Verheiratung ein kaufmännisches Geschäft unter ihrem Namen betrieben. In der Ehe gilt gesetzliches Güterrecht. Ihr Mann klagt gegen sie auf Überlassung der Verwaltung und des Nießbrauches.

515. A. hat für den Erbteil seiner Tochter B. eine Hypothek an seinem Grundstück ohne Bildung eines Hypothekenbriefes bestellt. Die B. hat der C. die Abtretungserklärung nebst der Eintragungsbewilligung betreffend die Hypothek in notarieller Form ausgehändigt. Die Abtretung ist in das Grundbuch nicht eingetragen. Die C. hat die Hypothek ohne Vorlegung der Abtretungsurkunde dem Erben A.s, dem jetzigen Hofbesitzer D., gekündigt. Die Abtretungsurkunde ist erst fünf Tage nach der Kündigung gebildet. Die B. und die C. sind verheiratet und leben nach gesetzlichem Güterrechte. D. zahlt nicht. Gegenüber der Klage der C. bestreitet er deren Aktivlegitimation sowie die Gültigkeit der Abtretung und die Ordnungsmäßigkeit der Kündigung. — Ist es von Einfluß, ob die Hypothek verzinslich oder unverzinslich ist?

516. Die A. hat ein Klavier in die Ehe eingebracht. Der Ehemann hat es in eigenem Namen ohne Zustimmung seiner Frau an B. verkauft und übergeben. Kann die A. es nach Auflösung der Ehe von B. vindizieren? Kann sie es auch schon während der Ehe? — Ist der Mann dazu befugt?

Wie sind die gestellten Fragen zu beantworten, wenn der Ehemann das Klavier im Namen seiner Frau, aber ohne Vertretungsmacht verkauft hat?

517. Die Ehefrau A. hatte in die Ehe ein Grundstück eingebracht, auf dem sie die Schankwirtschaft betrieb. Nachdem sie das Gewerbe einige Jahre hindurch mit Genehmigung ihres Mannes fortgesetzt hatte, verkaufte sie das gesamte Anwesen nebst der Schankwirtschaft für 100000 M. Der Käufer zahlte 60000 M. bar und ließ den Kaufgeldrest von 40000 M. als Hypothek für die Verkäuferin eintragen. Ohne Zustimmung ihres Mannes trat diese demnächst schriftlich die Hypothek an B. ab und übergab ihm den Hypothekenbrief. Der Grundbuchrichter lehnt die von B. beantragte Umschreibung ab, weil er die Zustimmung des Ehemannes A. für erforderlich hält. Dieser ist inzwischen mit seiner Frau zerfallen und weigert sich, die Einwilligung zu erklären. Wird die Klage B.s gegen ihn Erfolg haben?

518. Die Eheleute A. leben in allgemeiner Gütergemeinschaft.

Während einer Badereise ihres Mannes verkauft die A. einen Bücherschrank an B. Nach seiner Rückkehr klagt der Ehemann A. auf Herausgabe des Schrankes gegen B. Dieser bestreitet, daß A. ohne Beitritt der Frau aktiv legitimiert und daß sein Anspruch begründet sei.

Wie ist zu entscheiden, wenn in der Ehe Errungenschaftsgemeinschaft herrscht und der Schrank a) vor, b) während der Errungenschaftsgemeinschaft von dem Manne (der Frau) erworben worden ist?

Könnte die Frau in einem der vorgenannten Fälle den Anspruch mit Einwilligung ihres Mannes einklagen?

519. A.s Ehefrau hat ohne sein Wissen und seinen Willen ihrer Schwester B. aus ihrem eingebrachten Vermögen 1000 M. geschenkt. A. klagt gegen die B. auf Herausgabe dieser 1000 M. auf Grund seines ehemännlichen Verwaltungsrechtes und gegen ihren Ehemann auf Verurteilung zur Duldung der Zwangsvollstreckung in Ansehung des eingebrachten Gutes. Die B. wendet ein, daß sie mit ihrer Schwester vor deren Verheiratung mit A. gemeinschaftlich eine Schneiderei betrieben und daß sie beide sich aus Anlaß jener Eheschließung dahin auseinandergesetzt haben, es sollte die Ehefrau des Klägers die Schneiderwerkstatt behalten, dafür aber ihr, der B., bei deren zukünftiger Verheiratung 1000 M. zur Ausstattung geben. Nachdem sie sich verheiratet, habe daher die Ehefrau des Klägers durch Zahlung der 1000 M. lediglich eine voreheliche Schuld erfüllt.

519a. Die W. hatte als Witwe an S. ein Darlehn von 3000 M., vierteljährlich mit 6. v. H. in Nachtragsraten verzinslich, gegeben. S. verheiratet sich später mit der W., zahlt seit der Verlobung keine Zinsen mehr und wird auch nicht gemahnt. N. hat eine Forderung gegen die W. aus deren Witwenzeit, wegen deren sich die W. notariell der sofortigen Zwangsvollstreckung unterworfen hatte, und vollstreckt $1^1/_2$ Jahre nach der neuen Eheschließung in die Zinsrückstände der letzten 2 Jahre durch Pfändung. Ist S. zur Zahlung an N. verpflichtet oder ist es wesentlich, in welchem Güterstande er mit der W. lebt?

520. Der Ehemann A. hat ein zum Gesamtgut gehöriges Grundstück an B. veräußert und sich für den Fall, daß seine Frau ihre Einwilligung zu dem Verkaufe verweigern sollte, gleichviel, ob mit oder ohne Grund, einer Vertragsstrafe von 10000 M. unterworfen. Nachdem Frau A. aus gerechtfertigten wirtschaftlichen Bedenken — aus Laune — die Einwilligung versagt hat, belangt B. den A. auf Zahlung der Vertragsstrafe. Dieser wendet Nichtigkeit des Vertrages ein. Er macht geltend: die Vorschrift des § 1445 BGB. bezwecke, die Wirksamkeit der Verfügung von der freien Entschließung der Frau abhängig zu machen; diese Freiheit werde durch die Erwägung, daß der Mann bei Verweigerung der Genehmigung eine hohe Strafe zahlen müsse, unzulässig beeinträchtigt.

521. A. ist anteilsberechtigter Abkömmling in einer fortgesetzten Gütergemeinschaft. Sein Gläubiger B. hat das dem A. zustehende Anteilsrecht gepfändet (vgl. hierzu RG. 51, 116; 56, 14). Einige Zeit nach der Pfändung verzichtet A. auf seinen Anteil an dem Gesamtgute. Demnächst wird die fortgesetzte Gütergemeinschaft durch den Tod des überlebenden Ehegatten beendigt. B. erhebt gegen die übrigen anteilsberechtigten Abkömmlinge den Anspruch auf den dem A. gebührenden Anteil, indem er den Verzicht als wirkungslos bezeichnet. Die Beklagten hingegen vertreten die Ansicht, daß die Pfändung durch den Verzicht gegenstandslos geworden ist.

522. A. klagt auf Scheidung wegen Ehebruchs seiner Frau mit B. Dieser bezeugt, daß zwar eine Vereinigung der Geschlechtsteile, aber kein Samenerguß stattgefunden hat.

Die Widerklage der Frau ist darauf gestützt, daß ihr der Kläger in böslicher Absicht dauernd den Geschlechtsverkehr verweigert hat. A. beruft sich darauf, daß er daran lediglich durch seine geschwächte Gesundheit gehindert worden sei.

523. Die A. ist am 27. Dezember 1900 geboren. Ihre Mutter war mit dem Beklagten verheiratet, die Ehe war jedoch am 10. Juli 1900 wegen Ehebruchs der Mutter mit X. geschieden, und das Urteil war am 24. August rechtskräftig geworden. Im November des nächstfolgenden Jahres klagt die A., der nach dem inzwischen erfolgten Tode ihrer Mutter ein Pfleger bestellt worden war, vertreten durch diesen, gegen den geschiedenen Mann ihrer Mutter auf Gewährung von Unterhalt. Er erhebt Widerklage mit dem Antrage: die Klägerin für ein uneheliches Kind ihrer Mutter zu erklären. Die Beweisaufnahme ergibt, daß die verstorbene Mutter der Klägerin den Beklagten verlassen und in der nämlichen Stadt mit X. im Konkubinate gelebt hat.

524. Der Ehemann A. ist seit vier Jahren abwesend. Im fünften Jahre seiner Abwesenheit kommt seine Ehefrau mit einem Kinde nieder. Der dem Ehemann bestellte Abwesenheitsvormund fragt, ob er zur Erhebung der Anfechtungsklage legitimiert sei. Er will sie anstellen, weil ihm daran liegt, nicht das Kind aus dem von ihm verwalteten Vermögen des A. unterhalten zu müssen.

525. A. hat dem B. für den Fall, daß er seine Tochter heirate, eine Wiese versprochen und diese ihm nach der Heirat übergeben. Die Tochter stirbt jedoch schon im ersten Jahre der Ehe, und A. nimmt demzufolge die Wiese wieder für sich in Anspruch. Das will sich A. nicht gefallen lassen. Er klagt auf Herausgabe und Auflassung der Wiese mit der Behauptung, daß sie die Aussteuer seiner verstorbenen mittellosen Frau gebildet habe und den Verhältnissen des A. angemessen sei. A. meint, daß von einer Aussteuer keine Rede sein könne, weil eine Wiese nicht zur Einrichtung des Haushalts gehöre; soweit es sich dabei um eine Schenkung handle, sei sie wegen Formmangels ungültig.

526. Der einer freireligiösen Gemeinde angehörende Kläger klagt gegen den Kirchenvorstand einer katholischen Gemeinde, deren Pfarrer sein vierjähriges Kind ohne sein Wissen getauft hatte, mit dem Antrage: den Kirchenvorstand zu verurteilen anzuerkennen, daß die Taufe rechtlich wirkungslos sei.

527. A. läßt seine sechsjährige Tochter zur Violinvirtuosin ausbilden. Vom 12. Lebensjahre ab macht er mit ihr Konzertreisen, zieht alle Einnahmen und Geschenke im In- und Auslande ein und verwendet sie teils für sich teils zur Bestreitung des Unterhalts und der weiteren Ausbildung seiner Tochter. Nach Vollendung des 16. Lebensjahres heiratet die Künstlerin mit Einwilligung ihres Vaters den Maler B. Beide belangen nunmehr den A. auf Herausgabe a) des gesamten durch die Konzerte erzielten Erwerbes nebst Zinsen vom Ablauf eines jeden Jahres, in dem der Erwerb stattgefunden hat, und b) der Geschenke, soweit sie in Geld oder Juwelen bestanden. Der Vater macht geltend, daß die Kosten der gesamten Ausbildung und des Unterhalts seiner Tochter den Erwerb überstiegen, eventuell daß dieser ihm zufallen müsse, weil die Tochter ihn ohne seine Vermittlung und Begleitung überhaupt nicht hätte machen können.

528. Die A. hat im Jahre 1896 ein uneheliches Kind geboren und im Jahre 1900 dessen Erzeuger B. geheiratet. Im Jahre 1899 hatte der in Hamburg ansässige Vater der A. das Kind an Kindes Statt angenommen (arrogiert). Von ihm verlangt es B. mit der Begründung heraus, daß die durch die Eheschließung erfolgte Legitimation der väterlichen Gewalt des Beklagten ein Ende gemacht habe.

Ist diese Ansicht zu billigen?

529. A. ist mit Hinterlassung minderjähriger Kinder verstorben.

Das Vormundschaftsgericht hat den X. zum Vormunde bestellt. Nachher stellt sich heraus, daß A. durch letztwillige Verfügung den B. als Vormund benannt hat. Das Vormundschaftsgericht weigert sich, ihn zum Vormunde zu bestellen. Kann B. es durchsetzen und wie?

530. Der Vormund des fünfzehnjährigen A. hat ein diesem gehöriges Haus auf zehn Jahre, ohne die Genehmigung des Vormundschaftsgerichts einzuholen, dem B. vermietet. Als A. sich mit 23 Jahren verheiratet, strengt er gegen B. die Räumungsklage an.

531. Der Minderjährige A. hat mit Zustimmung seines Vormundes, des Schullehrers B., aber ohne Genehmigung des Vormundschaftsgerichts ein Zigarrengeschäft von C. gekauft und ist auf den Kaufpreis 1000 M. schuldig geblieben. Für die Restschuld hat sich B. verbürgt, indem er dem C. ein nur seine Namensunterschrift enthaltendes Blatt hingab und diesem überließ, die Bürgschaftserklärung darüber zu setzen. Einige Wochen darauf ist A. unter Zurücklassung erheblicher Schulden in das Ausland geflohen. Sein Aufenthalt ist unbekannt. B. wird von C., der das Blankett vereinbarungsgemäß ausgefüllt hatte, aus der Bürgschaft belangt. Er leugnet ihre Verbindlichkeit, a) weil sie mangels einer Unterschrift nicht schriftlich erteilt und b) weil die Hauptschuld unverbindlich sei.

Würde die Entscheidung anders ausfallen, wenn sich B. als Selbstschuldner verbürgt hätte?

532. A. und B. waren Teilhaber einer offenen Handelsgesellschaft. Zu dem Gesellschaftsvermögen gehörte ein Geschäftshaus. Nach A.s Tode schlossen seine Erben, nämlich seine Witwe und seine beiden durch sie vertretenen minderjährigen Kinder, mit B. einen Schiedsvertrag. Danach sollte die Liquidation der Gesellschaft unter Ausschluß des Rechtsweges vollständig auf gütlichem Wege durchgeführt und jede etwaige Streitigkeit durch die Schiedsrichter X., Y. und Z. entschieden werden.

Ohne Rücksicht auf diesen Vertrag haben die Erben Klage gegen B. mit folgendem Antrage erhoben: festzustellen, daß sich ihre Gesamtforderung an den Beklagten für den Anteil ihres Erblassers auf 50000 M. belaufe; ferner den Beklagten zur Einwilligung in die öffentliche Versteigerung des Geschäftshauses zu verurteilen.

Gegenüber der prozeßhindernden Einrede des Beklagten, daß die Entscheidung des Rechtsstreites durch Schiedsrichter zu erfolgen habe, behaupten sie die Unwirksamkeit des Schiedsvertrages, weil die Witwe A. ihn ohne Genehmigung des Vormundschaftsgerichts geschlossen hat. Sie erklären diese für erforderlich, weil der Vertrag sich auf ein den Kindern mitgehöriges Grundstück und Erwerbsgeschäft erstreckt.

533. Das Grundstück eines Mündels soll zwangsweise versteigert werden. Der Versteigerungstermin steht am 1. April an. Der Mündel ist am 31. März volljährig geworden. Zum Termin ist der Vormund geladen. Kann er darin mit rechtlicher Wirkung für den Mündel auftreten?

534. Der Vormund A. hat Mündelgelder im Betrage von 60000 M. auf ein Grundstück geliehen, dessen Beleihungsfähigkeit nur 40000 M. beträgt. Nachdem er wegen Pflichtwidrigkeit seines Amtes entlassen war, kommt das Grundstück zur Zwangsversteigerung. Der neu ernannte Vormund B. ersteigert es im Namen des Mündels für 45000 M., so daß die Hypothek des Mündels mit 15000 M. ausfällt. B. klagt nunmehr gegen A. auf Ersatz dieses Betrages. A. wendet ein, daß der Kläger noch vor der Klagezustellung das Grundstück für 80000 M. weiterverkauft und den Kaufpreis bezahlt erhalten, der Mündel also keinen Schaden erlitten habe. B. hält das für unerheblich.

535. Die Ehefrau A. ist wegen Geisteskrankheit entmündigt worden und hierauf mit ihrem Manne nach Amerika ausgewandert. Von dort aus bevollmächtigt sie den Rechtsanwalt B., daß dieser von ihrem Vormunde C. Herausgabe des verwalteten Vermögens und Rechenschaftsablegung verlange. C. bittet den Vormundschaftsrichter um Rat, ob er dem Verlangen stattgeben dürfe.

536. Der Vormund des wegen Geisteskrankheit entmündigten Volljährigen A. hat ein diesem gehöriges Haus auf fünf Jahre an B. vermietet. Nach Ablauf eines Jahres findet er Gelegenheit, es besser zu vermieten. Er stellt daher gegen B. die Räumungsklage an, weil der Vertrag mangels der Genehmigung des Vormundschaftsgerichts ungültig sei. B. verlangt Abweisung der Klage. Er führt aus, daß der Vertrag zum mindesten auf vier Jahre gültig sei.

537. Der volljährige blinde A. ist Hauseigentümer. Er hat zur Besorgung aller mit der Verwaltung des Hauses zusammenhängenden Angelegenheiten einen Pfleger erhalten. Zu Weihnachten kauft er für sich bei B.: 1. eine Hausflurlaterne, 2. einen Hund, 3. einen Kanarienvogel. Zur Bezahlung aufgefordert, macht er geltend, daß er unter Pflegschaft stehe und sich durch Verträge nicht habe verpflichten können.

B. will wissen, ob das richtig ist und ob er den A. oder den Pfleger zu verklagen habe.

Fünftes Buch.
Erbrecht.

538. Der Vormund des unehelich geborenen A. schließt mit dessen natürlichen Vater B. am 1. Februar einen notariellen Vertrag ab, wonach B. zur Abfindung des A. wegen seines Alimentationsanspruchs 3000 M. zahlen soll. Der Vertrag wird dem Vormundschaftsgerichte zur Genehmigung vorgelegt. Bevor dieses aber dazu kommt, sie zu erteilen, stirbt A. am 15. Februar, und nunmehr erklärt es sich dazu nicht mehr für befugt. Hierauf genehmigt die uneheliche Mutter A.s als gesetzliche Erbin den Vertrag und erhebt gegen B. Klage auf Zahlung. Dieser bestreitet, daß die Klägerin aus dem mangels Genehmigung des Vormundschaftsgerichts hinfällig gewordenen Vertrage irgendwelche Rechte habe erwerben können.

539. α) A. hinterläßt außer seiner Ehefrau B. nur seinen mütterlichen Großvater C. und einen Onkel D., den Bruder seines Vaters.

β) A. hinterläßt außer seiner Ehefrau B. den väterlichen Großvater und einen Abkömmling der väterlichen Großmutter sowie die mütterliche Großmutter und einen Abkömmling des mütterlichen Großvaters.

γ) A. hinterläßt zwei Kinder seiner verstorbenen Schwester B. und drei Kinder seines verstorbenen Bruders C.

δ) A. hinterläßt seine Mutter, einen vollbürtigen und einen halbbürtigen Bruder.

Wer erbt in den Fällen α—δ und wie teilen die Erben?

540. Z. hinterläßt einen Sohn A. und die Tochter eines vorverstorbenen Sohnes B. namens X. Der Nachlaß beträgt 50000 M. Der vor dem Erblasser verstorbene Bruder der X. namens Y. war mit einem Vorempfange von 10000 M. ausgestattet. Wie ist zu teilen?

541. A. setzt in seinem Testamente den X. zum Erben, seine Frau auf den Pflichtteil ein. Diese kommt am 180. Tage nach A.s Tode mit einem völlig ausgereiften, aber totgeborenen Mädchen nieder. Ist das Testament anfechtbar?

542. Mehrere Miteigentümer einer Sache haben miteinander ein gegenseitiges persönliches Vorkaufsrecht bezüglich ihrer Anteile vereinbart. Einer von ihnen verkauft dessenungeachtet seinen Anteil an einen Dritten, stirbt jedoch, bevor noch die anderen Miteigentümer ihr Vorkaufsrecht ausgeübt haben. Diese werden seine Erben. Können sie ihr Vorkaufsrecht geltend machen?

543. A. hat gegen seinen Schuldner B. einen vollstreckbaren Titel erlangt. B. stirbt; über seinen Nachlaß wird der Konkurs eröffnet. A. meldet seine Forderung an und fällt in Höhe von 50 Prozent aus. Der Konkurs wird aufgehoben. Nunmehr läßt A. die Vollstreckungsklausel auf den Erben des B. umschreiben und pfändet bei diesem verschiedene Gegenstände. Der Erbe klagt auf Freigabe der Pfandstücke und Feststellung, daß dem A. ihm gegenüber keinerlei Rechte mehr aus dem Schuldtitel zustehen. Er weist darauf hin, daß die Erbmasse, wie aus dem durchgeführten Konkursverfahren erhelle, erschöpft und seine Verpflichtung damit begrenzt sei, behauptet auch, daß die Pfandstücke sein Eigentum seien.

544. A. klagt gegen den Kaufmann B. auf Zahlung von 1000 M. Restschuld aus einem Bauvertrage. Nach der Erledigung einer beschlossenen Beweisaufnahme stirbt B. Seine Erben sind seine Frau und seine drei Kinder. Auf ihren Antrag ist eine Nachlaßverwaltung angeordnet worden. A. nimmt den Prozeß gegen den Nachlaßverwalter (warum nicht gegen den Erben?) auf. Dieser beantragt Abweisung der Klage. Der Kläger hatte es verabsäumt, seine Forderung im Aufgebotsverfahren anzumelden, und war deshalb mit ihr durch das Ausschlußurteil ausgeschlossen worden; der Nachlaß reichte aber nicht einmal zur Befriedigung der nicht ausgeschlossenen Gläubiger hin. Der Kläger meint, daß diese Umstände der Verurteilung des Nachlaßverwalters, nach „Kräften des Nachlasses zu zahlen", nicht im Wege stehe.

545. A. und B. sind Geschwister. Ihre Mutter, die in der Markusstraße wohnt, verlebt das Weihnachtsfest bei dem in der Juliusstraße wohnenden B. und verstirbt daselbst. B. nimmt den Nachlaß an sich, versilbert ihn und verwendet ihn zum Teil zur Bestreitung der Beerdigungskosten. A., der im Auslande war, verlangt nach seiner Rückkehr klagend von B. Rechnungslegung, Offenlegung des Nachlasses und eidliche Erhärtung des Nachlaßverzeichnisses. Er behauptet insbesondere, daß die Erblasserin ein Sparkassenbuch über 1000 M. besessen habe, das zum Nachlaß gehöre. Die Beweisaufnahme ergibt, daß die Erblasserin dieses Sparkassenbuch vor mehreren Jahren unter Einzahlung von 100 M. auf den Namen des B. hatte ausstellen lassen und ihm zu Weihnachten geschenkt und übergeben hatte. B. gab es ihr jedoch mit der Bitte um Aufbewahrung zurück. Die Mutter leistete nun von Zeit zu Zeit weitere Einzahlungen darauf und erzählte gelegentlich ihrem Sohne, daß sie fleißig für ihn spare. B. erhebt daher eine Widerklage auf Anerkennung seines Eigentums an dem Sparkassenbuche. Wie ist zu entscheiden? Macht es einen Unterschied, wenn die Erblasserin das Sparkassenbuch bei dem letzten Weihnachtsfeste dem B. wiederum übergeben hat? Muß B. es in beiden Fällen im Nachlaßverzeichnis aufführen?

546. A. ist redlicher Besitzer einer zur Erbschaft des B. gehörigen Sache. Er schenkt sie dem C. und erhält acht Tage darauf von diesem als Gegengeschenk ein Pferd. D., der Erbe des B., erfährt hiervon und verlangt klagend von A. Herausgabe des Pferdes oder dessen Wert. Ist die Klage begründet?

547. A. klagt gegen seinen Miterben B. auf Teilung einer einzelnen, zur Erbmasse gehörigen Sache. B. beantragt Abweisung, weil, was unstreitig, eine Auseinandersetzung noch nicht stattgefunden hat. Wie ist zu erkennen?

548. Auf einem dem Beklagten gehörigen Grundstücke steht eine Hypothek von 1000 M. eingetragen. Der Hypothekengläubiger verstirbt und wird von A. und B. zu gleichen Teilen beerbt. C., ein Gläubiger des A., hat sich dessen angebliche Hälfte an der Hypothekenforderung zur Einziehung überweisen lassen; eine Erbauseinandersetzung zwischen A. und B. hatte indes noch nicht stattgefunden.

C. klagt mit dem Antrage, den Beklagten zur Zahlung der gedachten Summe an die Hinterlegungsstelle behufs Bildung einer Streitmasse (betr. die Auseinandersetzung des Klägers mit den Erben) zu verurteilen.

Der Beklagte beantragt Abweisung, weil dem Kläger ein Klagerecht gegen den Beklagten nicht zustehe.

549. A. hinterläßt eine Witwe und vier Söhne. Jeder Sohn hat bei Lebzeiten A.s 1000 M. erhalten, und zwar B. als Ausstattung, C. als Beihilfe zum Studium, D. als Darlehn, E. als Geschenk. Wer von ihnen ist ausgleichungspflichtig?

550. A. hat dem B. ein Darlehn von 1200 M. gegeben. A. wird von einem Sohne, B. wird von zwei Töchtern beerbt. Der Erbe des A. klagt gegen die Erben des B., welche den Nachlaß unter sich geteilt haben. Wie wird der Antrag zweckmäßig gestellt werden?

551. Die Parteien sind zu je einem Viertel Erben ihres Vaters. Sie stehen als Eigentümer eines Nachlaßgrundstückes „in ungeteilter Erbengemeinschaft" eingetragen. Der Kläger behauptet, die Parteien hätten sich mündlich über den Nachlaß auseinandergesetzt und dabei vereinbart, das Eigentum an dem Grundstücke solle unter Auflösung der bisherigen Gemeinschaft bis zu einem tunlichst bald herbeizuführenden freihändigen Verkaufe den Erben zu einem Viertel zustehen. Er beantragt Verurteilung der Beklagten: 1. anzuerkennen, daß ihm das Miteigentum zu einem Viertel an dem Grundstücke zustehe; 2. die Eintragung der vier Erben als Miteigentümer zu einem Viertel des Grundstückes zu bewilligen und zu beantragen; 3. ihm ein Viertel des Grundstückes aufzulassen.

Die Beklagten verlangen die Abweisung der Klage, weil sie der Auseinandersetzungsvertrag wegen Formmangels nicht binde.

552. A. hat in seinem Testament verordnet: B. und C. sollen meine Erben sein. Wenn einer von ihnen nicht Erbe sein kann oder will, soll D. Erbe sein. B. ist vor dem Erbanfalle verstorben. Wer erhält seinen Teil? Wer, wenn er nach dem Eintritte des Erbanfalles, aber vor dem Ablaufe der Ausschlagungsfrist gestorben ist, ohne sich über die Annahme der Erbschaft erklärt zu haben?

553. Der Erblasser A. hat in seinem Testament dem Testamentsvollstrecker B. die Befugnis beigelegt, „in allen Fällen, in denen der Wortlaut oder der Sinn der letztwilligen Bestimmungen etwa unklar oder zweifelhaft sein möchte, das Testament authentisch zu interpretieren".

Von seinen Neffen C. und D. ist ein jeder der Meinung, daß die wertvolle Bibliothek nach dem Testament ihm zufallen müsse. B. legt jedoch die in sich zweifelhafte — aber offenbar nur auf C. oder D. abzielende — Testamentsbestimmung dahin aus, daß die Bibliothek dem X. vermacht worden sei. Wie ist C. und D. zu helfen? Wer von ihnen wird die Bibliothek erhalten?

554. Die Eheleute A. haben sich in einem gemeinschaftlichen Testament gegenseitig zu Erben und die beiderseitigen Intestaterben zu Nacherben des Überlebenden eingesetzt. Die überlebende Ehefrau hat dem B., der den Inhalt des Testaments genau kennt, ein Nachlaßgrundstück verkauft und aufgelassen. Die Intestaterben klagen gegen B. auf Eintragung einer Eigentumsbeschränkung. Dieser bittet um Abweisung, weil die Kläger ein Recht auf das Grundstück erst mit dem Eintritte des Falles der Nacherbfolge geltend machen könnten.

555. Dem A. ist eine Hypothek vermacht mit der Bestimmung, daß ihm seine Kinder fideikommissarisch substituiert sein sollen. Die Hypothek ist im Grundbuch für ihn unter Vormerkung der Substitution umgeschrieben. Nachdem er dem Schuldner der Hypothek diese gekündigt hat, verlangt er klagend ihre Bezahlung. Der Beklagte beantragt Abweisung, weil A. allein zur Einziehung der Hypothek nicht befugt sei, dazu vielmehr die Genehmigung seiner Deszendenz beibringen müsse.

556. A. bestimmt, daß seine Erben B., C. und D., von denen der erste zu $^1/_6$, der zweite zu $^1/_3$, der dritte zur Hälfte eingesetzt ist, seinem Neffen E. ein Wohnhaus im Preise von 24000 M. verschaffen sollen. Er fügt hinzu, daß er über das Verhältnis, in welchem ein jeder von ihnen zu diesem Vermächtnis beitragen solle, nichts bestimme, weil er das Vertrauen zu ihnen hege, daß sie es recht machen werden. Die Erben geraten indes in Streit. Während B. nur 4000 M. beisteuern will und verlangt, daß D. 12000 M. entrichte, ist dieser der Ansicht, daß ein jeder 8000 M. zahlen müsse.

557. A. hat seinem Erben B. im Testament auferlegt, von denjenigen 6000 M., welche B. ihm, A., schulde, an C. ein Legat von 3000 M. zu zahlen. B. tritt die Erbschaft an, leugnet aber jede Schuld an A. Kann C. einen Anspruch auf die 3000 M. an B. begründen und wie?

558. A. vermacht dem B. sein Haus. Nach A.s Tode stirbt B., ohne von dem Vermächtnis Kenntnis erhalten zu haben. Können B.s Erben das Haus für sich in Anspruch nehmen? Wie, wenn das Vermächtnis an die Bedingung geknüpft war, daß B. bis zu seinem Tode in seiner Vaterstadt wohnen bleibe, und B. gestorben ist, ohne sie verlassen zu haben?

559. A. hat testamentarisch verordnet: Mein Neffe B. soll am Tage seiner Volljährigkeit 10000 M. zur Errichtung eines Geschäfts ausgezahlt erhalten. Wie A. starb, war B. 17 Jahre alt und Handlungsgehilfe in einer Strumpfwarenfabrik. Nach Vollendung des 18. Lebensjahres wurde er zwecks Übernahme eines Eisenwarengeschäfts für volljährig erklärt, starb aber kurz nach der Volljährigkeitserklärung und vor Übernahme des Geschäfts. Haben seine Erben Anspruch auf Auszahlung des Vermächtnisses?

560. A. hatte in dem Übergabe- und Abfindungsvertrage, betreffend die väterliche Vollhofstelle, sich verpflichtet, jedem seiner acht Geschwister zur Zeit der Verheiratung oder der Begründung eines eigenen Haushalts 1500 M. zu zahlen. In der Folge starb der Bruder B. unverheiratet und unselbständig. Die anderen Geschwister fordern ihren Erbteil von der Abfindungssumme. A. macht geltend, daß die Bedingung, an welche die Abfindung geknüpft worden, nicht eingetreten, also nichts zu zahlen sei.

561. A. hat den Sohn B. seiner Tochter C. zum Erben eingesetzt, der C. den lebenslänglichen Nießbrauch an der Erbschaft vermacht und den D. zum Testamentsvollstrecker mit der Bestimmung ernannt, daß dieser den Nachlaß im weitesten Umfange verwalten soll. Die C. veräußerte eine zum Nachlaß gehörige kostbare Violine. Ihr inzwischen großjährig gewordener Sohn klagt gegen sie auf Wiederherbeischaffung der Violine. Ist er hierzu legitimiert?

562. A. hat seinen Sohn B. enterbt und nur seine Töchter C. und D. zu Erben eingesetzt, den E. zum Testamentsvollstrecker ernannt. B. klagt, nachdem C. und D. ihn als pflichtteilsberechtigt im Vergleichswege anerkannt haben, gegen E. auf Feststellung des streitigen Betrages seines Pflichtteils. Ist E. passiv legitimiert?

563. A. hat unter Übergehung seines mit ihm verfeindeten Bruders B. seinen Freund C. in seinem eigenhändig geschriebenen und unterschriebenen Testament zum alleinigen Erben eingesetzt und es wie folgt datiert: Berlin, den 20ten 1907. B. macht dem C. die Erbschaft streitig, weil das Testament nicht gehörig datiert und deshalb ungültig sei.

Wie wäre zu entscheiden, wenn die Datierung lautete: Bln., den 20. Dezember 1907, aber unter der Unterschrift stände?

564. Die A.schen Eheleute haben sich in einem gemeinschaftlichen Testament gegenseitig zu Erben eingesetzt. Am 6. Januar 1908 widerruft die Ehefrau zu notariellem Protokoll das Testament und beantragt, die Widerrufungserklärung zweimal auszufertigen und beide Ausfertigungen einem Gerichtsvollzieher zu übersenden, den sie gleichzeitig beauftragt, die Schrift ihrem Manne zuzustellen. Hierauf errichtet sie vor dem Notar ein neues Testament, indem sie ihren Onkel

B. zum alleinigen Erben einsetzt, dagegen ihren Mann auf den Pflichtteil setzt. Sie stirbt am 7. Januar. Die Ausfertigung des Widerrufs wird dem Ehemann A. am 8. Januar durch den Gerichtsvollzieher zugestellt.

B. klagt gegen A. auf Herausgabe eines zur Erbschaft gehörigen Hauses. A. leugnet die Rechtswirksamkeit des ihn zum Alleinerben einsetzenden Testaments, weil damals noch das gemeinschaftliche Testament bestanden hat und dem Beklagten der Widerruf nicht mehr bei Lebzeiten seiner Frau zugegangen ist.

565. A. schließt, ohne seinen leiblichen Sohn zu berücksichtigen, mit B. einen wechselseitigen Erbvertrag, worin sich beide zum alleinigen Erben einsetzen. Nach A.s Tod verlangt B., welcher die Erbschaft angetreten, von C. die Herausgabe einer bei diesem von A. verzinslich hinterlegten Summe. C. leugnet die Aktivlegitimation des Klägers. Außerdem wendet er ein, daß der Sohn A.s gleichfalls Ansprüche auf die beregte Summe erhoben habe. Er beantragt daher Abweisung und Feststellung seiner Befugnis zur Hinterlegung.

566. Die A. hat nach dem Tode ihres Mannes vom Vormundschaftsgericht einen Beistand erhalten. Ihre 19jährige Tochter hat als Braut des B. mit diesem unter Genehmigung der Mutter und des Beistandes einen Erbvertrag geschlossen, inhaltsdessen der überlebende Ehegatte der alleinige Erbe des zuerst Versterbenden sein sollte. Nachdem B. die Tochter geheiratet hatte, diese aber bald darauf verstorben war, klagt er gegen die A. auf Herausgabe einer angeblich der Verstorbenen gehörigen Obligation. Die A. leugnet die Gültigkeit des Erbvertrages, weil die Genehmigung des Vormundschaftsgerichts mit Rücksicht darauf erforderlich gewesen wäre, daß sie nur eine beschränkte elterliche Gewalt gehabt habe.

567. A. hinterläßt außer seiner Ehefrau: 1. seine Mutter und seinen väterlichen Großvater, 2. seine Eltern und zwei Brüder. Wieviel darf er der Ehefrau höchstens hinterlassen?

568. a) Der einzige Sohn A. ist als Erbe, der Extraneus B. ist als Ersatzerbe eingesetzt. A. wird für erbunwürdig erklärt. Steht den weiteren Abkömmlingen oder den Eltern des Erblassers ein Pflichtteilsanspruch zu? b) Der einzige Sohn A. hat: α) für sich, β) für sich und seine Abkömmlinge auf das Erbrecht verzichtet. Der Extraneus B. ist als Ersatzerbe eingesetzt. Wem steht der Pflichtteilsanspruch zu?

569. Der einzige Sohn A. hat: α) auf sein Pflichtteilsrecht verzichtet; β) sich einer Verfehlung schuldig gemacht, die den Erblasser berechtigt hätte, ihm den Pflichtteil ganz zu entziehen. Dessenungeachtet hat ihm der Erblasser ein Haus, das die Hälfte des Pflichtteils wert ist, hinterlassen. A. hat es angenommen. Haben in diesem Falle die Eltern des Erblassers einen Pflichtteilsanspruch? Bejahendenfalls: wie groß ist er?

570. Der Erblasser hinterläßt seinen einzigen Sohn A. und dessen Kinder. Die letztwillige Verfügung lautet: „Ich setze meinen Sohn A. zu meinem alleinigen Erben ein. Wenn dieser nicht Erbe sein kann oder will, soll, gleichviel ob A. Kinder hat oder nicht, mein Freund B. mein alleiniger Erbe sein."

Können die Kinder des A. den Pflichtteil verlangen, 1. wenn A., weil er schon vor dem Erblasser gestorben ist, nicht Erbe sein kann; 2. wenn A. den Erblasser überlebt, aber die Erbschaft ausschlägt? (Vgl. hierzu Küntzel in Gruchots Beiträgen 1897 S. 450ff.)

571. Der Pflichtteilsberechtigte A., der nicht Erbe ist, belangt den Testamentsvollstrecker B. auf Auskunftserteilung über den Bestand des Nachlasses. B. bestreitet seine Passivlegitimation. A. meint, daß jedenfalls eine analoge Anwendung sein Verlangen rechtfertige, wogegen B. diese für ausgeschlossen erklärt und darauf hinweist, daß sich der Anspruch als ein Ausfluß des Pflichtteilsrechts darstelle und auch aus diesem Grunde nicht gegen ihn geltend gemacht werden könne.

572. Wieviel hat der Erbe in folgenden Fällen als Pflichtteil zu zahlen?

1. Der Nachlaß beträgt 20000 M. Der Sohn A. hat 8000 M., der Sohn B. hat 2000 M. als Ausstattung erhalten. Beide sind enterbt. C., ein Fremder, ist Erbe.

2. Der Nachlaß beträgt 20000 M. Die Söhne A., B. und C. haben 8000 M. bzw. 2000 M. bzw. 12000 M. im voraus empfangen. A. und B. sind enterbt. C. ist Erbe.

3. Der Nachlaß beträgt 16000 M. Als Erben sind eingesetzt der Sohn A. auf $^3/_{16}$, die zweite Ehefrau auf $^{13}/_{16}$. Die Tochter C. hat sich 8000 M. anrechnen zu lassen und ist ausgeschlossen.

Wie steht es in den Fällen zu 1 und 2, wenn der Erblasser dem B. die Anrechnung der 2000 M. Vorempfang auferlegt hat? (Aus dem Kommentar von Fischer-Henle, § 2316 BGB. Anm.)

573. Der Erblasser A. hat nur einen kinderlosen Sohn B., sonst keinen näheren Verwandten; er enterbt den B., setzt den Fremden C. als Erben ein mit der Verpflichtung, $^3/_4$ des Nachlasses als Vermächtnis an D. herauszugeben; den D. verpflichtet er, $^1/_2$ des Nachlasses als Untervermächtnis an C. herauszugeben, und diesen belastet er wieder mit der Verpflichtung, 1/4 als Vermächtnis an den enterbten B. herauszugeben. B. schlägt unter Geltendmachung seines Pflichtteilsrechts das Vermächtnis aus. Wie gestalten sich die Rechtsverhältnisse?

574. Die Klägerin hat sich im Jahre 1890 in ihrem 20. Lebensjahre mit einem in angesehener bürgerlicher Stellung stehenden Manne verheiratet. Die Ehe ist im Jahre 1900, weil die Klägerin wiederholt mit fremden Männern in Verkehr gestanden hat, geschieden worden.

In dem im Jahre 1902 von ihren Eltern errichteten gemeinschaftlichen Testament ist sie zuerst mit ihren übrigen vier Geschwistern eingesetzt, am Schlusse aber wegen unsittlichen Lebenswandel enterbt worden. Im Jahre 1906 haben sie die Eltern in die häusliche Gemeinschaft aufgenommen und darin bis zu ihrem, der Eltern, Tode behalten. Die Klägerin verlangt in der gegen die eingesetzten Erben erhobenen Klage, daß das Testament für ungültig erklärt und ihr der Pflichtteil ausgekehrt werde.

575. Ein Berliner verlegt seinen Wohnsitz nach Florenz. Gelegentlich einer Besuchsreise errichtet er in Berlin ein Testament und setzt darin unter Enterbung eines Sohnes aus erster Ehe seine zweite Frau zur Erbin ein. Er stirbt in Wien. Sein in Wertpapieren angelegtes Vermögen befindet sich zum Teil in Köln, zum Teil in Paris. Nach welchem Rechte beurteilt sich die Gültigkeit des Testaments? Hat die Frau Anspruch auf Erteilung eines Erbscheins? An welches Gericht muß sie sich wenden?

576. Der durch einen Erbschein legimitierte Erbe klagt gegen einen Schuldner des Erblassers auf Zahlung. Der Beklagte bestreitet das Erbrecht des Klägers. Muß dieser sein Erbrecht nachweisen oder genügt die Berufung auf den Erbschein?

577. Der durch das Testament seines Bruders A. eingesetzte Erbe B. verlangt von dem Bankier C. unter Vorlegung des Testaments und der Eröffnungsverhandlung die Aushändigung eines von A. bei C. angelegten Depots. Dieser verweigert die Herausgabe bis zur Beibringung eines Erbscheins; er meint, daß er nach § 2367 nur an einen durch Erbschein Legitimierten mit absolut befreiender Wirkung zahlen könne.

578. Der im Jahre 1900 verstorbene Rentier A. hatte in seinem Testament folgendes bestimmt: „Meine Tochter Agnes soll an dem ihr zufallenden Erbteile nur den Nießbrauch haben; das Erbteil selbst soll von dem Testamentsvollstrecker X. verwaltet und nach ihrem Tode an ihre Deszendenten, und zwar unter Ausschluß des Nießbrauchs- und Verwaltungsrechts ihres Vaters zu deren freiem Vermögen gezahlt werden." Die Tochter starb 1905 und hinterließ drei Kinder, nämlich die Frau des Uhrmachers Müller namens Klara und die Söhne Robert und Oskar. Ein dritter Sohn Gustav war unverheiratet und kinderlos im Jahre 1904 verstorben.

B. hat von der Klara Müller im Januar 1901 in notarieller, von ihrem Ehemann genehmigter Verhandlung den vierten Teil ihrer Erbschaft gekauft. C. hat dem Gustav im Februar 1901 dessen Erbteil mittels gerichtlichen Vertrages abgekauft. B. und C. streiten darüber, ob der Nachlaß der Agnes in drei oder vier Teile zu teilen ist. B. begehrt Verurteilung des C., darein zu willigen, daß der zwölfte Teil des von X. verwalteten Agnesschen Nachlasses an ihn ausgezahlt werde.

579. Der im Jahre 1907 ohne Testament verstorbene A. hat den mit ihm im vierten Grade verwandten B. als alleinigen gesetzlichen Erben gehabt. C. und D. sind mit ihm nur im fünften Grade verwandt gewesen, beanspruchen aber auch Erbrechte und stellten dem B. einen kostspieligen Erbschaftsprozeß in Aussicht, wenn er sich nicht mit ihnen vergleiche. Sie setzten hierauf einen Erbvergleich auf, in welchem sie sich alle gegenseitig zu je $1/3$ als Erben anerkennen und entsprechende Ausstellung eines Erbscheins beantragen; ihre drei Unterschriften ließen sie von einem Notar beglaubigen. Das Nachlaßgericht erteilte aber dem B. auf seinen Antrag einen Erbschein als alleinigen gesetzlichen Erben. Nunmehr wird er von C. und D. auf Aushändigung von je $1/3$ des Nachlasses verklagt. Werden sie mit der Klage durchdringen?

Einführungsgesetz.

---

580. Der inländische Sportsmann A. verpfändet auf einem ausländischen Wettrennen sein im Inlande befindliches Rennpferd „Numa" einem Engländer. Nach dem ausländischen Gesetz ist Begründung des Pfandrechts an einer Mobilie durch bloßen Vertrag ohne Besitzübertragung anerkannt. Kann der Engländer sein Pfandrecht hier geltend machen? — Kann er es, wenn das Pferd sich zur Zeit der Verpfändung gleichfalls auf dem ausländischen Rennplatze befunden hat, A. aber fortdauernd in seinem Besitze geblieben ist?

581. Der inländische Rittergutsbesitzer A. verkauft im Auslande durch einen nach dortigem Rechte gültigen formlosen Vertrag sein Rittergut an den Inländer B. Nachdem beide ins Inland zurückgekehrt sind, weigert A. die Erfüllung. Hat B. einen klagbaren Anspruch?

582. A. in Berlin hat sich durch einen daselbst am 3. Januar 1908 schriftlich abgeschlossenen Vertrag verpflichtet, sein im Auslande gelegenes Grundstück dem B. in Breslau für 100000 M. zu verkaufen. Nach dem ausländischen Rechte sind derartige Verträge gültig.

Der Klage des B. auf Erfüllung setzt A. den Einwand der Nichtigkeit des Vertrages entgegen. Er beruft sich auf Art. 30 EG. z. BGB. und § 313 BGB.

583. Deutsche Katholiken wollen die standesamtliche Eheschließung vermeiden. Sie begeben sich ins Ausland, wo eine bürgerlich wirksame Eheschließung vor dem Geistlichen anerkannt ist. Ist die Ehe gültig?

584. Der Deutsche A. erwirbt die türkische Staatsangehörigkeit und wird Mohammedaner, um gleichzeitig eine Deutsche, eine Französin und eine Engländerin heiraten zu können. Nachdem er mit ihnen in Konstantinopel die Ehe geschlossen hat, läßt er sich in Deutschland nieder. Ist die Ehe gültig?

585. Nach dem Rechte eines auswärtigen Staates ist die Einwilligung der Eltern zur Eheschließung der Kinder nicht erforderlich. Kann sie von einem solchen, nach dem Rechte seines Heimatstaates ehemündigen, aber erst 20jährigen Ausländer, wenn er sich hier verheiraten will, verlangt werden?

586. Eine Pariserin, welche in Dresden Musik studiert, wird daselbst von einem dort wohnhaften Bayern geschwängert. Welche Ansprüche hat sie und das uneheliche Kind gegen dessen Erzeuger?

587. Der Ausländer X. hat zur Zeit seines Todes seinen Wohnsitz in München. Das ausländische Recht bestimmt, daß Erbfolgestreitigkeiten nach dem Rechte am letzten Wohnsitze des Erblassers zu entscheiden sind. Wird er nach dem deutschen oder dem ausländischen Rechte beerbt?

588. Ein russischer Jude, dem es in Rußland verboten ist, Grundstücke zu erwerben, kauft sich in Berlin ein Haus. Kann es ihm aufgelassen werden?

589. Ein Mohammedaner will in Berlin neben seiner ersten Frau eine zweite heiraten. Wird der Standesbeamte ihn trauen?

590. A. hat sein Haus gegen Brandschaden bei zwei Gesellschaften, der Colonia und der Agrippina, auf den vollen Wert versichert. Nach einem Brande wird er von der Colonia entschädigt. Dessenungeachtet klagt er gegen die Agrippina auf Zahlung der Versicherungssumme. Diese wendet ein, daß er bereits von der Colonia voll entschädigt sei. Ist der Einwand begründet?

591. A. hat dem B. am 15. Oktober 1900 ein Darlehn von 2000 M. gegeben und ist bald darauf in das Ausland gegangen. Im November 1931 kehrt er zurück. Ist das Darlehn verjährt?

592. Ein Berliner Ehepaar, das im Jahre 1895 geheiratet hat, will sich im Jahre 1902 wegen unüberwindlicher Abneigung (s. ALR. II 1 §§ 716 ff.) scheiden lassen. Kann es das?

Nachweis wichtiger Gesetzesausgaben

mit und ohne Erläuterungen, größere und kleinere Kommentare, Lehrbücher, Sammelwerke, Entscheidungs-Sammlungen, Zeitschriften

Zusammengestellt vom Verlage Walter de Gruyter & Co., Berlin
Januar 1930

Inhaltsübersicht

I. Allgemeines, Sammelwerke

Handwörterbuch der Rechtswissenschaft. Unter Mitberatung von Reichsgerichtspräsident Dr. E. Bumke, L. Busch, Oberreichsanwalt Dr. L. Ebermayer, Geh. Justizrat Professor Dr. Fr. Endemann, Geh. Justizrat Professor Dr. E. Heymann, Senatspräsident am Reichsgericht Dr. O. Strecker, Präsident des Bayrischen Obersten Landesgerichts Staatsrat Dr. K. v. Unzner herausgegeben von Dr. jur. Fritz **Stier-Somlo,** o. Professor an der Universität Köln, und Dr. jur. Alexander **Elster,** Berlin. 6 Bände. Lexikon-Oktav. 1926/29. In Halbleder geb. 304.—

„Es zeigt sich doch jetzt immer mehr, daß Ihr Handwörterbuch ein ganz großer Wurf war. Wie ich höre, wird es auch in der Praxis in steigendem Maße benutzt."
Professor Dr. Nipperdey, Köln.

Bürgerliches Rechtslexikon. (Nach dem Bürgerlichen Gesetzbuch, dem Handelsgesetzbuch und sonstigen Reichs- und Landesgesetzen.) Von E. Christiani, weil. Amtsgerichtsrat. Vierte, durchgearbeitete und verbesserte Auflage von Dr. Alexander Elster, Rechtsanwalt Dr. Hugo Hoormann, Amtsgerichtsrat Georg Krause. Lexikon-Oktav. Etwa 500 Seiten. 1930. Geb. 15.—

Christianis „Bürgerliches Rechtslexikon" erscheint nach seinen großen Erfolgen vor dem Kriege nunmehr in vierter Auflage. Die besondere Art der Stichwortaufteilung und die verständliche Darstellung haben es in alle Kreise gelangen lassen, die stets eine Gelegenheit zu zuverlässiger Rechtsbelehrung haben müssen.

Hedemann, J. W., Einführung in die Rechtswissenschaft. Zweite, erweiterte und umgestaltete Auflage. Oktav. XXII, 566 Seiten. 1927. 14.—, geb. 16.—
(Lehrbücher und Grundrisse der Rechtswissenschaft Bd. IX.)

„. . . Das Buch Hedemanns, welches die Aufgabe einer Einführung am reichsten und umfassendsten auffaßt und löst . . ." *Juristische Wochenschrift.*

Sternberg, Theodor, Einführung in die Rechtswissenschaft.

I. Teil: Methoden- und Quellenlehre. Zweite, neugestaltete Auflage. Verbesserter Neudruck. 190 Seiten. 1927. Geb. 1.80
(Sammlung Göschen Bd. 169.)

II. Teil: Das Rechtssystem. Erste Hälfte: Grundbegriffe und Privatrecht. Zweite, vermehrte Auflage. 133 Seiten. 1922. Geb. 1.80
(Sammlung Göschen Bd. 170.)

Eine in ihrer Knappheit ganz ausgezeichnete Darstellung der juristischen Begriffe und Probleme.

Schröder, R., und von Künßberg, E., Lehrbuch der deutschen Rechtsgeschichte. Sechste, verbesserte Auflage. Groß-Oktav. Mit einer Abbildung im Text, fünf Tafeln und einem Bildnis. 1124 Seiten. 1922. 26.—, in Halbleder geb. 30.—

Dieses bekannte Lehrbuch hat sich seit langen Jahren bestens bewährt.

Fehr, Hans, Deutsche Rechtsgeschichte. Zweite, verbesserte und ergänzte Auflage. Oktav. 416 Seiten. 1925. 13.—, geb. 14.50

(Lehrbücher und Grundrisse der Rechtswissenschaft Bd. X.)

Das Buch gibt eine plastische Darstellung der deutschen Rechtsgeschichte, die eine Anhäufung von Stoff ausdrücklich vermeidet, vielmehr das Schwergewicht auf eine mehr ideengeschichtliche Behandlung des Gegenstandes legt.

Schröder, Richard, und Glitsch, Heinrich, Deutsche Rechtsgeschichte. Zweite Auflage. Neudruck.

I. Bis zum Ende des Mittelalters. 160 Seiten. 1929. Geb. 1.80
(Sammlung Göschen Bd. 621.)

II. Die Neuzeit. 90 Seiten. 1929. Geb. 1.80
(Sammlung Göschen Bd. 664.)

Eine gemeinverständliche kurze Darstellung der deutschen Rechtsgeschichte.

Giese, Friedrich, Preußische Rechtsgeschichte. Übersicht über die Rechtsentwicklung der preußischen Monarchie und ihrer Landesteile. Ein Lehrbuch für Studierende. Groß-Oktav. 256 Seiten. 1920. 5.—, geb. 6.50

„Das Buch ist nicht ein, sondern das (bisher fehlende) Lehrbuch der preußischen Rechtsgeschichte.“ Dr. Karl Strupp im „Verwaltungsarchiv“.

von Mayr, Robert, Römische Rechtsgeschichte. I. Buch. Die Zeit des Volksrechtes. 1. Hälfte: Das öffentliche Recht. 150 Seiten. 1912. Geb. 1.80
(Sammlung Göschen Bd. 577.)

2. Hälfte: Das Privatrecht. 117 Seiten. 1912. Geb. 1.80
(Sammlung Göschen Bd. 578.)

II. Buch: Die Zeit des Amts- und Verkehrsrechtes. 1. Hälfte: Das öffentliche Recht. 158 Seiten. 1912. Geb. 1.80
(Sammlung Göschen Bd. 645.)

2. Hälfte: Das Privatrecht I. 122 Seiten. 1913. Geb. 1.80
(Sammlung Göschen Bd. 646.)

Das Privatrecht II. 150 Seiten. 1913. Geb. 1.80
(Sammlung Göschen Bd. 647.)

III. Buch. Die Zeit des Reichs- und Volksrechtes. 111 Seiten. 1913. Geb. 1.80
(Sammlung Göschen Bd. 648.)

IV. Buch: Die Zeit der Orientalisierung des römischen Rechtes. 155 Seiten. 1913. Geb. 1.80
(Sammlung Göschen Bd. 697.)

Stammler, Rudolf, Lehrbuch der Rechtsphilosophie. Dritte, vermehrte Auflage. Groß-Oktav. XVI, 396 Seiten. 1928.
13.—, geb. 15.—

„. . . Ein Werk aus einem Gusse, ein herbes Werk von größter wissenschaftlicher Strenge, eine Schule, durch die jeder gehen muß, der mit den rechtsphilosophischen Problemen der Gegenwart ringt." Schweizerische Juristenzeitung.

Stammler, Rudolf, Rechts- und Staatstheorien der Neuzeit. Leitsätze zu Vorlesungen. Zweite, vermehrte und verbesserte Auflage. Oktav. IV, 116 Seiten. 1925. 3.50, geb. 4.50

Ein unentbehrlicher Führer durch die Rechts- und Staatstheorien der Neuzeit.

Stammler, Rudolf, Wirtschaft und Recht nach der materialistischen Geschichtsauffassung. Eine sozialphilosophische Untersuchung. Fünfte, durch einen Nachtrag ergänzte Auflage. Oktav. VIII, 704 Seiten. 1924. 14.—, geb. 16.—

„Das Werk Stammlers darf den Ruhm in Anspruch nehmen, unter allen Büchern, die in der letzten Zeit auf dem hier in Betracht kommenden Gebiet erschienen sind, die stärkste Wirkung hervorgebracht zu haben. Zu einer ernsten Auseinandersetzung mit Stammler sah sich jeder genötigt, der von dem sich beständig steigernden Interesse für die Grundfragen der Jurisprudenz, der Nationalökonomie und der Geschichtswissenschaft erfüllt war." Historische Zeitschrift.

Friedrichs, Karl, Der Allgemeine Teil des Rechts. Eine Darstellung der gemeinsamen Lehren des öffentlichen und des privaten Rechts. Groß-Oktav. X, 306 Seiten. 1927. 12.—, geb. 13.50

„Eine solche Arbeit fehlte bisher in der juristischen Literatur. Friedrichs ist der bedeutendste Vertreter dieser Lehre. Er ist wie kein anderer berufen, eine grundlegende Arbeit über dieses Gebiet zu schreiben."
Mitteilungen des Preuß. Richtervereins.

Maas, Georg, und Magnus, Julius, Abkürzungsverzeichnis der Rechtssprache. Abkürzungen der Bezeichnungen von Rechtsquellen, Behörden, Entscheidungen usw. des deutschen und österreichischen Rechts. Oktav. IV, 140 Seiten. 1929. 4.—

„Bis jetzt fehlte eine Zusammenstellung, die in zuverlässiger Weise die gebräuchlichsten Abkürzungen wiedergab. Diese Lücke füllt das neue Buch in glücklicher Weise aus." Der junge Rechtsgelehrte.

Endemann, Friedrich, Grundriß des römischen Privatrechts. Oktav. X, 256 und 30 Seiten. 1925. 9.—, geb. 10.50
(Lehrbücher und Grundrisse der Rechtswissenschaft Bd. XII.)

„. . . ein nach jeder Richtung hochstehendes Werk."
Der junge Rechtsgelehrte.

Stammler, Rudolf, Aufgaben aus dem römischen Recht. Der „Institutionenübungen für Anfänger" vierte Auflage. Oktav. IV, 92 Seiten. 1919. Mit Figuren im Text. Geb. 5.—

Zum selbständigen Einarbeiten in das System des römischen Privatrechts.

II. Bürgerliches Recht

1. Bürgerliches Gesetzbuch

Lehmann, Heinrich, Allgemeiner Teil des Bürgerlichen Gesetzbuches. Dritte, vermehrte und verbesserte Auflage (9. bis 12. Tausend). Oktav. XIV, 439 Seiten. 1928. 12.—, geb. 13.50

(Lehrbücher und Grundrisse der Rechtswissenschaft Bd. I.)

„Es liegt ein großer pädagogischer Wert in diesem Buch. Es wird sich unter den Studenten rasch großer Beliebtheit erfreuen.“ *Das Recht.*

Leonhard, R., Der Allgemeine Teil des Bürgerlichen Gesetzbuches in seinem Einflusse auf die Fortentwicklung der Rechtswissenschaft. Groß-Oktav. XVI, 537 Seiten. 1900. 10.—

(Recht des Bürgerlichen Gesetzbuches in Einzeldarstellungen Nr. X.)

Die Sammlung „Recht des Bürgerlichen Gesetzbuches“ umfaßt systematische Darstellungen des BGB. aus der Feder erster Juristen der Wissenschaft und Praxis.

Oertmann, Paul, Allgemeiner Teil des Bürgerlichen Gesetzbuches.

I. Einleitung. Lehre von den Personen und von den Sachen. Dritte, verbesserte Auflage. 136 Seiten. 1926. Geb. 1.80

(Sammlung Göschen Bd. 447.)

II. Erwerb und Verlust, Geltendmachung und Schutz der Rechte. Dritte, verbesserte Auflage. 147 Seiten. 1928. Geb. 1.80

(Sammlung Göschen Bd. 448.)

Nach der die Vorgeschichte des BGB. und einzelne für seine Bedeutung und Anwendung wichtige Hauptfragen behandelnden Einleitung bespricht der Verfasser die Lehre von den Personen und von den Sachen. Er verarbeitet den Inhalt der einzelnen Gesetzesparagraphen wissenschaftlich und erörtert dabei auch mehrfach Fragen, die im BGB. selbst nicht geregelt, höchstens gestreift werden.

Plancks Kommentar zum Bürgerlichen Gesetzbuch nebst Einführungsgesetz. Bisher herausgegeben von E. Strohal. Bearbeitet von E. Brodmann, L. Busch, J. Ebbecke, F. Flad, M. Greiff, K. Gunkel, P. Knoke, M. Landois, A. Lobe, Fr. Oegg, H. Siber, O. Strecker, K. von Unzner. Vierte, völlig neubearbeitete Auflage. Lexikon-Oktav.

Bisher sind erschienen:

I. Band: Allgemeiner Teil. 606 Seiten. 1913. 15.—, geb. 17.—

II. Band, 1. Hälfte: Recht der Schuldverhältnisse. (Allgemeiner Teil.) 640 Seiten. 1914. 15.—, geb. 17.—

II. Band, 2. Hälfte: Recht der Schuldverhältnisse. (Besonderer Teil.) 1296 Seiten. 1928. 49.—, geb. 52.—

III. Band: Sachenrecht. 1464 Seiten. 1920. 30.—, geb. 33.—

IV. Band: Familienrecht. 1. Hälfte §§ 1297—1588. 701 Seiten. 1928. 26.—, geb. 28.—

V. Band: Erbrecht.

Erste Lieferung: §§ 1922—1984. 192 Seiten. 1924. 6.—

Zweite Lieferung: §§ 1985—2063. 160 Seiten. 1926. 7.—

Dritte Lieferung: §§ 2064—2196. 256 Seiten. 1929. 12.—

„Für jeden Praktiker, der tiefer in den Rechtsstoff eindringen muß, um die zur Entscheidung stehende Frage zu prüfen, ist Plancks Kommentar immer ein zuverlässiger Ratgeber und seine Erläuterung und Meinung von hohem Wert und Gewicht, stets sorgfältiger Beachtung wert.“

Zentralblatt für freiwillige Gerichtsbarkeit.

Das Bürgerliche Gesetzbuch mit besonderer Berücksichtigung der Rechtsprechung des Reichsgerichts. Erläutert von Dr. Busch, Erler, Dr. Lobe, Michaelis, Oegg, Schliewen und Seyffarth, Reichsgerichtsräten und Senatspräsidenten am Reichsgericht. Sechste, neubearbeitete Auflage. 5 Bände. §§ 1—2385. Lexikon-Oktav. 3182 Seiten. 1928. 125.—, in Halbleder geb. 150.—

I. Band: Allgemeiner Teil. Recht der Schuldverhältnisse I. (Allgemeiner Teil.) / II. Band: Recht der Schuldverhältnisse II. (Einzelne Schuldverhältnisse.) / III. Band: Sachenrecht. / IV. Band: Familienrecht. / V. Band: Erbrecht. Alphabetisches Sachverzeichnis.

Das Werk wird nur komplett abgegeben.

„Der Zivilpraxis ist wieder ihr wichtiges Hilfsmittel nach dem neuesten Stande in die Hand gegeben, welches wie kein Buch zuvor fördernd und erklärend auf die gesamte Gerichtstätigkeit eingewirkt hat. Gerade die knappe, klare Form der Rechtssätze, die Vollständigkeit der oberstrichterlichen Rechtsprechung, die objektive Darstellung hat dem Kommentar zur „glossa ordinaria“ des BGB. gemacht, dessen Benutzung zur sachgemäßen Bearbeitung fast jeder Rechtssache gehört.“

Juristische Wochenschrift.

Achilles-Greiff, Bürgerliches Gesetzbuch nebst Einführungsgesetz. In Verbindung mit André, Meyer, Strecker, v. Unzner. Zwölfte, vermehrte und verbesserte Auflage, mit Erläuterungen der Verordnung über das Erbbaurecht, des Gesetzes über die religiöse Kindererziehung und des Gesetzes für Jugendwohlfahrt. Groß-Oktav. XVI, 1247 Seiten. 1927. Geb. 24.—

(Guttentagsche Sammlung Deutscher Reichsgesetze Bd. 38/39.)

„Das ausgezeichnete Buch, das einer weiteren Empfehlung kaum bedarf, wird seine führende Stellung unter den Handausgaben ohne Zweifel behaupten.“

Juristische Rundschau.

Bürgerliches Gesetzbuch nebst Einführungsgesetz. Vom 18. August 1896 mit Berücksichtigung der bis zum 1. Januar 1928 ergangenen Abänderungen. Textausgabe mit ausführlichem Sachregister. Sechzehnte Auflage. (61. bis 66. Tausend). Taschenformat. 758 Seiten. 1928. Geb. 5.—
(Guttentagsche Sammlung von Textausgaben ohne Anmerkungen mit Sachregister.)
Die vorliegende Ausgabe zeichnet sich durch Vollständigkeit und besondere Ausführlichkeit des Sachregisters aus.

Lindemann, Otto, **Ausführungsgesetz zum Bürgerlichen Gesetzbuche** vom 20. September 1899 nebst einem Anhang: Verordnung zur Ausführung des Bürgerlichen Gesetzbuchs vom 16. November 1899. Nach dem Tode des früheren Herausgebers Kammergerichtsrat Dr. P. Siméon, erläutert von Geh. Oberjustizrat Otto Lindemann, Ministerialdirektor im Preuß. Justizministerium. Vierte Auflage. Ca. 220 Seiten. 1930. Geb. 5.—
(Guttentagsche Sammlung Preußischer Gesetze Bd. 23.)
Die neue Auflage kommt im richtigen Augenblick, um dem fühlbaren Mangel an neuen Bearbeitungen der Ausführungsgesetze zum Bürgerlichen Gesetzbuche abzuhelfen. Sie ist völlig neu bearbeitet und nach den Ergebnissen von Gesetzgebung und Rechtsprechung bis in die jüngste Zeit ergänzt.

v. Schwerin, Cl., Frhr., **Grundzüge des deutschen Privatrechts.** Zweite Auflage. Oktav. XII, 342 Seiten. 1928. 9.50, geb. 11.—
(Lehrbücher und Grundrisse der Rechtswissenschaft Bd. XIII.)
„Was dem Studenten not tut, ist ein kurzgefaßtes Handbuch. ... Ein ausgezeichnetes Hilfsmittel dieser Art ist das vorliegende Buch.“
Zeitschrift für Rechtspflege in Bayern.

Wegner, Arthur, **Jugendrecht.** Ein Lehrbuch zur Einführung. Oktav. IX, 219 Seiten. 1929. 6.—, geb. 7.50
„Ein gleichartiges und gleichwertiges Werk über das Jugendgericht gibt es noch nicht.“ *Breslauer Zeitung.*

Schuldverhältnisse insbesondere

Hedemann, Justus Wilh., **Schuldrecht des Bürgerlichen Gesetzbuches.** Oktav. Zweite Auflage in Bearbeitung.
(Lehrbücher und Grundrisse der Rechtswissenschaft Bd. II.)
„Die Schrift bietet die beste mir bekannte Einführung in das schwierige Recht der Schuldverhältnisse.“ *Staats- und Selbstverwaltung.*

Oertmann, Paul, **Schuldrecht.** (BGB. II.)
I. Allgemeine Lehren. Dritte, verbesserte Auflage. 142 Seiten. 1927. Geb. 1.80
(Sammlung Göschen Bd. 323.)
II. Die einzelnen Schuldverhältnisse. Dritte, verbesserte Auflage. 159 Seiten. 1929. Geb. 1.80
(Sammlung Göschen Bd. 324.)
„In knapper Form und gemeinverständlicher Ausdrucksweise ist ein vorzüglicher Überblick über den Stoff gegeben.“ *Leipz. Zeitschrift f. deutsches Recht.*

Meyer, Georg, **Das Recht der Beschlagnahme von Lohn- und Gehaltsforderungen.** Sechste Auflage. Taschenformat. 1927. Mit Nachtrag 1928. Geb. 4.50

(Guttentagsche Sammlung Deutscher Reichsgesetze Bd. 55.)

„Das Buch enthält einen Kommentar zum Lohnbeschlagnahmegesetz, der durch Gründlichkeit und Zuverlässigkeit ausgezeichnet ist. Als Anhang ist ihm eine übersichtliche Darstellung des Verfahrens der Beschlagnahme von Lohn- und Dienstbezügen beigegeben sowie eine sehr brauchbare Zusammenstellung von Behörden, denen bei der Pfändung der Dienstbezüge von Beamten als Drittschuldnern der Pfändungsbeschluß zuzustellen ist." Berliner Tageblatt.

Seligsohn, Franz, **Haftpflichtgesetz.** Groß-Oktav. 349 Seiten. 1920. 8.—, geb. 9.50

„Das reiche Material hat der Verfasser mit logischer Schärfe und in knapper Form bearbeitet und damit ein mustergültiges Werk geschaffen, das für die meist veralteten Kommentare zum Reichshaftpflichtgesetz einen wertvollen Ersatz bietet." Blätter für Rechtspflege im Bezirk des Kammergerichts.

Krieg, O., **Mietrecht und Wohnungsmangelgesetzgebung** im Reiche, in Preußen und in Berlin, einschließlich Hauszinssteuer, Kostenwesen und Rechtsentscheiden des Kammergerichts und des Obersten Landesgerichts. Zusammengestellt und mit ausführlichem Schlagwortregister versehen. Vierte Auflage. Taschenformat. XII, 594 Seiten. 1928. Geb. 10.—

(Guttentagsche Sammlung Deutscher Reichsgesetze Bd. 156.)

„Eine solche Ausgabe zu besitzen, ist wertvoll. Eine angenehme Zugabe sind die Rechtsentscheide des Kammergerichts. Diese Ausgabe verdient schon wegen ihrer Vollständigkeit besondere Beachtung. Ein vortreffliches Sachregister ist beigegeben." Juristische Wochenschrift.

Stölzle, Hans, **Viehkauf** nach Bürgerlichem Gesetzbuch und ausländischem Recht. Verordnung, betreffend die Hauptmängel und Gewährfristen beim Viehhandel. Von Eugen Fröhner. Sechste, vermehrte und wesentlich verbesserte Auflage. Taschenformat. 699 Seiten. 1926. Geb. 15.—

(Guttentagsche Sammlung Deutscher Reichsgesetze Bd. 50.)

„Die neue Auflage erfüllt alle Erwartungen, die an sie geknüpft wurden. Unseres Wissens genießt der Spezialkommentar von Stölzle auch in Richterkreisen ein sehr großes Ansehen. Bei der Lektüre der vielen Gerichtsentscheidungen, die uns aus unsern Mitgliederkreisen zugestellt werden, mußten wir immer wieder die Beobachtung machen, daß eine große Anzahl von Gerichten in den Urteilsgründen auf die Ansicht von Stölzle Bezug nahm. Wer täglich über Viehkaufsfragen Auskunft geben muß, stellt mit hoher Befriedigung fest, daß der ‚Stölzle' alle Fragen dieser schwierigen Materie in klarer und erschöpfender Weise behandelt." Allgemeine Viehhandelszeitung.

Hoffmann, J., Abzahlungsgeschäfte. Vierte Auflage, besorgt von K.-A. Crisolli. Taschenformat. Im Druck.
(Guttentagsche Sammlung Deutscher Reichsgesetze Bd. 34.)

„Jeder, der mit Abzahlungsgeschäften zu tun hat, kann sich bestens aus dem Büchlein informieren. Der Kommentar ermöglicht es auch dem Laien, sich mit allen einschlägigen Fragen vertraut zu machen. Die Bearbeitung stellt sich als durchaus sachgemäß und praktisch verwendbar dar." Berliner Intelligenz-Blatt.

Harnier, Ed., Sicherung der Bauforderungen. Dritte Auflage. Taschenformat. 122 Seiten. 1912. Geb. 1.80
(Guttentagsche Sammlung Deutscher Reichsgesetze Bd. 93.)

„Die vorliegende Neubearbeitung der kleinen Ausgabe des äußerst schwierigen Gesetzes findet einen weiterstreckten Interessenkreis. Nach einer äußerst klaren Einleitung, in der die langwierige Geschichte und der verwickelte Inhalt des Gesetzes in kurzen Zügen, aber mit kräftigen Strichen geschildert wird, werden seine Bestimmungen an der Hand der Gesetzesmaterialien und auf dem Boden des geltenden Rechts, unter Herstellung des Zusammenhanges mit ihm, in knappen Anmerkungen erläutert." Mitteilungen der Handelskammer Breslau

Göppert, H., Gesetz, betreffend die gemeinsamen Rechte der Besitzer von Schuldverschreibungen. Zweite Auflage, bearbeitet von E. Trendelenburg. Taschenformat. 156 Seiten. 1915. Geb. 1.50
(Guttentagsche Sammlung Deutscher Reichsgesetze Bd. 52.)

Dungs, H., Sechs Haager Abkommen über internationales Privatrecht. Taschenformat. 116 Seiten. 1910. Geb. 1.50
(Guttentagsche Sammlung Deutscher Reichsgesetze Bd. 98.)

„Die diesen Abkommen vom Verfasser beigefügten Erläuterungen sind kurz und klar gefaßt und entsprechen den allgemeingültigen Anschauungen. Der Kommentar von Dungs kann allen Gerichten, Staatsanwaltschaften und diplomatischen Behörden nur angelegentlichst empfohlen werden."
Juristisches Literaturblatt.

Bogeng, G., Die Haager Abkommen über das internationale Privatrecht. Taschenformat. 173 Seiten. 1908. Geb. 2.—
(Guttentagsche Sammlung Deutscher Reichsgesetze Bd. 90.)

Sachenrecht insbesondere

Hedemann, Justus Wilh., Sachenrecht des Bürgerlichen Gesetzbuches. Oktav. XXXII, 507 Seiten. 1924. 12.—, geb. 13.50
(Lehrbücher und Grundrisse der Rechtswissenschaft Bd. III.)

„Ein trotz seiner Kürze ausgezeichnetes und inhaltreiches Lehrbuch, nicht nur für die Studierenden, sondern auch für ältere Juristen. Hervorzuheben ist der systematische Aufbau. Die Arbeit ist wissenschaftlich tiefgründig und doch gemeinverständlich geschrieben; auf jeder Seite bietet sie reiche Anregung rechtlicher und wirtschaftlicher Natur und wird allen Fragen der Neuzeit in vollstem Umfange gerecht." Zeitschrift des Deutschen Notarvereins.

Kretschmar, F., Sachenrecht.
I. Allgemeine Lehren. Besitz und Eigentum. Zweite, verbesserte Auflage. 142 Seiten. 1922. Geb. 1.80
(Sammlung Göschen Bd. 480.)

II. Begrenzte Rechte. 144 Seiten. 1923. Geb. 1.80
(Sammlung Göschen Bd. 481.)

Diese Bändchen bieten die Grundzüge des Sachenrechts in gedrängter und klarer Form.

Lenzen, Georg, Das deutsche Pfandleihrecht. Kommentar zum preußischen Pfandleihgesetz unter Berücksichtigung der außerpreußischen Gesetze. Oktav. XXVI, 266 Seiten. 1929. 20.—

„Diese zusammenfassende Darstellung ist die erste ihrer Art und sehr verdienstlich. Das Buch regt zu allerhand Fragen an." Juristische Wochenschrift.

Günther, Hermann, Erbbaurecht. Taschenformat. 167 Seiten. 1919. Geb. 2.—
(Guttentagsche Sammlung Deutscher Reichsgesetze Bd. 135.)

„Günther ist ausführlich, ohne weitschweifig zu sein; ausgezeichnete Vorbemerkungen geben vorzügliche Übersicht und wahren den Zusammenhang. Überall ist der bisherige Rechtszustand, der ja für absehbare Zeit seine Bedeutung behält, mit in das Bereich der Betrachtungen gezogen. Der Praxis wird das Werk von hervorragendem Nutzen sein." Beiträge zur Erläuterung des deutschen Rechts.

Arnheim, Hugo, Grundbuchordnung. Kommentar zur Grundbuchordnung für das Deutsche Reich nebst den für Preußen erlassenen Ausführungsbestimmungen. Zweite, völlig neubearbeitete Auflage. Lexikon-Oktav. 959 Seiten. 1913. 15.—

„Der Band weist außerordentliche Gründlichkeit, Klarheit und Übersichtlichkeit der Darstellung sowie Selbständigkeit des Urteils gegenüber der Literatur und der Rechtsprechung auf. Man kann wohl sagen, daß kaum eine Frage auftauchen wird, die nicht wenigstens berührt wäre; die bisher zutage getretenen Fragen aber sind sämtlich in der eingehendsten Weise erörtert."
Zentralblatt für freiwillige Gerichtsbarkeit.

Fischer, Otto, und Fischer, Norbert, Grundbuchordnung für das Deutsche Reich nebst den preußischen Ausführungsbestimmungen. Neunte, durchgearbeitete und ergänzte Auflage. Taschenformat. 322 Seiten. 1927. Geb. 5.—

(Guttentagsche Sammlung Deutscher Reichsgesetze Bd. 42.)

„Eine der äußerlich kleinen, inhaltlich vortrefflichen alteingeführten Handausgaben der Guttentagschen Sammlung, bei der schon die Auflagenziffer für die Brauchbarkeit in der Praxis spricht. Nach wie vor ist das vorliegende Buch ein vortrefflicher Wegweiser und Berater für den, der sich über die wichtigsten von Theorie und Praxis entwickelten Auslegungssätze kurz unterrichten will."
Juristische Wochenschrift.

Ricks, Gerhard, Die Grundbuchpraxis. Ein Handbuch für den täglichen Gebrauch in Grundbuchsachen. Achte Auflage. Groß-Oktav. XII, 412 Seiten. 1929. 12.—, geb. 14.—

„Das Buch soll ein kurzes Handbuch für den täglichen Gebrauch des Grundbuchrichters und anderer mit dem Grundbuchrechte befaßter Personen sein. Dieser Zweck ist in ausgezeichneter Weise erreicht. Als einen besonderen Vorzug sehe ich es an, daß die Ausführungen und Ratschläge des Verfassers überall dem Bestreben erwachsen sind, in dem Grundbuche nicht eine öde Aneinanderreihung langweiliger Vermerke, sondern ein lebendiges Ganzes zu erblicken."
Deutsche Juristenzeitung.

Friedlaender, Martin, Hypothekenbeschaffung für Wohn- und Geschäftshäuser. Handbuch für die Praxis der Grundstückswirtschaft. Groß-Oktav. VIII, 151 Seiten. 1929. 6.—, geb. 7.50

„Das Buch gibt einen außerordentlich praktischen Überblick über alle Fragen der Hypothekenbeschaffung. Die anschauliche Art der Zergliederung und die gründliche Darlegung des Statuts sichern dem Buch eine weite Verbreitung."
Deutsche Sparkassen-Zeitung.

Familienrecht, Erbrecht

Lehmann, Heinrich, Familienrecht des Bürgerlichen Gesetzbuches einschließlich Jugendfürsorgerecht. Oktav. XII, 352 Seiten. 1926. 11.—, geb. 12.50

(Lehrbücher und Grundrisse der Rechtswissenschaft Bd. IV.)

„Die Schilderung Lehmanns ist überall anregend und fesselnd. Das Werk kann allen Rechtsstudenten und Referendaren zur Anschaffung dringend empfohlen werden." *Der junge Rechtsgelehrte.*

Titze, Heinrich, Familienrecht. (BGB. IV.) 169 Seiten. Neudruck. 1924. Geb. 1.80

(Sammlung Göschen Bd. 305.)

Endemann, Fr., Erbrecht. Oktav. XII, 166 Seiten. 1923. 3.—, geb. 4.50

(Lehrbücher und Grundrisse der Rechtswissenschaft Bd. V.)

„Dieser Leitfaden behandelt den spröden Stoff des schwierigen Erbrechts in meisterhafter, fesselnder Darstellung."
Zeitschrift des Bundes Deutscher Justizamtmänner.

Blume, Wilh. von, Erbrecht. (BGB. V.)

I. Einleitung. Die Grundlagen des Erbrechts. 75 Seiten. 1913. Geb. 1.80

(Sammlung Göschen Bd. 659.)

II. Die Nachlaßbeteiligten. Mit 23 Figuren. 131 Seiten. 1913. Geb. 1.80

(Sammlung Göschen Bd. 660.)

Bürgerliches Recht

Riesenfeld, S., Die Erbenhaftung nach dem Bürgerlichen Gesetzbuch. Groß-Oktav. 2 Bände. 1916. 15.—, geb. 18.—

I. Band: Die Grundsätze der Haftung. XII, 461 Seiten.

II. Band: Das Inventar und die Mittel der Haftungsbeschränkung. VIII, 455 Seiten.

„Ein hervorragendes Werk, das in allen Teilen die vollständige Beherrschung des schwierigen Stoffes erkennen läßt und sich dabei durch klare und gemeinverständliche Darstellung auszeichnet." *Sächsisches Archiv für Rechtspflege.*

Aufwertung

Michaelis, Richard, **Das Aufwertungsrecht** nach den Aufwertungsgesetzen und nach allgemeinem bürgerlichem Rechte. Kommentar zu den Gesetzen vom 16. Juli 1925 über die Aufwertung von Hypotheken und anderen Ansprüchen und über die Ablösung öffentlicher Anleihen sowie systematische Darstellung des Aufwertungsrechts außerhalb dieser Gesetze. Zweite, gänzlich umgearbeitete Auflage des Kommentars zur Dritten Steuernotverordnung vom 14. Februar 1924 (Aufwertung). Mit einer Fristentabelle von H. Hoormann. Groß-Oktav. X, 516 Seiten. 1926. Mit Nachtrag 1927. Geb. 16.—

(de Gruytersche Sammlung Deutscher Gesetze. Handkommentare.)

„Es handelt sich bei dem vorliegenden Werk um ein ganz erstklassiges, die gesamte Rechtslehre und Rechtsprechung lückenlos verarbeitendes Hauptwerk, das sich für jeden Aufwertungsinteressenten als unentbehrlich erweisen wird. Das Buch ist begreiflicherweise auf das Vielfache des früheren Umfangs angewachsen, geht dafür aber auch keiner der zahllosen Streitfragen aus dem Wege, sondern beantwortet sie mit größter wissenschaftlicher Vertiefung und in dem steten Bestreben einer praktischen Lösung nach den Grundsätzen der Billigkeit."
Deutsche Allgemeine Zeitung.

Berliner, Ludwig, und **Pfaffenberger,** Ernst, **Aufwertung von Versicherungsansprüchen** mit Durchführungsbestimmungen.

I. Teil. Oktav. 235 Seiten. 1925. Geb. 6.50

(Guttentagsche Sammlung Deutscher Reichsgesetze Bd. 164.)

II. Teil: Sach- und Transportversicherung; Unfall- und Haftpflichtversicherung. Oktav. 112 Seiten. 1926. Mit Nachtrag. Geb. 3.50

(Guttentagsche Sammlung Deutscher Reichsgesetze Bd. 164a.)

„Ein bedeutsamer Kommentar, der sowohl dem Versicherungstechniker wie dem Juristen eine Fülle von Aufklärung und Anregung bietet. Das Werk ist als eine wohlgelungene systematische Darstellung des gesamten versicherungsrechtlichen Aufwertungsgebiets anzusprechen. Alles in allem: eine wissenschaftlich und praktisch gleichermaßen auf der Höhe stehende Leistung, bei der sich Versicherungstechniker und Jurist mit Erfolg die Hand gereicht haben!"
Neumanns Zeitschrift für Versicherungswesen.

2. Handelsrecht

v. Gierke, Jul., Handelsrecht und Schiffahrtsrecht. Dritte, ergänzte Auflage. Groß-Oktav. XIV, 744 Seiten. 1929.
21.—, geb. 22.50
(Lehrbücher und Grundrisse der Rechtswissenschaft Bd. VI.)

„... ein außerordentlich hochstehendes, immer den neuesten Stand der Lehre und der Rechtsprechung widerspiegelndes Lehrbuch des Handelsrechts im weitesten Sinn.“ Der junge Rechtsgelehrte.

Lehmann, K., und Hoeniger, H., Lehrbuch des Handelsrechts. Dritte Auflage. Erster Halbband, enthaltend die Lehre vom Handelsstand und von den Handelsgesellschaften. Groß-Oktav. 432 Seiten. 1921. 10.—

Ein großangelegtes Lehrbuch des Handels- und Schiffahrtsrechts.

Lehmann, K., und Hoeniger, H., Deutsches Handelsrecht.
I. Einleitung. Der Kaufmann und seine Hilfspersonen. Offene Handelsgesellschaft, Kommandit- und stille Gesellschaft. 117 Seiten. 1921. Geb. 1.80
(Sammlung Göschen Bd. 457.)
II. Aktiengesellschaften, Gesellschaften mit beschränkter Haftung, eingetragene Genossenschaften. Handelsgeschäft, 126 Seiten. 1924.
(Sammlung Göschen Bd. 458.) Geb. 1.80

Eine gemeinverständliche Darstellung in gedrängter Form.

Hein, Joh., Die Zusammenhänge zwischen Steuerrecht und Handelsrecht und ihre Entwicklung, untersucht an dem Gewinn und an der Bewertung. Eine bilanzrechtliche und bilanzkritische Darstellung mit praktischen Beispielen. Groß-Oktav. X, 280 Seiten. 1928.
10.—, geb. 12.—

„Das Buch führt in klarer Gestaltung in die Probleme des Bilanzrechts ein. Eine übersichtliche Gliederung ermöglicht dem Kaufmann wie dem Juristen eine schnelle und doch gründliche Einführung in das ihn interessierende Gebiet. Ein eingehendes Sachregister leistet dabei gute Hilfe. Darüber hinaus stellt das Buch eine wesentliche Förderung für die dringend notwendige wissenschaftliche Behandlung des Steuerbilanzrechts und seiner Zusammenhänge mit den verwandten Rechtsmaterien dar.“ Zeitschrift für Handelsrecht.

Veröffentlichungen der Vereinigung der Handelsrechtslehrer deutscher Hochschulen.
Bericht über die erste Tagung der Vereinigung in Berlin am 7. und 8. März 1927 (Senatssaal der Universität). Mit Beiträgen von **Ernst Heymann, Hans Wüstendörfer, Otto Schreiber** und **Arthur Nußbaum.** Oktav. 65 Seiten. 1928. 5.—

Das Handelsrecht zeigt heute unter den privatrechtlichen Materien die meisten wissenschaftlichen und gesetzgeberischen Probleme und entwickelt am meisten Initiative. Unter diesen Verhältnissen werden sich die Veröffentlichungen der Vereinigung der Handelsrechtslehrer deutscher Hochschulen als besonders fruchtbar und förderlich erweisen.

Staubs Kommentar zum Handelsgesetzbuch. Zwölfte und dreizehnte Auflage. Bearbeitet von Heinrich Koenige, Albert Pinner, Felix Bondi. Vier Bände und ein Registerband. Groß-Oktav. 4000 Seiten. 1927.
Zusammen 157.—, in Halbleder 183.60

„Der Staubsche Kommentar ist das klassische Hilfswerk zum Deutschen Handelsgesetzbuch und für die Beurteilung der zahlreichen schwierigen Fragen dieses Gesetzes maßgebend geworden; es stellt ein unentbehrliches Mittel zur Erfassung und zur Anwendung des Gesetzes dar." Frankfurter Zeitung.

Mosse, Albert, und Heymann, Ernst, Handelsgesetzbuch (ohne Seerecht). Mit den ergänzenden Vorschriften des Bürgerlichen Gesetzbuchs und einem Anhang, enthaltend das Einführungsgesetz, das Depotgesetz, die Bestimmungen über Börsentermin- und Differenzgeschäfte u. a. Nebst Erläuterungen. Im Anschluß an die Textausgabe von F. Litthauer. Siebzehnte Auflage. Unter Mitwirkung von Karl August Crisolli. Oktav. VIII, 693 Seiten. 1926.
Geb. 14.—

(Guttentagsche Sammlung Deutscher Reichsgesetze Bd. 4.)

„Die Litthauer-Mossesche Ausgabe des Handelsgesetzbuches hat bei allen Praktikern seit langem den wohlbegründeten Ruf größter Zuverlässigkeit und übersichtlicher Anordnung, die mit möglichster Knappheit des Ausdrucks gepaart sind. Das Buch ist ein zuverlässiger Führer durch das immer schwieriger werdende Gebiet des Handelsrechts." Vossische Zeitung.

Handelsgesetzbuch nebst Einführungsgesetz und Seerecht. Elfte Auflage. 381 Seiten. 1924. Geb. 2.60

(Guttentagsche Sammlung von Textausgaben ohne Anmerkungen.)

Die handliche Ausgabe enthält den genauen Gesetzestext mit einem das Zurechtfinden sehr erleichternden Sachregister.

Baum, G., Das vertragliche Wettbewerbsverbot (Konkurrenzklausel). Nebst Kommentar zum Gesetze vom 10. Juni 1914. Taschenformat. XII, 231 Seiten. 1914. Geb. 3.—

(Guttentagsche Sammlung Deutscher Reichsgesetze Bd. 115.)

Gesellschaften

Brodmann, Erich, Aktienrecht. Kommentar. Groß-Oktav. XII, 580 Seiten. 1928. 28.—, geb. 30.—

(Gewerbe- und Industrie-Kommentar Bd. IV.)

„Mit unvergleichlichem Geschick hat der Verfasser Großartiges geleistet — Brodmann ist Trumpf!" Zeitschrift für Aktiengesellschaften.

Solmssen, Georg, Probleme des Aktienrechts unter besonderer Berücksichtigung ihrer Entwicklung in den Vereinigten Staaten von Amerika. Zweite Auflage. Oktav. I, 127 Seiten. 1928. 2.50

„Sämtliche Momente, die bei der Prüfung der Frage, ob und inwieweit das geltende deutsche Aktienrecht änderungsbedürftig ist, haben eine eingehende und umfassende Erörterung gefunden. Allen, die sich mit dieser recht heiklen Frage befassen, kann die Anschaffung des Werkes wärmstens empfohlen werden."
Badische Wirtschafts-Zeitung.

Hachenburg, Max, Kommentar zum Gesetz, betr. die Gesellschaften mit beschränkter Haftung. (Früher Staub-Hachenburg.) Fünfte Auflage unter Mitarbeit von Fritz Bing und Walter Schmidt. 2 Bände. 43.—, geb. 47.—
I. Band: §§ 1—34. Groß-Oktav. VI, 527 Seiten. 1926.
II. Band: §§ 35—84. Groß-Oktav. II, 452 Seiten. 1927.

„Was Hachenburg in seinen Neubearbeitungen aus diesem Buche gemacht hat, ist erstaunlich. Sein reiches juristisches Wissen, sein überlegener und kritischer Verstand, seine vorzügliche Gestaltungskraft und seine nur wenigen Juristen eigene vielseitige Auslegungskunst haben etwas Großes, Unvergleichliches geschaffen. Man findet selten ein literarisches Werk, in welchem Rechtsgelehrsamkeit und praktisches Können vereint einem Spezialgesetz so zugute kamen wie hier."
Zeitschrift für Aktiengesellschaften.

Brodmann, Erich, Gesetz, betr. die Gesellschaften mit beschränkter Haftung. Kommentar. Groß-Oktav. 2. Auflage. Im Druck.
(Gewerbe- und Industrie-Kommentar Bd. I.)

„Übersichtliche, klare Anordnung der Erläuterungen, tiefes Eindringen in die Einzelheiten des Gesetzes unter steter Berücksichtigung des Wirtschaftslebens, erschöpfende Wiedergabe der Rechtsprechung, namentlich des Reichsgerichts, sind die besonderen Vorzüge des Werkes, das damit ebenbürtig neben die anderen Reichsgerichtskommentare tritt und mit ihnen unentbehrliches Rüstzeug für Richter und Anwälte werden wird." *Badische Rechtspraxis.*

Parisius, Ludolf, und Crüger, Hans, Das Reichsgesetz, betr. die Gesellschaften mit beschränkter Haftung. Textausgabe mit Anmerkungen und Sachregister. Achtzehnte Auflage, bearbeitet von Adolf Crecelius und Fritz Citron. Taschenformat. 244 Seiten. 1929. Geb. 3.50
(Guttentagsche Sammlung Deutscher Reichsgesetze Bd. 32.)

„Die äußerst sachkundig erläuterte Ausgabe des Gesetzes, betreffend die Gesellschaften mit beschränkter Haftung, wird von den interessierten Kreisen freudig begrüßt werden. Wir können das Bändchen der bekannten Guttentagschen Sammlung bestens empfehlen." *Badische Wirtschafts-Zeitung.*

Klumpp, Hermann, Beiträge zur Rechtsstellung der Geschäftsführer einer G. m. b. H. nach deutschem und französischem Recht. Oktav. XVI, 180 Seiten. 1928. 6.—

Im G.m.b.H.-Recht hat die Stellung des Geschäftsführers besondere Bedeutung. Die vorliegende Arbeit, die unter Auswertung der umfangreichen Literatur eine eingehende Untersuchung dieser so wichtigen Frage nach deutschem und französischem Recht darstellt, wird in juristischen und geschäftlichen Kreisen Interesse finden.

Starke, Arthur, Offene Handelsgesellschaften, Kommanditgesellschaften und stille Gesellschaften von der Errichtung bis zur Auflösung. Nebst Vertrags- und Anmeldeformularen und mit Berücksichtigung des Steuerrechts. Oktav. XIV, 167 Seiten. 1928.

Eine systematische Darstellung für Studium und Praxis. 5.—

Wechselordnung und Scheckrecht

Staubs Kommentar zur Wechselordnung. Fortgesetzt von J. Stranz und M. Stranz. Zwölfte Auflage, bearbeitet von M. Stranz und Martin Stranz. Groß-Oktav. 432 Seiten. 1929.

16.—, geb. 18.—

„Zwei Namen klingen ans Ohr, die der deutschen Juristenwelt unvergeßlich sind, Hermann Staub und Josef Stranz. Was soll man mehr sagen? Staub-Stranz ist der Kommentar zur Wechselordnung. Auch die jüngste Auflage des Kommentars gibt einen echten Staub-Stranz. Weiterer Kommentar dazu ist überflüssig." *Juristische Wochenschrift.*

Stranz, J., und Stranz, M., Wechselordnung vom 3. Juni 1908. Kommentar. Zwölfte Auflage von M. und M. Stranz. Taschenformat. VIII, 396 Seiten. 1923. Mit Nachtrag 1926. Geb. 3.50

(Guttentagsche Sammlung Deutscher Reichsgesetze Bd. 5.)

„Die neue Ausgabe der Wechselordnung mit ihrem äußerst nützlichen, guten Kommentar ist sehr zu empfehlen. Erfreulicherweise enthält das Bändchen auch die Bestimmungen der Zivilprozeßordnung über Urkunden- und Wechselprozesse im Anhang." *Badische Wirtschaftszeitung.*

Wechselordnung in der Fassung der Bekanntmachung vom 3. Juni 1908 (RGBl. S. 326ff.). Mit einem Anhang, enthaltend den Wechselprozeß und Nebengesetze. Textausgabe mit Einleitung und Sachregister. Taschenformat. 102 Seiten. 1928. Geb. 1.50

(Guttentagsche Sammlung von Textausgaben ohne Anmerkungen.)

Vorteilhafte Anordnung, ein zuverlässiges Sachregister, das das Gesetz erschließt, Handlichkeit und sauberer Druck zeichnen auch die neue Auflage der Wechselordnung aus, deren Einleitung den letzten Stand dieser Materie erfaßt und deren Anhang „Nebengesetze" bis auf die letzte Zeit ergänzt ist.

Michaelis, Richard, Scheckgesetz mit allen einschlägigen Nebengesetzen, den ausländischen Gesetzen und dem Deutschen Postscheckgesetz mit Postscheckordnung. Kommentar. Groß-Oktav. VII, 339 Seiten. 1927. 16.—, geb. 18.—

(Gewerbe- und Industrie-Kommentar Bd. II.)

„Die vielen umfangreichen, den einzelnen Bestimmungen des Scheckgesetzes angefügten Bemerkungen behandeln die schwierige Materie in so tiefgründiger Weise, daß man in allen sich ergebenden Zweifelsfragen einer erschöpfenden Aufklärung gewiß sein darf. Es darf ferner nicht unerwähnt bleiben, daß das Buch nicht nur für den Gebrauch für den Juristen überaus geeignet erscheint, sondern auch infolge seiner klaren und allgemeinverständlichen Ausdrucksweise ein wertvolles Hilfsmittel für die Kreise des Gewerbes und der Industrie darstellt. Wir glauben deshalb nicht fehlzugehen, wenn wir dem ausgezeichneten Werke großen Erfolg voraussagen." *Blätter für Genossenschaftswesen.*

Schiffahrtsrecht

Schaps, Georg, **Das deutsche Seerecht.** Kommentar zum vierten Buche des Handelsgesetzbuches (als Ergänzung zu Staubs Kommentar) nebst Erläuterungen zu den seerechtlichen Nebengesetzen. Zweite, vollständig umgearbeitete Auflage herausgegeben von Max Mittelstein (†) und Julius Sebba.

I. Band. (Handelsgesetzbuch: Viertes Buch.) Groß-Oktav. VIII, 1041 Seiten. 1921. 25.—, geb. 28.—

II. Band. (Seerechtliche Nebengesetze. Bearbeitet von J. Sebba.) XVI, 1108 Seiten. 1929. 52.—, geb. 55.—

„Die alte, auf der Staubschen Kommentierungsmethode beruhende Auflage erfreute sich mit Recht schon großen Ansehens. In diesen bewährten Bahnen leistet die zweite Auflage an Vollständigkeit, Übersichtlichkeit und Genauigkeit das Höchste, was Wissenschaft und Praxis nur wünschen können."
Juristische Wochenschrift.

Brandis, Otto, **Das deutsche Seerecht** (mit Ausschluß des Seeversicherungsrechts.) I. Allgem. Lehren: Personen und Sachen des Seerechts. 130 Seiten. 1908. II. Die einzelnen seerechtlichen Schuldverhältnisse: Verträge des Seerechts und außervertragliche Haftung. 156 Seiten. 1908. Geb. 1.80

(Sammlung Göschen Bd. 386/87.)

Knitschky, W. E., **Die Seegesetzgebung.** Fünfte Auflage, **bearbeitet** von O. Rudorff. XXIV, 1024 Seiten. 1913. Vergriffen.

(Guttentagsche Sammlung Deutscher Reichsgesetze Bd. 19.)

Sieveking, Gustav, **Das deutsche Seeversicherungsrecht.** Kommentar zum zehnten Abschnitt des vierten Buches des Handelsgesetzbuches. Lexikon-Oktav. 218 Seiten. 1912. 5.—, geb. 6.80

„Der Kommentar ruht auf einer vortrefflichen Grundlage und zeigt sich auch in seinem Inhalte dieser Grundlage durchaus würdig. Er ersetzt ein Lehrbuch und kann daher auch zur Einführung in das Seeversicherungsrecht empfohlen werden."
Leipziger Zeitschrift für deutsches Recht.

Ritter, Carl, **Das Recht der Seeversicherung.** Ein Kommentar zu den Allgemeinen Deutschen Seeversicherungsbedingungen. Groß-Oktav. 2 Bände. 1494 Seiten. 1924. Geb. 100.—

(Friederichsen, de Gruyter & Co., m. b. H., Hamburg.)

Allgemeine Deutsche Seeversicherungs-Bedingungen. Im Jahre 1919 herausgegeben von den deutschen Seeversicherern nach Beratung mit deutschen Handelskammern und Fachverbänden unter Vorsitz der Handelskammer Hamburg. 16.—20. Tausend. 50 Seiten. 1925. 2.—

(Friederichsen, de Gruyter & Co., m. b. H., Hamburg.)

General Rules of Marine. Insurance 1919 adopted by the German Underwriters. Authorind Translation by Dr. Alfred Sieveking, larger in Hamburg. 64 Seiten. 1920. 3.—
(Friederichsen, de Gruyter & Co., m. b. H., Hamburg.)

Materialien zu den Allgemeinen Deutschen Seeversicherungs-Bedingungen. Im Auftrag der vereinigten Handelskammern herausgegeben von Prof. Dr. E. Bruck. Groß-Oktav. 2 Bände. 678 Seiten. 1920. 10.—
(Friederichsen, de Gruyter & Co., m. b. H., Hamburg.)

Makower, H., Gesetze, betreffend die privatrechtlichen Verhältnisse der Binnenschiffahrt und der Flößerei. Nach den Materialien erläutert. Sechste, vermehrte Auflage, bearbeitet von E. Loewe. Taschenformat. 458 Seiten. 1923. Geb. 4.—
(Guttentagsche Sammlung Deutscher Reichsgesetze Bd. 36.)
„Das vorzüglich bearbeitete Buch dürfte mit seinen klaren und verständlichen Erläuterungen für jeden, der in irgendeiner Weise mit der Binnenschiffahrt und der Flößerei zu tun hat, ein nie versagender Ratgeber sein." Schiffbau.

Sebba, Jul., Seewasserstraßenordnung. (Polizeiverordnung zur Regelung des Verkehrs auf den deutschen Seewasserstraßen vom 31. März 1927.) Taschenformat. 493 Seiten. 1928. Geb. 8.50
(Guttentagsche Sammlung Deutscher Reichsgesetze Nr. 171.)
Die vorliegende Ausgabe ist für die an dem neuen Gesetz interessierten beiden Fachgruppen, die der Nautiker und der Juristen, von gleich großer Bedeutung. Diese Verbindung zweier Kenntnisgebiete gibt dem vorliegenden Kommentar seine besondere Note und seinen großen Wert für sämtliche interessierten Kreise.

Bene, F., Der Begriff des Versicherungsfalles in der Seeversicherung. (Hamburger Rechtsstudien, herausgegeben von Mitgliedern der Rechts- und Staatswissenschaftlichen Fakultät der Hamburgischen Universität, Heft 1.) Groß-Oktav. 75 Seiten. 1928. 4.50
(Friederichsen, de Gruyter & Co., m. b. H., Hamburg.)

Elkan, H. H., Die Bedeutung des Interesses für die Veräußerung der versicherten Sache. (Hamburger Rechtsstudien, herausgegeben von Mitgliedern der Rechts- und Staatswissenschaftlichen Fakultät der Hamburgischen Universität, Heft 2.) Oktav. 58 Seiten. 1928.
(Friederichsen, de Gruyter & Co., m. b. H., Hamburg.) 4.—

Genossenschaften

Parisius, Ludolf, Crüger, Hans, Crecelius, Adolf, und Citron, Fritz, Reichsgesetz, betreffend die Erwerbs- und Wirtschaftsgenossenschaften. Kommentar zum praktischen Gebrauch für Juristen und Genossenschaften. Elfte, neubearbeitete Auflage. Groß-Oktav. XV, 598 Seiten. 1928. 28.—, geb. 30.—
„Crüger beherrscht wie kein anderer Theorie und Praxis des Genossenschaftswesens, auch nach der wissenschaftlichen Seite hin." Juristische Wochenschrift.

Handelsrecht

Parisius, Ludolf, und Crüger, Hans, Das Reichsgesetz, betreffend die Erwerbs- und Wirtschaftsgenossenschaften. Textausgabe mit Anmerkungen und Sachregister. Zwanzigste, neubearbeitete Auflage von Hans Crüger, Adolf Crecelius und Fritz Citron. Taschenformat. Im Druck.

(Guttentagsche Sammlung Deutscher Reichsgesetze Bd. 29.)

„Der Ruf der Verfasser als ausgezeichnete Kenner dieses schwierigen Rechtsgebietes und nicht weniger die vielen Vorzüge ihres Werkes, in dem auf möglichst beschränktem Raum unter stetem Eingehen auf Rechtsprechung und Literatur das Recht der Genossenschaften musterhaft erläutert wird, haben es zu der verbreitetsten Ausgabe des Gesetzes gemacht, zu der wohl jeder Jurist greift, wenn er sich schnell über eine Frage aus diesem Gebiet unterrichten will."

Kölnische Zeitung.

Verschiedenes

Schreiber, Otto, Handelsrechtliche Nebengesetze. Taschenformat. VIII, 1002 Seiten. 1926. Geb. 14.—

(Guttentagsche Sammlung Deutscher Reichsgesetze Bd. 162.)

„Die Sammlung ist ein unentbehrliches Hilfsmittel für den Praktiker. Die Zusammenstellung ist sehr zuverlässig; auch das Sachregister von Kleffel verdient volle Anerkennung. Druck und Ausstattung des Buches sind ausgezeichnet."

Zentralblatt für Handelsrecht.

Staffel, W., Verordnung gegen Mißbrauch wirtschaftlicher Machtstellungen vom 2. November 1923. Kommentar. Oktav. 108 Seiten. 1927. Geb. 3.50

(Guttentagsche Sammlung Deutscher Reichsgesetze Bd. 167.)

„Die für das Wirtschaftsrecht so wichtige Kartellverordnung findet hier eine eingehende Kommentierung aus der Feder eines in diese Fragen tief eingedrungenen Mitgliedes des höchsten Gerichtshofs. Die Erläuterungen werden daher um so unentbehrlicher für die wirtschaftliche Praxis auf diesem Gebiete sein."

Industrie- und Handelszeitung.

Lusensky, F., Gesetz über die Handelskammern. Taschenformat. Neue Auflage in Vorbereitung.

(Guttentagsche Sammlung Preußischer Gesetze Bd. 21.)

„Das Buch ist ein vortrefflicher Berater aller derer, die in der Handelskammerorganisation sind oder zu ihr in Beziehung stehen. Der erste Teil gibt einen geschichtlichen Überblick über die Entwicklung der preußischen Handelskammern, Entstehungsgeschichte und Inhalt des Handelskammergesetzes. Den zweiten Teil bildet der Kommentar zum Gesetze, in dem der Verfasser die einzelnen Bestimmungen in ihrer Bedeutung und praktischen Tragweite eingehend erörtert und daneben auch auf andere für das Handelskammerwesen wichtige gesetzliche Materien eingeht. Das Buch kann warm empfohlen werden."

Zeitschrift für Polizei- und Verwaltungsbeamte.

Bank und Börse

Göppert-Seydel, Hypothekenbankgesetz vom 13. Juli 1899 (mit den Änderungen durch die Gesetze vom 14. Juli 1923, vom 26. Januar 1926 und 21. Dezember 1927). Textausgabe mit Einleitung, Anmerkungen und Sachregister. Dritte Auflage bearbeitet von Dr. Martin Friedländer. Taschenformat. VIII, 202 Seiten. 1929. 5.—

(Guttentagsche Sammlung Deutscher Reichsgesetze Nr. 51.)

Die vorliegende Auflage des bekannten „Göppert-Seydel" ist den veränderten Verhältnissen entsprechend vollkommen umgearbeitet worden; sie berücksichtigt sowohl die nach dem Kriege erfolgten Änderungen und Ergänzungen des Gesetzes und des Aufwertungsrechtes wie auch die Judikatur und das Schrifttum bis auf die letzte Zeit. Damit kommen die Vorzüge des „Göppert-Seydel" der Praxis und Wissenschaft wieder in ihrem ganzen Umfange zugute.

Koch, R., und Schacht, Hjalmar, Die Reichsgesetzgebung über das Münz- und Notenbankwesen. Textausgabe mit Anmerkungen und Sachregister. Siebente, völlig neubearbeitete Auflage. Taschenformat. XVIII, 617 Seiten. 1925. Geb. 14.—

(Guttentagsche Sammlung Deutscher Reichsgesetze Bd. 26.)

„Dieser Kommentar zeichnet sich durch Vollständigkeit und Reichhaltigkeit aus und bietet außerdem in der Einleitung einen vortrefflichen Überblick über die Entwicklung des deutschen Noten- und Geldwesens während der letzten Jahrzehnte."
Monatsschrift für Handelsrecht und Bankwesen.

Nußbaum, Arthur, Bank- und Börsenrecht. Eine Sammlung von Gesetzen und Geschäftsbedingungen. Taschenformat. XII, 622 Seiten. 1927. Geb. 11.—

(Guttentagsche Sammlung Deutscher Reichsgesetze Bd. 169.)

Die vorliegende Sammlung der verstreuten bank- und börsenrechtlichen Vorschriften fehlte bisher in der kaufmännischen und juristischen Bankpraxis ebenso wie im handelsrechtlichen und betriebswirtschaftlichen Unterricht. Ihr Erscheinen wurde daher vielseitig begrüßt. Die Sammlung berücksichtigt auch die dem freien Verkehr entstammenden Rechtsbildungen.

Kommentar zum Börsengesetz. Im Auftrage des Centralverbandes des Deutschen Bank- und Bankiersgewerbes (E. V.) bearbeitet von H. Rehm, H. Trumpler, Heinrich Dove, Ernst Neukamp, R. Schmidt-Ernsthausen, James Breit. Mit einem Vorwort von J. Rießer. Lexikon-Oktav. VIII, 464 Seiten. 1909. 12.—, geb. 13.50

„Einen so guten Kommentar zum Börsengesetze hat es noch nie gegeben. Wer sich darein vertieft, wird reiche Belehrung daraus schöpfen über das Börsenwesen im allgemeinen und über seine Rechtsübung und Rechtsprechung im besonderen."
Sächsisches Archiv für Rechtspflege.

Hemptenmacher, Th., Börsengesetz. Dritte Auflage von O. Meyer. Taschenformat. XXIII, 373 Seiten. 1915. Geb. 3.50

(Guttentagsche Sammlung Deutscher Reichsgesetze Bd. 41.)

„Das Bändchen bringt neben einem kurzen Überblick und einem vorteilhaft erweiterten Anhang das Börsengesetz nebst Ausführungsbestimmungen. Die einzelnen Paragraphen sind sehr ausgiebig und in gemeinverständlicher Weise kommentiert. Alles in allem schließt sich auch dieses Bändchen wieder den übrigen Textausgaben der wegen ihrer unbedingten und erschöpfenden Sachlichkeit bekannten Guttentagschen Sammlung Deutscher Reichsgesetze würdig an."

Bayrische Handelszeitung.

Lusensky, F., Gesetz, betreffend die Pflichten der Kaufleute bei Aufbewahrung fremder Wertpapiere (Depotgesetz). Neue Auflage in Bearbeitung.

(Guttentagsche Sammlung Deutscher Reichsgesetze Bd. 40.)

„Die beste Bearbeitung des sogenannten Depotgesetzes."

Zeitschrift für Aktiengesellschaften.

Frohner, G., Aktiensonderdepot und Legitimationsübertragung. (Hamburger Rechtsstudien, herausgegeben von Mitgliedern der Rechts- und Staatswissenschaftlichen Fakultät der Hamburgischen Universität, Heft 3.) Groß-Oktav. VII, 114 Seiten. 1929. 7.—

(Friederichsen, de Gruyter & Co., m. b. H., Hamburg.)

Schwerin, Frh. Cl. von, Recht der Wertpapiere (einschließlich Wechsel- und Scheckverkehr). Oktav. X, 234 Seiten. 1924. 7.—, geb. 8.50

(Lehrbücher und Grundrisse der Rechtswissenschaft Bd. 7.)

„Das Buch löst seine Aufgabe, den Studierenden eine Einführung in die Materie des Wertpapierrechts zu geben, ausgezeichnet, vor allem deshalb, weil es eine gute theoretische Fundierung mit einer dem Lehrzweck entsprechenden Darstellung des praktischen Rechts und der Rechtstatsachen verbindet."

Deutsche Juristenzeitung.

Bank-Archiv. Zeitschrift für Bank- und Börsenwesen. Unter Mitwirkung von hervorragenden Fachmännern herausgegeben von Geh. Justizrat Prof. Dr. Rießer, Berlin. Schriftleitung: Rechtsanwalt Otto Bernstein, geschäftsführendes Mitglied des Centralverbands des Deutschen Bank- und Bankiergewerbes. Quart. Jährlich 24 Nummern. XXIX. Jahrgang. 1929/30. Pro Halbjahr 12.—

„Ein von sachverständigen Mitarbeitern unterstütztes Organ, das in der glücklichen Vermischung von wissenschaftlichen Aufsätzen mit Mitteilungen aus der bankmännischen und gerichtlichen Praxis einen Berater von exzeptionellem Werte bildet."

Frankfurter Zeitung.

Zeitgemäße Bankrechtsfragen. Festgabe der Rechtsabteilung der Disconto-Gesellschaft zum 70. Geburtstage des Herrn Dr. jur. Arthur Salomonsohn. Quart. 126 Seiten. 1929.
8.—, geb. 10.—

Inhalt: Zwingende Vorschriften im Aktienrecht. Von Dr. jur. Walter Hartmann. — Londoner Vorkriegsdepots. Von Rechtsanwalt Dr. jur. Hans-Alfons Simon. — Zweitstellige Pfand- und Sicherungsrechte. Von Rechtsanwalt Wilhelm Schütz. — Dotations-Konten (Pfändung und Aufwertung). Von Rechtsanwalt Erich Kraetke. — Das Avis als Verpflichtungsgrund. Von Rechtsanwalt Curt Paechter. — Wirtschaftliche Bedeutung und steuerliche Auswirkung des Steuermilderungsgesetzes bei Betriebszusammenschlüssen. Von Regierungsrat a. D. Dr. Hans Paschke. — Kreditsicherung durch Begründung von Miteigentum. Von Rechtsanwalt Dr. jur. Günther Schirdewahn. — Schutz des Geschäftsverkehrs gegen unbekannte Verfügungsbeschränkungen. Von Gerichtsassessor Dr. jur. Hans-Herbert Wimmer.

Verhandlungen des VII. allgemeinen Deutschen Bankiertages. Köln 9.—11. September 1928 auf Grund stenographischer Berichte. Groß-Oktav. 436 Seiten. 10.—

III. Grenzgebiete des Bürgerlichen Rechts

1. Privat- und Sozialversicherung

Koenige, Heinrich, und **Petersen,** A., **Gesetz über die privaten Versicherungsunternehmungen** vom 12. Mai 1901. Textausgabe mit Anmerkungen und Sachregister. Dritte, umgearbeitete Auflage. Taschenformat. 856 Seiten. 1927. Geb. 20.—

(Guttentagsche Sammlung Deutscher Reichsgesetze Bd. 62.)

„Der Verfasser hat es meisterhaft verstanden, reiche Literatur und Judikatur zu dem wichtigen Grundgesetz der Privatversicherung mit seiner eigenen selbständigen Auffassung von der Bedeutung der Gesetzesbestimmungen in Verbindung zu bringen. Für Theorie und Praxis der Privatversicherung wird das Werk dadurch zu einem unentbehrlichen Hilfsmittel." Deutsche Versicherten-Zeitung.

Bruck, E., **Reichsgesetz über den Versicherungsvertrag** nebst dem zugehörigen Einführungsgesetz vom 30. Mai 1908. Sechste, vollkommen neubearbeitete Auflage. Taschenformat. 708 Seiten. 1929. Geb. 14.—

(Guttentagsche Sammlung Deutscher Reichsgesetze Bd. 83.)

„Die Vorzüge, welche die früheren Auflagen schon zeigten, die Fülle des Gebotenen, die Beherrschung des Stoffes, die anschauliche und doch knappe Sprache, und dies alles in dem engen Rahmen einer Textausgabe, kleinen Handausgabe mit Anmerkungen, sind auch dieser Auflage in hohem Maße eigen."
Mitteilungen für die öffentlichen Feuerversicherungs-Anstalten.

Moldenhauer, Paul, **Das Versicherungswesen.**

I. Allgemeine Versicherungslehre. Vierte Auflage. 152 Seiten. 1925. Geb. 1.80
(Sammlung Göschen Bd. 262.)

II. Die einzelnen Versicherungszweige. Zweite Auflage. 130 Seiten. 1923. Geb. 1.80
(Sammlung Göschen Bd. 636.)

„Das Buch ist für jeden, der sich mit dem Versicherungswesen und seinen Zweigen vertraut machen will, auch für den Versicherungsmann als Einführung in die eine oder die andere Materie, die nicht zu seinem unmittelbaren Arbeitsgebiet gehört, ein trefflicher Führer, da es über die technische, wirtschaftliche und organisatorische Grundlage der behandelten Zweige gründlich informiert."
Versicherungspost.

Veröffentlichungen des Reichs-Aufsichtsamts für Privatversicherung. Groß-Oktav. Jahrg. 1—2, je 2.50. Jahrg. 3—16, je 6.—. Jahrg. 17—21, je 7.50. Jahrg. 22, 15.—. Jahrg. 23, 18.—. Jahrg. 24, 21.—. Jahrg. 25, 50.—. Jahrg. 26, 51.50. Jahrg. 27, Heft 1—3, 28.—. Jahrg. 28, Heft 1, 6.—. 2, 13.—. 3, 9.—.

Versicherungsstatistik für 1902 über die unter Reichsaufsicht stehenden Unternehmungen. Herausgegeben vom Reichsaufsichtsamt für Privatversicherung. Lexikon-Oktav. LXXVII, 384 Seiten. 1905. 10.—

— für 1903 bis 1917. Je Jahrgang 10.—

Berliner, Ludwig, und **Pfaffenberger,** Ernst, **Aufwertung von Versicherungsansprüchen** mit Durchführungsbestimmungen.

I. Teil. Oktav. 235 Seiten. 1926. Mit Nachtrag. Geb. 6.50
(Guttentagsche Sammlung Deutscher Reichsgesetze Bd. 164.)

II. Teil: Sach- und Transportversicherung; Unfall- und Haftpflichtversicherung. Oktav. 112 Seiten. 1926. Geb. 3.50
(Guttentagsche Sammlung Deutscher Reichsgesetze Bd. 164a.)

„Das Werk ist ein bedeutsamer Kommentar, durch den die gesetzlichen Bestimmungen von der juristischen und versicherungstechnischen Seite aus eingehend erläutert werden. In seinem straffen, systematischen Aufbau, der Geschlossenheit der Darstellung muß man das Buch als ein Standardwerk für das gesamte versicherungsrechtliche Aufwertungsgebiet bezeichnen.
Quellenangaben, sorgfältige Zitierungen, Stichwortverzeichnis erhöhen den praktischen Wert und machen es zum unentbehrlichen Ratgeber in allen interessierten Kreisen.“ *Versicherungs-Post, Berlin.*

Lippmann, Karl, **Die Reichsversicherungsordnung** in der Fassung der Bekanntmachung vom 15. Dezember 1924 und des Gesetzes über das Reichsschiedsamt vom 22. Januar 1925 nebst dem Einführungsgesetze, den wichtigsten Ausführungsvorschriften, den ergänzenden Gesetzen und Verordnungen sowie den Verordnungen über das Verfahren. Oktav. XV, 589 Seiten. 1925. Geb. 11.—

Ergänzungsband, enthaltend den vollständigen Wortlaut der neuen Fassung des Unfallversicherungsgesetzes sowie die Ergänzungen der übrigen Bücher der RVO. Oktav. 224 Seiten. 1926. Geb. 4.—

Zweiter Ergänzungsband, enthaltend weitere Änderungen und Ergänzungen durch die in der Zeit von Anfang 1926 bis Mitte 1928 erlassenen Gesetze und Verordnungen. Zweite, vermehrte Ausgabe, Stand vom 1. Juli 1928. Oktav. 71 Seiten. 1928. —.80
(Guttentagsche Sammlung Deutscher Reichsgesetze Bd. 161 bis 161c.)

Dritter Ergänzungsband, enthaltend weitere Änderungen und Ergänzungen durch die bis Mitte 1929 erlassenen Gesetze und Verordnungen. Oktav. 81 Seiten. 1929. 1.—
(Guttentagsche Sammlung Deutscher Reichsgesetze Bd. 161c.)

„Das Buch dürfte sich in der Bibliothek eines jeden finden, der sich mit der Reichsversicherungsordnung befaßt. Es gehört zu den praktisch wertvollsten.“
Deutsche Allgemeine Zeitung.

Reuß, Max, und Hense, Fritz. Das Reichsknappschaftsgesetz vom 1. Juli 1926 nebst Einführungsgesetz. 2. Aufl. Taschenformat. XVI, 640 Seiten. 1926. Geb. 12.—
(Guttentagsche Sammlung Deutscher Reichsgesetze Bd. 155.)

„Zur rechten Zeit erscheint die Erläuterung des Reichsknappschaftsgesetzes aus der Feder zweier Männer, die schon seit Jahren im Verwaltungs- und Aufsichtsdienste des Knappschaftswesens tätig sind und bei der Verabschiedung des Gesetzes mit in erster Linie gestanden haben. Die Herausgabe des Gesetzes aus ihrer Feder bedarf daher keiner besonderen Empfehlung. Das Buch kann allen, die auf dem Gebiete des Knappschaftswesens tätig sind, aufs wärmste empfohlen werden."
Zeitschrift für Bergrecht.

Angestelltenversicherungsgesetz vom 28. Mai 1924. Zweite Auflage. Taschenformat. 143 Seiten. 1927. Mit Nachtrag. Geb. 2.50
(Guttentagsche Sammlung Deutscher Reichsgesetze. Textausgaben ohne Anmerkungen.)

Diese neue Ausgabe entspricht der neuesten Fassung des Gesetzes unter Berücksichtigung der letzten Änderungen und Verordnungen. Das beigefügte Sachregister erleichtert das rasche Zurechtfinden in den einzelnen Bestimmungen des Gesetzes.

Manes, Alfred, Sozialversicherung. 7. ergänzte Aufl. 1928. Kl.-Oktav. 139 Seiten. Geb. 1.80
(Sammlung Göschen Bd. 267.)

„Es gibt keine andere Darstellung der geltenden Sozialversicherung, die in solch erfreulicher Kürze und Sachlichkeit durch die annähernd 2400 Paragraphen führt." *Hanseatische Rechts- und Gerichts-Zeitschrift.*

Schmeißer, Herbert, Handbuch der Arbeitslosenversicherung. Mit einer Einführung und Erläuterungen. Taschenformat. 2. Aufl. Im Druck.
(Guttentagsche Sammlung Deutscher Reichsgesetze Bd. 165.)

„Das Buch gibt in kurzer, aber ausreichender Form eine Darstellung des gesamten Rechtsstoffes der Erwerbslosenfürsorge unter Anpassung an die praktischen Bedürfnisse. Das Buch, das als Handbuch bezeichnet wird, ist allen Arbeitsnachweisen, Kommunalbehörden, Parlamentariern, Gewerkschaften und Angestelltenverbänden zu empfehlen, zumal es sich um Vorschriften handelt, die in politischer, volkswirtschaftlicher und finanzieller Hinsicht zur Zeit weit schwerwiegender sind als die sonstiger sozialer Gesetze."
Kommunalpolitische Blätter.

2. Arbeitsrecht

Depène, Hans, Das Arbeitsgerichtsgesetz. Taschenformat. 180 Seiten. 1927. Geb. 3.60
(Guttentagsche Sammlung Deutscher Reichsgesetze Bd. 168.)

„Die neue Materie des Arbeitsgerichtsgesetzes erfordert in erhöhtem Maße das Interesse des Unternehmers. Zur Einarbeitung ist das vorliegende Buch besonders brauchbar, weil es sich nicht um einen Kommentar mit vielen Details handelt, sondern um eine Textausgabe mit einer ausführlichen, von einem hervorragenden Sachkenner verfaßten Einleitung. Daß die entsprechenden Bestimmungen anderer einschlägiger Gesetze gleich mit abgedruckt sind, ist ein großer Vorteil."
Wirtschaftliche Rundschau.

Entscheidungen des Reichsarbeitsgerichts. Herausgegeben von den Mitgliedern des Reichsarbeitsgerichts. Oktav.

Band I. 1928.	6.50, geb. 8.—
Band II. 1928/29.	6.50, geb. 8.—
Band III. 1929.	6.50, geb. 8.—
Band IV. 1929/30.	6.50, geb. 8.—

Die neue Sammlung gibt in der Art der beiden bekannten bisherigen Reihen der Entscheidungen des Reichsgerichts, herausgegeben von den Mitgliedern des Reichsgerichts, die amtliche Auswahl der zur Veröffentlichung bestimmten Entscheidungen des Reichsarbeitsgerichts.

Arbeitsrechtliche Spruchsammlung. Beilage zum Deutschen Handwerksblatt. Pro Quartal —.90

Günther, Adolf, und **Schneider,** Richard, **Arbeiterschutz und Arbeitsrecht.** Zweite Auflage. Taschenformat.

I. Teil: **Arbeitszeitschutz.** Das Arbeitszeitnotgesetz und die übrige arbeitszeitrechtliche Gesetzgebung des Reichs seit dem 9. November 1918. 386 Seiten. 1927. Geb. 7.50

„Die Arbeit ist der 1. Auflage gegenüber ein völlig neues Buch. Der Kommentar umfaßt die gesamte arbeitszeitrechtliche Gesetzgebung von der Staatsumwälzung bis zur Gegenwart, und zwar nicht nur die allgemeinen Bestimmungen, sondern auch die für einzelne Gewerbezweige und Einzelbetriebe erlassenen Verordnungen. Auch die internationale Regelung des Arbeitszeitschutzes findet Berücksichtigung. Das Buch ist ein Führer durch das weite und unübersichtliche Gebiet der arbeitszeitrechtlichen Gesetzgebung. Ein ausführliches Sachregister soll die praktische Benutzung erleichtern." Die Wirtschafts-Genossenschaft.

II. Teil: Gesetz über die **Beschäftigung Schwerbeschädigter** nebst den einschlägigen gesetzlichen Bestimmungen. 404 Seiten. 1928. Geb. 8.—

(Guttentagsche Sammlung Deutscher Reichsgesetze Bd. 138a/138c.)

„Die umfassende Rechtsprechung und die angehende wissenschaftliche Bearbeitung, die das Gesetz erfahren hat, beweisen seine hohe wirtschafts- und sozialpolitische Bedeutung. Das Buch stellt somit nicht nur beim Studium des Gesetzes ein wertvolles Hilfsmittel dar, sondern ist auch für den Handgebrauch des Arbeitsrechtspraktikers unentbehrlich." Berliner Wohlfahrtsblatt.

IV. Teil: **Betriebsstillegungsverordnung.** 240 Seiten. 1929. Geb. 6.50

(Guttentagsche Sammlung Deutscher Reichsgesetze. Bd. 138d.)

Tilly, Dr. Helmuth Tczerclas von, **Internationales Arbeitsrecht.** Unter besonderer Berücksichtigung der Internationalen Arbeitsorganisation. 120 Seiten. 1924. Geb. 1.80

(Sammlung Göschen Bd. 882.)

Es ist das erste Werk, das in klarer, kurzer und allen leicht verständlicher Weise das gesamte grundlegende Tatsachenmaterial — und zwar nur dieses — auf dem umfassenden Gebiete des internationalen Arbeiterschutzes von dessen ersten Anfängen bis in die neueste Zeit bietet.

3. Gewerberecht

Hiller, Fr., und Luppe, H., Gewerbeordnung für das Deutsche Reich nebst Kinderschutzgesetz und Hausarbeitsgesetz sowie den für das Reich und Preußen erlassenen Ausführungsbestimmungen. Einundzwanzigste, veränderte Auflage. (143. bis 148. Tausend.) Taschenformat. 931 Seiten. 1928. Mit Nachtrag vom 11. Febr. 1929. Geb. 11.—

(Guttentagsche Sammlung Deutscher Reichsgesetze Bd. 6.)

„Ein Wort der Empfehlung für dieses Buch zu sagen, erübrigt sich. Hervorgehoben sei, daß diese Auflage alle Vorzüge der früheren Auflagen in sich schließt. Die zahlreichen neuen Gesetze sind erschöpfend berücksichtigt."
Zeitschrift des Deutschen Notarvereins.

Brassert, H., Allgemeines Berggesetz für die preußischen Staaten mit Kommentar. Zweite Auflage, bearbeitet von Hans Gottschalk. Groß-Oktav. XXIX, 1291 Seiten. 1914. 27.—, geb. 30.—

Sonnenfeld, Hugo, Die reichsrechtlichen Bestimmungen, betreffend den Handel mit Drogen und Giften. Dritte, veränderte Auflage. Taschenformat. 435 Seiten. 1926. Geb. 12.—

(Guttentagsche Sammlung Deutscher Reichsgesetze Bd. 64.)

„Die Arbeit gehört einem Spezialgebiet an, mit dem nicht jeder Jurist zu tun hat. Wird er einmal genötigt, sich auf dieses Gebiet zu begeben, so ist er um so dankbarer für eine Arbeit, die sofort den Eindruck größter Sachkunde und vollständiger Materialsammlung macht, und deren Führung man sich unbedenklich anvertrauen kann." *Vossische Zeitung.*

Lebbin, Georg, Nahrungsmittelgesetze mit Erläuterungen. Zweite, stark vermehrte Auflage in zwei Bänden.

I. Band: Das Lebensmittelgesetz vom 5. Juli 1927 mit Nebengesetzen (Margarine, Fleisch, Milch, Süßstoff, Essigsäure usw.). Erläutert von G. Lebbin und R. Gießner. Taschenformat. XVI, 419 Seiten. 1928. Geb. 8.50

II. Band: Getränkegesetze und Getränkesteuergesetze (Wein, Bier, Branntwein, Mineralwasser). Unter Mitarbeit von Rechtsanwalt Dr. Kniebe. Taschenformat. XII, 400 Seiten. 1926. Geb. 10.—

(Guttentagsche Sammlung Deutscher Reichsgesetze Bd. 54b.)

„Das Werk, in der bekannten und bewährten Aufmachung der Gesetzessammlung gearbeitet, ist für unsere Leser und überhaupt die ganze Fachwelt der Getränkeindustrie unentbehrlich, muß doch jedermann mit den einschlägigen Gesetzesbestimmungen sich soweit wie irgend möglich vertraut machen, wenn er nicht in Nachteile geraten will. Die Anschaffung des Buches kann bestens empfohlen werden." *Branntweinmonopol.*

Voß, Werner, Die reichs- und landesrechtlichen Bestimmungen auf dem Gebiete des Gesundheitswesens. Taschenformat. 608 Seiten. 1929. (Guttentagsche Sammlung Deutscher Reichsgesetze Bd. 172.) Geb. 11.–

Der vorliegende Band ist eine auf die Praxis abgestimmte Sammlung der Gesetze, Verordnungen und Bestimmungen auf dem Gebiete des Gesundheitswesens, wie sie in dieser Vollständigkeit noch nicht besteht. Dadurch erst ist ein zuverlässiger und rascher Überblick über die einschlägigen weitverstreuten Bestimmungen usw. gewährleistet. Die bei der Guttentagschen Sammlung bewährte Übersichtlichkeit der Anordnung, die Erläuterungen und Verweisungen aus der Feder eines Fachmannes und die Handlichkeit des Formats sowie die Vielseitigkeit der Auswahl sichern auch diesem Bande einen weiten Benutzerkreis.

4. Geistig-gewerblicher Rechtsschutz

Pietzcker, Eduard, Patentgesetz und Gebrauchsmusterschutzgesetz. Kommentar unter Berücksichtigung der vorgeschlagenen und weiter beantragten Abänderungen des Patentgesetzes. Erster Halbband: §§ 1—12 PatG. Groß-Oktav. 427 Seiten. 1929. 26.—, geb. 28.— (Gewerbe- und Industrie-Kommentar Bd. V, 1.)

„Dies Werk erfüllt die Anforderungen an einen mit wissenschaftlichem Geiste erfüllten Kommentar in bewundernswerter Weise. Es ist die sorglich zur Reife gebrachte Frucht reicher Erfahrung, und ich glaube nicht zuviel zu sagen, wenn ich ihm nachrühme, daß er mit dem ersten Augenblick seines Erscheinens sich seinen Platz in der ersten Reihe der gesamten Kommentarliteratur gesichert hat.

Es ist nicht nur ein Genuß, diese klare Sprache zu lesen, der geschlossenen Entwicklung der sachlichen Darstellung zu folgen, es ist vor allem eine Freude, die wissenschaftliche Gründlichkeit und den gedanklichen Reichtum dieser Arbeit in sich aufzunehmen.

Die überall zutage tretende geistige Leistung macht Pietzckers Kommentar für jeden, der sich mit diesem Rechtsgebiet zu beschäftigen hat, zum unentbehrlichen Rüstzeug.“ Markenschutz und Wettbewerb.

Seligsohn, Arnold, Patentgesetz und Gesetz, betr. den Schutz von Gebrauchsmustern. Siebente Auflage. Oktav. 1929. In Bearbeitung.

„Die Vorzüge des Buches sind bekannt. Klare, leichtfaßliche Sprache, wissenschaftliche Vertiefung, dabei starke Betonung der Praxis, lückenlose Behandlung aller Probleme sind die Vorzüge, die den Seligsohnschen Kommentar zum unentbehrlichen Rüstzeug jedes im gewerblichen Rechtsschutz Tätigen gemacht haben.“ Mitteilungen vom Verband Deutscher Patentanwälte.

Lutter, R., Patentgesetz. Nebst Ausführungsbestimmungen, völkerrechtlichen Verträgen und Patentanwaltsgesetz, unter eingehender Berücksichtigung der Rechtsprechung des Reichsgerichts und der Praxis des Reichspatentamts. Neunte Auflage. Taschenformat. XV, 467 Seiten. 1928. Geb. 10.— (Guttentagsche Sammlung Deutscher Reichsgesetze Bd. 22.)

„Der jetzige Verfasser hat einen völlig neuen Kommentar geschaffen, der in seiner Knappheit und Sparsamkeit dem ursprünglichen Zweck gerecht wird, aber an wissenschaftlicher Durcharbeitung und Gründlichkeit die vorangegangenen Auflagen weit überragt. Die jetzt vorliegende Auflage zeichnet sich durch Reichhaltigkeit, Genauigkeit und Klarheit aus.“ Gewerblicher Rechtsschutz und Urheberrecht.

Elster, Alexander, **Urheber- und Erfinder-, Warenzeichen- und Wettbewerbsrecht.** (Gewerblicher Rechtsschutz.) Zweite, stark erweiterte und völlig umgearbeitete Auflage. Mit Abdruck der Gesetzestexte. Oktav. XII, 611 Seiten. 1928. 18.—, geb. 19.50

(Lehrbücher und Grundrisse der Rechtswissenschaft Bd. VIII.)

„Seit Kohler und Osterrieth endlich wieder das lang entbehrte Lehrbuch. Hier unternimmt ein wahrhaft selbständiger und ideenreicher Kopf den Versuch, eine wirkliche Synthese zu schaffen." *Juristische Rundschau.*

Neuberg, J., **Der internationale gewerbliche Rechtsschutz.** 2. Auflage. 128 Seiten. 1923. Geb. 1.80

(Sammlung Göschen Bd. 271.)

Neuberg, Johannes, **Gesetz, betr. das Urheberrecht an Mustern und Modellen,** und Gesetz, betr. den Schutz von Gebrauchsmustern, nebst den zu beiden Gesetzen ergangenen Ausführungsverordnungen und abgeschlossenen internationalen Verträgen. Textausgabe mit Einleitung, Anmerkungen und Sachregister. Taschenformat. 192 Seiten. 1911. Geb. 2.40

(Guttentagsche Sammlung Deutscher Reichsgesetze Bd. 102.)

„Die Anmerkungen sind kurz, klar, treffend, mit Nachweisungen aus der Judikatur und aus der Literatur versehen. Sie ermöglichen auch dem mit der Materie nicht vertrauten Praktiker eine schnelle Orientierung über den Stand der Frage." *Zeitschrift für das gesamte Handelsrecht.*

Daude, Paul, **Die Reichsgesetze über das Urheberrecht an Werken der Literatur und der Tonkunst und das Verlagsrecht** vom 19. Juni 1901 in der Fassung des Gesetzes vom 22. Mai 1910 zur Ausführung der revidierten Berner Übereinkunft. Oktav. VIII, 293 Seiten. 1910. 6.—

„Der Zusammenhang der erläuterten Gesetze mit dem Strafgesetzbuch, dem Bürgerlichen Gesetzbuch und anderen Gesetzen ist in leichtverständlicher Weise praktisch dargestellt. Literatur und Rechtsprechung sind angemessen berücksichtigt. Dem praktischen Juristen, dem Buchhändler und dem Autor wird es gleichermaßen vorzügliche Dienste leisten." *Deutsche Literatur-Zeitung.*

Lindemann, O., **Gesetz, betr. das Urheberrecht** an Werken der Literatur und der Tonkunst. Vierte Auflage. Taschenformat. 171 Seiten. 1921. Geb. 1.80

(Guttentagsche Sammlung Deutscher Reichsgesetze Bd. 60.)

„Die vorliegende Arbeit ist nicht bloß eine Gesetzesausgabe, sondern mit ihren sachgemäßen, gründlichen, sorgfältig gearbeiteten, wenn auch kurzen Erläuterungen zu den einzelnen Paragraphen ein wertvoller Kommentar des Gesetzes. Das Werk sei jedermann auf das beste empfohlen." *Juristische Wochenschrift.*

Fuld, Ludwig, Gesetz, betr. das Urheberrecht an Werken der bildenden Künste und der Photographie. Zweite Auflage. Taschenformat. 192 Seiten. 1925. Geb. 6.—

(Guttentagsche Sammlung Deutscher Reichsgesetze Bd. 81.)

„Der zwar kleine, aber inhaltreiche und daher sehr beliebte Kommentar von Fuld erscheint in zweiter, völlig neubearbeiteter Auflage. Überall ist dem Stande der heutigen Rechtsprechung und wissenschaftlichen Auffassungen Rechnung getragen. In einem Anhang sind die einschlägigen internationalen Übereinkommen abgedruckt. Alle Interessenten werden mit Freuden die neue Auflage begrüßen." Danziger Juristische Monatsschrift.

Heinitz, Ernst, und Marwitz, Bruno, Das Reichsgesetz über das Verlagsrecht. Textausgabe mit Einleitung, Anmerkungen und Sachregister. Dritte Auflage. Taschenformat. 136 Seiten. 1922. Geb. 1.60

(Guttentagsche Sammlung Deutscher Reichsgesetze Bd. 61.)

„Dieser kurze Kommentar ist durch seine knappen, das Wichtige klar vortragenden Darlegungen dazu berufen, eine Lücke auszufüllen, die sich für den Praktiker des Verlagsrechts seit Jahren ergab. Man darf deshalb das Erscheinen dieser neuen Auflage aus der Feder des Spezialisten des Verlagsrechts mit größter Freude begrüßen." Börsenblatt für den Deutschen Buchhandel.

Elster, A., Das deutsche Urheber- und Verlagsrecht. 128 Seiten. 1923. Geb. 1.80

(Sammlung Göschen Bd. 863.)

„Erstaunlich ist, wie Elster diese beiden so viel umstrittenen Gesetze auf so engem Raum in vortrefflicher Weise zur Darstellung gebracht hat." Deutscher Journalistenspiegel.

Heymann, E., Die zeitliche Begrenzung des Urheberrechts. Oktav. 74 Seiten. 1927. 5.—

(Sitzungsberichte der Preußischen Akademie der Wissenschaften zu Berlin.)

Elster, A., Das deutsche Erfinderrecht. (Patent- und Musterschutzrecht). 118 Seiten. 1924. Geb. 1.80

(Sammlung Göschen Bd. 891.)

„Die Aufgabe, einen Überblick über das deutsche Erfinderrecht zu geben, ist im Rahmen der kurzen Erörterungen mit viel Geschick gelöst. Deshalb wird das Büchlein auch bei allen Gruppen der am Patentrecht interessierten Personen seine Freunde finden." Gewerblicher Rechtsschutz und Urheberrecht.

Seligsohn, Jul., Geheimnis und Erfindungsbesitz. Groß-Oktav. 147 Seiten. 1921. 3.—

Neininger, S., Der Schutz des Urheberrechts im deutschen Rundfunk. Oktav. 88 Seiten. 1929. 4.—

Die vorliegende Arbeit untersucht die Wirkungen der technischen Neuerungen im Rundfunk hauptsächlich auf das deutsche Urheberrecht und erörtert die Möglichkeiten einer Änderung oder Ergänzung der Gesetzgebung zum Schutz der Urheber.

Sie untersucht die Theorien, die für die Beurteilung des Urheberrechtsschutzes im Rundfunk aufgestellt worden sind, und prüft an Hand dieser Theorien die Rechtslage nach den neuesten Erfindungen.

Wolff, F., und Crisolli, K.-A., Das Recht der Reklame. Lexikon-Oktav. 424 Seiten. 20.—, geb. 22.—

Mit diesem Buch ist erstmalig eine systematische erläuternde Zusammenstellung der hauptsächlichsten Bestimmungen gegeben, die von Reklame handeln, bzw. mit Reklame in irgendeinem Zusammenhang stehen. In der Praxis macht sich das Fehlen einer solchen Bearbeitung sehr bemerkbar, da die Reklame in der Gesetzgebung kein in sich abgeschlossenes Gebiet bildet, sondern ihre gesetzlichen Grundlagen in den mannigfachen Bestimmungen des privaten und öffentlichen Rechts findet. Die Verfasser haben die einschlägige Rechtsprechung und Literatur bis in die neueste Zeit berücksichtigt.

Pinner-Elster, Gesetz gegen den unlauteren Wettbewerb. Achte, sehr vermehrte und umgestaltete Auflage. Taschenformat. 254 Seiten. 1927. Geb. 5.—

(Guttentagsche Sammlung Deutscher Reichsgesetze Bd. 37.)

„Das Buch ist mehr als eine bloße ‚Textausgabe mit Anmerkungen', nämlich ein richtiger Kommentar, und wird in der Praxis ausgezeichnete Dienste tun."
Senatspräsident am Reichsgericht Dr. Lobe, Leipzig, i. d. Jurist. Wochenschrift.

Wassermann, Martin, **Der unlautere Wettbewerb** nach deutschem Recht. I. Generalklausel, Reklameauswüchse, Ausverkaufswesen, Angestelltenbestechung. 160 Seiten. 1911. II. Kreditschädigung, Firmen- und Namenmißbrauch, Verrat von Geheimnissen, Ausländerschutz. 151 Seiten. 1911. Geb. je 1.80

(Sammlung Göschen Bd. 339 u. 535.)

Born, A., Reichspreßgesetz vom 7. Mai 1874 nebst den einschlägigen Bestimmungen der Reichsverfassung, des Reichsstrafgesetzbuches, der Gewerbeordnung usw. Mit Kommentar und Sachregister. Dritte Auflage. Taschenformat. 176 Seiten. 1924. Geb. 4.—

(Guttentagsche Sammlung Deutscher Reichsgesetze Bd. 53.)

„Das Werk bringt eine sehr reichhaltige Kommentierung des Stoffes, die um so wertvoller ist, als den Entscheidungen der Wortlaut der Urteilsbegründungen beigefügt ist. Ein weiterer Vorteil des Buches ist darin zu erblicken, daß sämtliche einschlägigen Bestimmungen der das Pressewesen berührenden Gesetze aufgeführt, eingehend besprochen und in Beziehung zueinander gebracht worden sind. Als Nachschlagewerk in Zweifelsfällen wird das Buch von großem Nutzen sein."
Ministerialblatt für die preußische innere Verwaltung.

Hagens, Alfred, **Warenzeichenrecht.** Kommentar. Groß-Oktav. VIII, 408 Seiten. 1927. 22.—, geb. 24.—

(Gewerbe- und Industrie-Kommentar Bd. III.)

„Eine ausführliche Darstellung, die zeigt, daß der Verfasser das gesamte Fachschrifttum und die reichhaltige Rechtsprechung restlos beherrscht. Ich habe gefunden, daß nicht ein einziger Fall von Bedeutung fehlt.
Was aber dem Werke eine erhöhte Bedeutung verschaffen dürfte, ist die auf Erfahrungen einer langen richterlichen Laufbahn beruhende, kritische Würdigung, die keineswegs immer eine Übereinstimmung mit dem höchsten Gerichtshof bekundet." *Markenschutz und Wettbewerb.*

Seligsohn, Arnold, **Gesetz zum Schutz der Warenbezeichnungen.** Dritte Auflage, bearbeitet in Gemeinschaft mit Martin Seligsohn in Berlin. Groß-Oktav. IV, 416 Seiten. 1925. 15.—, geb. 16.50

„Der Kommentar zeigt alle Vorzüge des in der Wissenschaft und Praxis des gewerblichen Rechtsschutzes gleich ausgezeichneten Juristen: volle theoretische und praktische Beherrschung des Stoffes, klare Darstellungsgabe, sorgsame Behandlung und treffsicheres Urteil." Badische Rechtspraxis.

Freund, G. S., **Magnus**, Julius, und **Jüngel**, Friedrich, **Das deutsche Warenzeichenrecht.** Sechste, neubearbeitete Auflage. Teil I: Die internationalen Verträge. VI, 247 Seiten. Mit 4 Tafeln. 1924. Geb. 9.—

(Guttentagsche Sammlung Deutscher Reichsgesetze Bd. 87a.)

„Das ganze Werk mit seiner Fülle von Gesetzen, Verordnungen, Verträgen, Bekanntmachungen bildet eine Quellensammlung für das internationale deutsche Zeichenrecht, ohne die man fortan nicht mehr auskommen kann." Gewerblicher Rechtsschutz und Urheberrecht.

IV. Zivilprozeß

Fischer, Otto, **Lehrbuch des deutschen Zivilprozeß- und Konkursrechts.** Groß-Oktav. XII, 488 Seiten. 1918. 8.—, geb. 10.—

Kisch, Wilh., **Deutsches Zivilprozeßrecht.**

I. Band. Vierte, verbesserte Auflage. 115 Seiten. 1929. Geb. 1.80

(Sammlung Göschen Bd. 428).

II. Band. Vierte, verbesserte Auflage. 168 Seiten. 1929. Geb. 1.80

(Sammlung Göschen Bd. 429).

III. Band. Vierte, verbesserte Auflage. 148 Seiten. 1929. Geb. 1.80

(Sammlung Göschen Bd. 430.)

Diese Auflage wird jedem, der sich auf gemeinverständliche Weise über unser geltendes Zivilgerichtswesen unterrichten will, gute Dienste leisten, und kann namentlich den Studierenden des Rechts als Einführung bestens empfohlen werden.

Sydow, R., **Busch**, L., und **Krantz**, W., **Zivilprozeßordnung und Gerichtsverfassungsgesetz.** Neunzehnte Auflage. Groß-Oktav. VIII, 1335 Seiten. 1926. Geb. 25.—

(de Gruyterische Sammlung Deutscher Gesetze. Handkommentare.)

„Der Wert des Werkes ist längst anerkannt. Es gibt wohl keinen Praktiker, der sich seiner nicht mit besonderer Vorliebe bedient. Vollständigkeit, Übersichtlichkeit, Zuverlässigkeit und Ausführlichkeit der Erläuterungen sind auch diesmal dem allgemein beliebten Buche als seine hervorstechendsten Vorzüge treugeblieben. Für die Praxis ist es unentbehrlich." Zeitschrift des Bundes Deutscher Justizamtmänner.

Zivilprozeßordnung mit Gerichtsverfassungsgesetz und Einführungsgesetzen in der Fassung der Bekanntmachung vom 13. Mai 1924 mit den bis 1. April 1929 ergangenen Abänderungen. Textausgabe mit Sachregister. Taschenformat. 440 Seiten. 1929. Geb. 3.50

(Guttentagsche Sammlung von Textausgaben ohne Anmerkungen.)

Die handliche Ausgabe enthält den genauen Gesetzestext mit einem das Zurechtfinden sehr erleichternden Sachregister.

Sydow, R., **Busch**, L., und **Krantz**, W., **Gerichtsverfassungsgesetz** mit Einführungsgesetz. Unter besonderer Berücksichtigung der Entscheidungen des Reichsgerichts. Zehnte Auflage. Taschenformat. 347 Seiten. 1925. Geb. 6.—

(Guttentagsche Sammlung Deutscher Reichsgesetze Bd. 14.)

„Das Buch bedarf keiner Empfehlung, es empfiehlt sich selbst durch die Fülle dessen, was es bietet. Gesetzgebung und Rechtsprechung sind bis in die neueste Zeit berücksichtigt." Leipziger Zeitschrift für Deutsches Recht.

Rausnitz, Julius, **Gebührenordnung für Notare** vom 28. Oktober 1922 (GS. 404) nebst den einschlägigen Vorschriften des Preußischen Gerichtskostengesetzes vom 28. Oktober 1922 (GS. 363), beide in der Fassung der Gesetze vom 12. April 1923 (GS. 107), 18. Dezember 1923 (GS. 556) und der Verordnung vom 28. Juni 1924 (GS. 573). Sechste, umgearbeitete Auflage. Oktav. 158 Seiten. 1925. Geb. 7.—

(Guttentagsche Sammlung Preußischer Gesetze Bd. 4.)

„Die Aufgabe, einen kurzgefaßten, aber möglichst vollständigen Handkommentar für den täglichen Gebrauch des Praktikers zu schaffen, hat der Verfasser glänzend gelöst. Mit einer bewundernswerten Kürze und Schärfe entscheidet er nicht nur Streitfragen, sondern behandelt auch die im täglichen Leben vorkommenden Fälle vollständig. Der in seiner äußeren Form sehr handlich und gut ausgestaltete Kommentar kann den Herren Kollegen nur auf das wärmste empfohlen werden. Er wird ihnen sehr bald ein unentbehrlicher, weil nie versagender Ratgeber werden, der ihnen ihre Berufsarbeit sehr erleichtern wird." Juristische Wochenschrift.

Sydow, R., **Busch**, L., und **Krieg**, O., **Die Deutsche Gebührenordnung für Rechtsanwälte, das Gesetz, betreffend die Erstattung von Rechtsanwaltsgebühren in Armensachen und die Preußische Landesgebührenordnung mit Erläuterungen.** Auf der Grundlage der Sydow-Busch'schen Textausgabe mit Anmerkungen in dreizehnter Auflage unter Mitaufnahme des Gesetzes über die Erstattung in Armensachen neubearb. Taschenformat. 496 S. 1929. Geb. 9.—

(Guttentagsche Sammlung Deutscher Reichsgesetze Bd. 17.)

„Die Erläuterung der Gebührenordnung bietet besonders Wertvolles. Sie steht schon lange unter den Anmerkungsausgaben mit an erster Stelle. Und das mit Recht." Zeitschrift des Bundes Deutscher Justizamtmänner.

Sydow, R., Busch, L., und Krieg, O., Deutsches Gerichtskostengesetz nebst Gebührenordnung für Gerichtsvollzieher und für Zeugen und Sachverständige in den neuesten Fassungen. Auf der Grundlage der Sydow-Buschschen Textausgabe mit Anmerkungen neubearbeitet in 11. Aufl. Taschenformat. XI, 433 S. 1928. Geb. 7.50

(Guttentagsche Sammlung Deutscher Reichsgesetze Bd. 15.)

„Die neue Auflage bietet unter gründlicher Berücksichigung der gesamten einschlägigen Rechtsprechung eine zeitgemäße, übersichtliche und erschöpfende Erläuterung des Gesetzes. Für den täglichen Gebrauch in der Praxis erscheint diese Textausgabe mit Anmerkungen als unentbehrlich.“
Dr. Natter in der „Württembergischen Zeitschrift für Rechtspflege“.

Lindemann, Otto, **Preußisches Gerichtskostengesetz** (neueste Fassung). Nach dem Tode des früheren Herausgebers P. Siméon erläutert. 8., völlig umgearb. Aufl. Taschenformat. 439 S. 1928. Geb. 8.—

(Guttentagsche Sammlung Preußischer Gesetze Bd. 17.)

„Die vorliegende, nunmehr achte Auflage ist entsprechend den bedeutsamen Änderungen der letzten Jahre völlig umgearbeitet. Die gesamte Rechtsprechung wurde eingehend berücksichtigt, so daß hier eine Erläuterung vorliegt, die Zuverlässigkeit und Vollständigkeit in sich verbindet.“
Mitteilungen des Preußischen Richtervereins.

Freiwillige Gerichtsbarkeit

Jastrow, Hermann, und **Günther,** Hermann, **Die Gesetze des Reiches und Preußens über die freiwillige Gerichtsbarkeit.** Textausgabe mit Einleitung, Anmerkungen und Sachregister. Siebente, vermehrte Auflage. Taschenformat. 548 Seiten. 1928. Geb. 9.—

(Guttentagsche Sammlung Deutscher Reichsgesetze Bd. 46.)

„Die Anmerkungen unterrichten in zuverlässiger Weise über die wichtigste Rechtsprechung des Reichsgerichts und der deutschen Oberlandesgerichte auf dem Gebiete der freiwilligen Gerichtsbarkeit. Ein ausführliches Sachregister erhöht die Brauchbarkeit des bewährten Buches, das auch in der neuen Auflage seinen Zweck auf das beste erfüllen wird.“ *Juristische Wochenschrift.*

Die Gesetze des Reiches und Preußens über die freiwillige Gerichtsbarkeit. Textausgabe mit Sachregister. Taschenformat. 168 Seiten. 1930. 3.—

(Guttentagsche Sammlung von Textausgaben ohne Anmerkungen mit Sachregister.)

Das Buch enthält in der bekannten Art der Guttentagschen Gesetzesausgaben außer dem „Gesetz über die Angelegenheiten der freiwilligen Gerichtsbarkeit“ alle in dieses Gebiet fallenden sonstigen Gesetze, Ausführungsbestimmungen, Abkommen, Verordnungen usw. in absolut zuverlässigem Abdruck und ein das Zurechtfinden sehr erleichterndes Sachregister.

Szkolny, Felix, und **Kober**, Leopold, **Das Notariatrecht**, unter besonderer Berücksichtigung des materiellen Rechts und des Steuer- und Stempelrechts erläutert. Oktav. 236 Seiten. 1926.
(Guttentagsche Sammlung Deutscher Reichsgesetze Bd. 163.) Geb. 8.50

„Die Darlegung des materiellen Rechts, soweit es in der täglichen Anwendung den Notar hauptsächlich beschäftigt. Es wird die Beurkundung einzelner Rechtsgeschäfte und anderer Rechtsvorgänge behandelt. Die Ausführungen verwerten die neueste Lehre und Rechtsprechung eingehend, die Darstellung ist leicht faßlich und klar, einzelne Muster vervollkommnen das anschauliche Bild."
Zeitschrift des Deutschen Notarvereins.

Szkolny, Felix, **Die Belehrungspflicht des Notars.** Oktav. 52 Seiten. 1927. 2.—

„Ein trotz seines geringen Umfanges sehr nützliches Buch, für das wir dem Verfasser Dank wissen müssen. Jedem Notar wird die Benutzung des Szkolnyschen Buches die Ausübung seines Amtes wesentlich erleichtern. Es ist zu begrüßen, daß die Beschäftigung mit dem Notariatsrecht zunimmt, und es besteht die Hoffnung, daß dies eine günstige Einwirkung auf die Handhabung des Notariats nicht verfehlen wird." *Zeitschrift des Deutschen Notarvereins.*

Konkursordnung und Zwangsvollstreckung

Jaeger, Ernst, **Kommentar zur Konkursordnung** und den Einführungsgesetzen. Mit einem Anhang, enthaltend das Anfechtungsgesetz, die Vergleichsordnung, Auszüge aus den Kostengesetzen, Ausführungsgesetze und Geschäftsordnungen. Sechste und siebente, neubearbeitete Auflage. Groß-Oktav. Der Umfang des Gesamtwerkes umfaßt etwa 100 Bogen. Die Ausgabe erfolgt in Lieferungen. Gesamtpreis etwa 80.—

Erster Band. Erste Lieferung (§§ 1—16). 296 Seiten. 1928. 16.—

Erster Band. Zweite Lieferung (§§ 17—27). Seite 297—472. 1929. 10.—

Erster Band. Dritte Lieferung. Im Druck.

„Das Jaegersche Werk ist ohne Zweifel der beste von den mehreren guten Kommentaren zur Konkursordnung, die wir besitzen. Die Rechtsanwendung wird von ihm kaum jemals im Stiche gelassen werden, und auch die Rechtslehre wird ihm mannigfache Förderung zu verdanken haben. Das Werk ist mit erschöpfender Gründlichkeit gearbeitet, eine Unsumme auch fernerliegender literarischer Erscheinungen ist von dem Verfasser herangezogen und verwertet worden."
Zeitschrift für Deutschen Zivilprozeß.

Sydow, R., **Busch**, L., und **Krieg**, O., **Konkursordnung** und Anfechtungsgesetz mit Erläuterungen. Auf der Grundlage der Sydow-Busch'schen Textausgabe mit Anmerkungen in fünfzehnter Auflage unter Mitaufnahme der Vergleichsordnung neubearbeitet. Taschenformat. 816 Seiten. 1929. Geb. 12.—
(Guttentagsche Sammlung Deutscher Reichsgesetze Nr. 13.)

„Die Erläuterungsbücher von Sydow-Busch sind als Kommentare mittleren Umfanges seit vielen Jahren in der Juristenwelt rühmlichst bekannt."
Juristische Rundschau.

Gesetz über den Vergleich zur Abwendung des Konkurses (Vergleichsordnung) vom 5. Juli 1927. 54 Seiten. 1927. —.80
Diente zur Ergänzung der KO. von Sydow-Busch-Krieg, 14. Aufl., wird aber auch einzeln abgegeben.

Klien, G., Verordnung über die Geschäftsaufsicht zur Abwendung des Konkurses vom 14. Dezember 1916. Mit systematischer Einleitung von Ernst Jaeger. Taschenformat. 126 Seiten. 1917. Mit Nachtrag. 1924. Geb. 3.—
(Guttentagsche Sammlung Deutscher Reichsgesetze Bd. 127.)

Fischer, K., und Schäfer, L., Die Gesetzgebung, betr. die Zwangsvollstreckung in das unbewegliche Vermögen im Reiche und in Preußen. Bearbeitet von J. Krech und O. Fischer. Zweite Auflage. Lexikon-Oktav. XVI, 728 Seiten. 1910. 15.—, geb. 18.—
„Unter den zahlreichen Bearbeitungen des Zwangsvollstreckungsgesetzes ist der Kommentar von Fischer und Schäfer wohl der wissenschaftlich bedeutendste. Überall sind die Erläuterungen systematisch, manchmal geradezu lehrbuchartig aufgebaut, die leitenden Gedanken treten trotz der Fülle der behandelten Einzelfragen klar und deutlich hervor." Zeitschrift für Rechtspflege in Bayern.

Krech, J., und Fischer, O., Die Gesetzgebung, betr. die Zwangsvollstreckung in das unbewegliche Vermögen im Reiche und in Preußen. Textausgabe mit Einleitung, Anmerkungen und Sachregister. Zehnte Auflage, bearbeitet von O. Fischer. Taschenformat. 266 Seiten. 1929. Geb. 5.—
(Guttentagsche Sammlung Deutscher Reichsgesetze Bd. 43.)
„Einer besonderen Empfehlung dieser handlichen Ausgabe, deren Hauptteil das Gesetz über die Zwangsversteigerung und Zwangsverwaltung bildet, bedarf es nicht. Gesetzgebung, Rechtsprechung und Rechtslehre sind bis zur Gegenwart berücksichtigt." Sächsisches Archiv für Rechtspflege.

Samter, M. K., Handbuch zum Verfahren der Zwangsversteigerung und Zwangsverwaltung nach dem Reichsgesetz vom 24. März 1897 (Fassung vom 20. Mai 1898). Zweite Auflage, vermehrt durch einen Nachtrag und ein Selbstexaminatorium. VIII, 400 Seiten. 1912. 5.—
Im ersten Teil dieses Handbuches sind, seinem Einführungszweck entsprechend, die allgemeinen und materiellrechtlichen Grundlagen des Verfahrens kurz dargestellt, deren Aneignung jüngeren Juristen besonders schwer fällt. Im zweiten Teil ist das Verfahren in organischer Plastik zur Darstellung gelangt, um auch älteren Juristen, in strepitu fori, eine leichte und doch voll ausreichende Übersicht der in Betracht kommenden Vorschriften und Rechtsgrundsätze zu gewähren.

Kretzschmar, F., Die Zwangsversteigerung und die Zwangsverwaltung. 110 Seiten. 1911. Geb. 1.80
(Sammlung Göschen Bd. 523.)

V. Strafrecht und Strafprozeß

Strafgesetzbuch

Ebermayer, Ludwig, **Lobe,** Adolf und **Rosenberg,** Werner, **Das Reichsstrafgesetzbuch,** Leipziger Kommentar mit besonderer Berücksichtigung der Rechtsprechung des Reichsgerichts. Vierte vermehrte und verbesserte Auflage. Lexikon-Oktav. X, 1282 Seiten. 1929. 56.—, in Halbleder geb. 63.—

„Der Kommentar ist in der Praxis unentbehrlich durch seine große Prägnanz und Zuverlässigkeit und bringt auch dem Theoretiker eine ungewöhnliche Fülle von Belehrung und Anregung." Zeitschrift für die gesamte Strafrechtswissenschaft.

Kohlrausch, Eduard, **Strafgesetzbuch für das Deutsche Reich mit Nebengesetzen.** Textausgabe mit Anmerkungen und Sachregister. Früher von Dr. F. v. Liszt † und Dr. E. Delaquis. Neunundzwanzigste Auflage. Taschenformat. X, 562, * 48 Seiten. 1930. (Guttentagsche Sammlung Deutscher Reichsgesetze Bd. 2.) Geb. 8.—

„Schon die hohe Auflagenziffer beweist das Bedürfnis der Praxis für eine Ausgabe wie die vorliegende. Es ist in der Tat ein Buch, an Hand dessen eine schnelle und zuverlässige Orientierung über die wichtigsten Auslegungsfragen möglich ist. Der Kern der Dinge wird klar herausgestellt. Wichtige Reichsgerichtsentscheidungen werden als Beleg oder als Beispiel angeschlossen. Die neue Auflage ist überall auf den gegenwärtigen Stand der Rechtsprechung gebracht. So dient das Buch in gleicher Weise dem Studierenden zur Einführung in eine Lektüre des Gesetzes wie dem Praktiker zur schnellen Auffindung einer Entscheidung."
Rechtsanwalt Dr. Max Alsberg in der „Juristischen Wochenschrift".

Liszt, Fr. v., **Lehrbuch des deutschen Strafrechts.** Fünfundzwanzigste, vollkommen durchgearbeitete und zum Teil umgestaltete Auflage, besorgt von Dr. E. Schmidt, Professor an der Universität Breslau. Groß-Oktav. XXXIV, 976 Seiten. 1927. 27.50, geb. 30.—

„Das Lisztsche Lehrbuch wird auch in dieser neuen Bearbeitung seinen ersten Platz und seinen Weltruf sich bewahren." Zeitschrift des Deutschen Notarvereins.

Gerland, H. B., **Das deutsche Reichsstrafrecht.** Oktav. 600 Seiten. 1922. 10.—, geb. 11.50
(Lehrbücher und Grundrisse der Rechtswissenschaft Bd. XVI.)

„Durch knappe, geradezu klassische Kürze zeigende Darstellung gelang es Gerland auf engem Raume eine ungeheure Fülle des Stoffes zu bieten und auf jede Frage Antwort zu geben." Juristische Wochenschrift.

Gerland, H., **Der Entwurf 1925.** Allgemeiner Teil. Kritische Bemerkungen. Oktav. 96 Seiten. 1925. 5.—

„Eine außerordentlich interessante Abhandlung über den Entwurf des Strafgesetzbuchs. Die Schrift ist durchaus zu empfehlen; sie stellt ein fast unentbehrliches Hilfsmittel für jeden dar, der sich mit den einschlägigen Fragen zu beschäftigen hat." Mitteilungen des Preußischen Richtervereins.

Aschrott, P. F., und Kohlrausch, Ed., Reform des Strafrechts. Kritische Besprechung des Amtlichen Entwurfs eines Allgemeinen Deutschen Strafgesetzbuchs. Auf Veranlassung der Deutschen Landesgruppe der Internationalen Kriminalistischen Vereinigung unter Mitwirkung erster Fachgenossen herausgegeben. Groß-Oktav. V, 415 Seiten. 1926. 18.—

„Die gestellte Aufgabe ist glänzend gelöst. Kaum ein Punkt ist übersehen worden, der die Kritik herausfordert. — Niemand, der an der endgültigen Gestaltung unseres Strafrechts Anteil nimmt, darf an dieser Sammelkritik achtlos vorübergehen."

Geh. Hofrat Dr. v. Lilienthal in der „Deutschen Juristen-Zeitung".

Zeitschrift für die gesamte Strafrechtswissenschaft. Gegründet von **Fr. von Liszt** und **A. Dochow.** Unter ständiger Mitarbeiterschaft hervorragender Fachmänner herausgegeben von Dr. K. von Lilienthal, Professor in Heidelberg, Dr. Ed. Kohlrausch, Professor in Berlin, und Dr. W. Gleispach, Professor in Wien. Der Jahrgang besteht aus 8—9 Heften. Quart.

Bd. 1—43. 1881—1922. Je 15.—. Bd. 44. 1922. 25.—. Bd. 45. 1924. 21.—. Bd. 46—49. 1925—1929. Je 30.—.

Sammlung außerdeutscher Strafgesetzbücher in deutscher Übersetzung Herausgegeben von den Schriftleitungen der Zeitschrift für die gesamte Strafrechtswissenschaft und der Mitteilungen der Internationalen Kriminalistischen Vereinigung.

Nr. 1—43. 1881—1914. Preise auf Anfrage.

Nr. 44:

Japanische Strafgesetze. I. Schwurgerichtsordnung vom 18. April 1923 und strafrechtliche Nebengesetze. Übersetzt von Hyoichiro Kusano, Reichsgerichtsrat in Tokio, Tadao Sugiura, Oberlandesgerichtsrat in Sapporo, und Dr. jur. Fritz Bartelt in Berlin. II. Strafvollzugsgesetz vom 28. März 1908 nebst Ausführungsverordnung vom 16. Juni 1908. Übersetzt von Dr. jur. Toshita Tokiwa, Gerichtsassessor in Tokio, und Dr. jur. Werner Gentz, Justizrat beim Strafvollzugsamt in Kiel. Oktav. 55 Seiten. 1927. 3.—

Nr. 45:

Die Auslieferungsgesetze Norwegens, Schwedens und Finnlands. Mit einer systematischen Darstellung der Grundzüge des nordischen Auslieferungsrechts im Hinblick auf den Erlaß eines deutschen Auslieferungsgesetzes. Von Dr. jur. Ernst Wolgast, Privatdozent in Königsberg i. Pr. Groß-Oktav. VIII, 487 Seiten. 1928. 20.—

Nr. 46:

Das Türkische Strafgesetzbuch vom 1. März 1926. Gesetz Nr. 765. (Türkisches Gesetzblatt Nr. 320 vom 13. März 1926.) Das Ausführungsgesetz zum Türkischen Strafgesetzbuch vom 26. April 1926. Deutsche Übersetzung von Dr. jur. Kurt Ziemke. Oktav. 138 Seiten. 1927. 5.—

Nr. 47:

Entwurf eines griechischen Strafgesetzbuches. Übersetzt und eingeleitet von Demetrius G. Venturas, Rechtsanwalt in Korfu, Griechenland. Oktav. 123 Seiten. 1928. 7.—

Nr. 48:

Italienischer Vorentwurf zu einem neuen Strafgesetzbuch. (Progetto di un nuovo codice penale.) In deutscher Übersetzung von Dr. K. Bunge, Landgerichtsrat in Berlin. Oktav. XXXII, 224 Seiten. 1928. 10.—

Nebengesetze

Lindemann, Otto, Sammlung der wichtigsten preußischen Strafgesetze. Zweite Auflage. Taschenformat. 372 Seiten. 1912.
(Guttentagsche Sammlung Preußischer Gesetze Bd. 34.) Geb. 3.50

„Die durch mehrere wichtige Gesetze erweiterte zweite Auflage dieses unentbehrlichen Ergänzungsbandes zu den in Einzelausgaben erschienenen Preußischen Gesetzen ist durch die Wiedergabe der noch geltenden vereinzelten alten Strafvorschriften nebst trefflich unterrichtenden Vorbemerkungen und Erläuterungen für die Strafverfolgungsbehörden und den Strafrichter besonders wertvoll. Nur mittels einer solchen ausgezeichneten Sammlung ist es diesen möglich, auch die zerstreuten Gebiete des Strafrechts völlig zu beherrschen." Deutsche Juristenzeitung.

Fraustädter, Werner, **Deutsches Auslieferungsgesetz** vom 23. Dezember 1929 und andere neuere Vorschriften der Rechtshilfe in Strafsachen, einschließlich der Auslieferung. Textausgabe mit Einleitung, Erläuterungen und Sachregister. Ca. 150 Seiten. 1930. Geb. 4.—
(Guttentagsche Sammlung Deutscher Reichsgesetze Bd. 86.)

Das Auslieferungsgesetz hat durch die Neufassung vom 25. Dezember 1929 eine starke Umgestaltung erfahren, die zur Herausgabe der vorliegenden Neubearbeitung geführt hat. Diese enthält eine ausführliche Erläuterung der neuen Bestimmungen sowie einen Abdruck der wichtigsten Verträge und Vorschriften und ermöglicht einen vollständigen Überblick über den gegenwärtigen Stand des deutschen Auslieferungsrechtes.

Kirchner, Rudolf, **Gesetz über den Verkehr mit Kraftfahrzeugen.** Vierte Auflage. In Vorbereitung.
(Guttentagsche Sammlung Deutscher Reichsgesetze Bd. 92.)

„Der Verfasser bietet ein sehr wertvolles Hilfsmittel für Anwendung und Auslegung des wichtigen Gesetzes. Der Schwerpunkt seiner Erläuterungen liegt natürlich in dem Abschnitt über die Haftpflicht; dieser ist denn auch mit besonderer und sehr anerkennenswerter Gründlichkeit bearbeitet; namentlich ist die Rechtsprechung sorgfältig berücksichtigt." Leipziger Zeitschrift für deutsches Recht.

Lindemann, Otto, **Polizeiverordnungen in Preußen.** Zweite Auflage. Taschenformat. 189 Seiten. 1912. Geb. 2.50
(Guttentagsche Sammlung Preußischer Gesetze Bd. 36.)

Abhandlungen des Kriminalistischen Instituts an der Universität Berlin. Herausgegeben von Dr. **Franz von Liszt,** o. Professor der Rechte. Sonderverzeichnis kostenlos.

Vierte Folge. I. Band.

Heft 1:

Dannenberg, Herbert, **Liberalismus und Strafrecht im 19. Jahrhundert unter Zugrundelegung der Lehren Karl Georg von Waechters.** Oktav. IV, 66 Seiten. 1925. 3.—

Heft 2:

Tarnowski, Dr. Hans, **Die systematische Bedeutung der adäquaten Kausalitätstheorie für den Aufbau des Verbrechensbegriffs.** Oktav. X, 340 Seiten. 1927. 18.—

Heindl, Robert, **System und Praxis der Daktyloskopie** und der sonstigen technischen Methoden der Kriminalpolizei. Dritte, neubearbeitete und vermehrte Auflage. 900 Abbildungen im Text und 21 Bildertafeln. 780 Seiten. Groß-Oktav. 1927. 36.—, geb. 40.—

„Ein Werk, mit dem wohl für geraume Zeit die Literatur dieses Gebiets ihren krönenden Abschluß gefunden haben dürfte. — Es darf erwartet werden, daß jeder Richter, Rechtsanwalt und Verteidiger sich dieses vorzüglichen Werkes bedient." Deutsche Juristenzeitung.

Kleine kriminalistische Bücherei.

Band 1:

Schneickert, Hans, **Die strafrechtlichen Aufgaben der Polizei.** Für den Polizeiunterricht und die Polizeipraxis. Taschenformat. 182 Seiten. 1921. 2.—

„Das Werk stellt ein brauchbares Hilfsmittel für Unterricht und Praxis dar, dessen Benutzung noch durch ein eingehendes Sachregister erleichtert wird." Ministerialblatt für die preußische Verwaltung.

Band 2:

Philipp, Lothar, **Beobachtungs- und Ermittlungspraxis im Polizei- und Detektivdienst.** Taschenformat. 180 Seiten. 1923. 2.—

„Solch ein Buch kann nur jemand schreiben, der selbst Erfahrung auf diesem Gebiet hat. Alles in allem: ein Buch, für den Fachmann lesenswert, für den Anfänger ein guter Leitfaden, für den Laien interessant." Zeitschrift für gerichtliche Schriftvergleichung.

Band 3:

Manteuffel, H. v., **Falschspieler.** Formen und Technik des Spielbetruges, nebst einem Anhange: Der Spielprofessor und sein angeblich sicheres System beim Spiele gegen eine öffentliche Roulettebank. Taschenformat. 90 Seiten. 1923. 2.—

Gerade heutzutage, wo die Spielleidenschaft so weite Kreise zieht, ist es von besonderem Reiz, diese klare, flüssige und lehrreiche Darstellung zu verfolgen.

Band 4:

Schneickert, Hans, Kriminalistische Spurensicherung. Sammlung dienstlicher Anweisungen und sachverständiger Ratschläge für den Dienstgebrauch und für Polizeischulen. Zweite, vermehrte und verbesserte Auflage. Taschenformat. 96 Seiten. Mit 2 Abbildungen. 1925. Geb. 3.—

„Alle Einzelheiten werden hervorgehoben und als möglicherweise wichtige Beweismomente in einem vielarmigen System zusammengefaßt. In der Durchführung seiner Aufgabe hat der Verfasser tatsächlich alles berücksichtigt, was füs das Beweisverfahren von Bedeutung ist und sein könnte." Archiv für Kriminologie.

Band 5:

Rehfeldt, P., Gerichtsärztliche Tatbestandsfeststellungen im Dienste der Polizei. Ein Leitfaden für Polizei- und Kriminalbeamte. Taschenformat. 133 Seiten. 1927. Geb. 3.50

„Die Bearbeitung gibt eine geschlossene, einheitliche Behandlung des Stoffgebietes durch einen Arzt, wie sie anderweitig in der kriminalistischen Literatur nicht vorhanden ist." Deutsches Polizeiarchiv.

Strafprozeßordnung

Kohlrausch, Eduard, Strafprozeßordnung und Gerichtsverfassungsgesetz mit Nebengesetzen. Einundzwanzigste Auflage. Taschenformat. XI, 526 Seiten. 1927. Geb. 7.50

(Guttentagsche Sammlung Deutscher Reichsgesetze Bd. 12.)

„Das Buch ist nicht nur für den Praktiker, der sich rasch unterrichten will, sondern auch für den Studierenden, zumal wenn ihm die wirtschaftlichen Verhältnisse die Anschaffung umfangreicher Kommentare nicht ermöglichen, von größtem Wert." Oberreichsanwalt Dr. Ebermayer in der „Juristischen Wochenschrift".

Feisenberger, Albert, Strafprozeßordnung und Gerichtsverfassungsgesetz. Handkommentar. Groß-Oktav. IX, 517 Seiten. 1926. Mit Nachtrag 1927. Geb. 17.—

(de Gruyterсhe Sammlung Deutscher Gesetze. Handkommentare.)

„Der vorliegende Handkommentar ist eine glänzende Arbeit, die bald in der Hand jedes Strafrichters und Rechtsanwalts sein wird. Er hält die Mitte zwischen Textausgabe und den umfangreichen Kommentaren. Geradezu vorbildlich ist er für den Umfang der Heranziehung der Rechtsprechung. Alles Wesentliche ist berücksichtigt." Danziger Juristische Monatsschrift.

Beling, E., Deutsches Reichsstrafprozeßrecht mit Einschluß des Strafgerichtsverfassungsrechts. Oktav. XIV, 568 Seiten. 1928. 15.—, geb. 16.50

(Lehrbücher und Grundrisse der Rechtswissenschaft Bd. XVII.)

Die Eigenart des vorliegenden Lehrbuches des Reichsstrafprozeßrechts ist, daß es dem Verständnis der Gesetzestexte vorarbeiten und zu ihnen hinführen will. Gerade das, was nicht im Gesetz steht, ist die Hauptsache; die Gesetzesparagraphen sind Ziel, nicht Ausgangspunkt. Insbesondere aber stellt der Verfasser die Regelungsinhalte des geltenden Rechts in die heutige rechtspolitische Gedankenwelt hinein und gibt ein auch äußerlich scharf hervortretendes System, das den Lernenden befähigt, die Fülle der Einzelheiten unter allgemeinen Ordnungsgesichtspunkten zusammenzusetzen.

Rosenfeld, E. H., Deutsches Strafprozeßrecht. 2 Bände. 128 und 148 Seiten. 1926. Geb. je 1.80

(Sammlung Göschen Bd. 938/939.)

„Eine wissenschaftlich hochstehende, auf einen knappen Raum zusammengedrängte, klar und originell geschriebene Einführung in den deutschen Strafprozeß." *Schweizer. Zeitschrift für Strafrecht.*

Löwe, F., und **Rosenberg**, Werner, **Die Strafprozeßordnung für das Deutsche Reich** vom 22. März 1924 nebst dem Gerichtsverfassungsgesetz. Kommentar. Achtzehnte, neubearbeitete Auflage. Lexikon-Oktav. 1332 Seiten. 1929. 44.—, in Halbleder geb. 50.—

„Der Löwesche Kommentar hat sich in Wissenschaft und Rechtsprechung eine so hervorragende Stellung erworben, daß er zum unentbehrlichen Ratgeber für Theoretiker und Praktiker geworden ist. Der Kommentar steht auf strafprozessualem Gebiet nach wie vor an erster Stelle und ist ein Meisterwerk in der Kunst einer klaren, übersichtlichen und erschöpfenden Darstellung dieses außerordentlich spröden Stoffes." *Zeitschrift des Deutschen Notarvereins.*

Feisenberger, Albert, **Strafprozeßordnung und Gerichtsverfassungsgesetz**, in alter und neuer Fassung synoptisch gegenübergestellt. Mit ausführlichem Sachregister. Taschenformat. 265 Seiten. 1924. Mit Nachtrag. 1927. Geb. 4.50

(Guttentagsche Sammlung Deutscher Reichsgesetze Bd. 158.)

„Die Ausgabe ist für die Praxis auf längere Zeit unentbehrlich. Die synoptische Darstellung erleichtert die Arbeit und schützt vor Gedächtnisfehlern." *Juristische Wochenschrift.*

Aschrott, P. F., Die Reform des Strafprozesses. Kritische Besprechungen der von der Kommission für die Reform des Strafprozesses gemachten Vorschläge. Auf Veranlassung der Internationalen Kriminalistischen Vereinigung, Gruppe Deutsches Reich. Groß-Oktav. XII, 120 und 784 Seiten. 1906. 12.—

Beiträge zur Reform des Strafprozesses. Herausgegeben von Dr. Franz Adickes, Dr. P. F. Aschrott, Dr. K. von Lilienthal, Dr. Fr. von Liszt. 2 Bände. Groß-Oktav.

I. Band Heft 1—6. 1908. 9.70
II. Band Heft 1—5. 1909. 15.10

Frede, L., und **Grünhut, M., Reform des Strafvollzuges.** Kritische Beiträge zu dem Amtlichen Entwurf eines Strafvollzugsgesetzes. Oktav. VII, 264 Seiten. 1927. 10.—

Die in dem vorliegenden Buch zusammengefaßten Beiträge üben nicht nur eine Einzelkritik an den Bestimmungen des Entwurfs, sondern dienen zugleich unter dem Gesichtspunkte der gegenwärtigen gesetzgeberischen Aufgabe der wissenschaftlichen Grundlegung des ganzen Strafvollzugsproblems.

VI. Öffentliches Recht

1. Staats- und Völkerrecht

Fischbach, O. G., Allgemeine Staatslehre. Zweite Auflage. 136 Seiten. 1928. (Sammlung Göschen Bd. 358.) Geb. 1.80

„Das Buch darf einer breiten Öffentlichkeit als ausgezeichnete Einführung, den Fachgenossen aber, jung und alt, als Musterbeispiel wissenschaftlichen Bemühens um die denkbar beste Leistung anempfohlen werden, wie man ihm heute nicht allzu häufig mehr begegnet." Reichsverwaltungsblatt.

Fischbach, O. G., Allgemeines Staatsrecht.
I. Teil. 139 Seiten. 1923. Geb. 1.80
(Sammlung Göschen Bd. 415.)
II. Teil. 151 Seiten. 1923. Geb. 1.80
(Sammlung Göschen Bd. 416.)

Diese Bearbeitung bringt nicht bloß einen leicht faßlichen gemeinverständlichen Überblick über alle Zweige des Staatsrechtes, sondern auch in den einzelnen Partien viele gründliche wissenschaftliche Erörterungen der einschlagenden Probleme und kritischen Beleuchtung der verschiedenen Rechtsansichten.

Stier-Somlo, Fritz, Deutsches Reichs- und Landesstaatsrecht I. Oktav. XVI, 726 Seiten. 1924. 16.50, geb. 18.—
(Lehrbücher und Grundrisse der Rechtswissenschaft Bd. XVIII.)

„. . . Von den zurzeit vorhandenen größeren Lehrbüchern des Reichsstaatsrechts das geeignetste." Juristische Wochenschrift.

Stier-Somlo, Fritz, Reichsstaatsrecht. I. Grundbegriffe des Staatsrechts. Verfassungsgeschichte vom Ende des 18. Jahrhunderts bis zur Reichsverfassung vom 11. August 1919. 108 Seiten. 1927.
(Sammlung Göschen Bd. 967.) Geb. 1.80
II. Das geltende Reichsstaatsrecht. 114 Seiten. 1927. Geb. 1.80
(Sammlung Göschen Bd. 968.)

Stier-Somlo, Fritz, Preußisches Staatsrecht. Zweite Auflage. 136 Seiten. 1927. (Sammlung Göschen Bd. 298.) Geb. 1.80

„Es ist eine Kunst, die nur ein so über der Sache Stehender, wie es der Verfasser auf diesem Gebiete ist, voll meistert, auf so engem Raum und trotzdem auf streng wissenschaftlicher Grundlage und unter Berücksichtigung des neuesten Standes der Forschung die so schwierige Materie darzustellen. Auch für den Juristen ist es eine Freude, die flüssige und interessante Darstellung, die in knappsten Zügen und doch vollständig sowohl die Entwicklung als auch den heutigen Rechtszustand des Staatsrechts umreißt, zu lesen Und deswegen werden die drei schmalen Bändchen nicht allein als wünschenswertes Orientierungsmittel für den Laien und den angehenden Juristen zu begrüßen sein, sondern auch dem im praktischen Berufsleben stehenden Juristen Anregung und Belehrung bieten." Juristische Wochenschrift.

Arndt, Adolf, Die Verfassung des Deutschen Reiches. Dritte Auflage. Taschenformat. 1927. 8.—

(Guttentagsche Sammlung Deutscher Reichsgesetze Bd. 137.)

„In knappen, jedoch sehr eingehenden und namentlich durch stete Hinweise auf die einschlägige Literatur wertvollen Anmerkungen erläutert der hervorragende Staatsrechtslehrer die einzelnen Artikel der Reichsverfassung. Für alle, die sich auf dem schwierigen Gebiet der Reichsverfassung orientieren wollen, liegt hier ein vorzügliches Nachschlagewerk von gediegener Wissenschaftlichkeit vor.“

Staats- und Selbstverwaltung.

Stier-Somlo, Fritz, Kommentar zur Verfassung des Freistaates Preußen. Groß-Oktav. 319 Seiten. 1921. Geb. 3.—

„Die Darstellung ist flüssig und knapp und ist als treffliche Orientierung über das neue Verfassungswerk, eine Orientierung, die ihre notwendige Ergänzung in dem vorzüglichen Kommentar Stier-Somlos findet, sehr zu empfehlen.“

Zeitschrift für öffentliches Recht.

Arndt, Adolf, Die Verfassung des Freistaats Preußen vom 30. November 1920. Mit Einleitung, vollständigem Kommentar, Landeswahlgesetz und Sachregister. Taschenformat. 158 Seiten. 1921. Geb. 2.—

(Guttentagsche Sammlung Preußischer Gesetze Bd. 1.)

„Die Einleitung ist eine vortreffliche staatsrechtliche Abhandlung, die unter Berücksichtigung und Verwertung der einschlägigen Literatur in die Entstehungsgeschichte und in die Bedeutung der Verfassungsurkunde einführt. Die Erläuterungen sind recht vollständig und enthalten in knapper Darstellung alles zur Auslegung Wesentliche. Zu den verschiedenen verfassungsrechtlichen Fragen nimmt der Verfasser in geschickter Weise Stellung. Der Kommentar wird denjenigen, die sich mit den einzelnen Bestimmungen der Verfassung vertraut machen wollen, ein willkommener Ratgeber sein.“

Zeitschrift für Polizei- und Verwaltungsbeamte.

Veröffentlichungen der Vereinigung deutscher Staatsrechtslehrer.

Heft 1: Der deutsche Föderalismus. Oktav. 1924. 5.—

Heft 2: Der Schutz des öffentlichen Rechts. Oktav. 1925. 12.—

Heft 3: Die Gleichheit vor dem Gesetz. Der Einfluß des Steuerrechts auf die Begriffsbildung des öffentlichen Rechts. Oktav. 1927. 7.—

Heft 4: Das Recht der freien Meinungsäußerung. — Der Begriff des Gesetzes in der Reichsverfassung. Oktav. 1928. 10.—

Heft 5: Wesen und Entwicklung der Staatsgerichtsbarkeit. — Überprüfung von Verwaltungsakten durch die ordentlichen Gerichte. Oktav. 1929. 12.—

Heft 6: Bundesstaatliche und gliedstaatliche Rechtsordnung. Verwaltungsrecht der öffentlichen Anstalt. Verhandlungen der Tagung der deutschen Staatsrechtslehrer zu Frankfurt a. M. am 25. und 26. April 1929. Mit einem Auszug aus der Aussprache. Oktav. 1929. 9.—

Sehling, Emil, Kirchenrecht. Zweite Auflage.

I. Teil. Einleitung. Quellen, Verfassung und Verwaltung der katholischen Kirche. Anhang: Die griechisch-orthodoxe Kirche. 119 Seiten. 1922. (Sammlung Göschen Bd. 377.) Geb. 1.80

II. Teil: Das evangelische Kirchenrecht. Die Stellung des Staates zur Kirche und das Verhältnis der Religionsgesellschaften zueinander. 87 Seiten. 1927. Geb. 1.80
(Sammlung Göschen Bd. 954.)

Edler v. Hoffmann, H., Deutsches Kolonialrecht. 150 Seiten. 1907.
(Sammlung Göschen Bd. 318.) Geb. 1.80

Neier, Otto, Sozialisierungsgesetze. Taschenformat. 214 Seiten. 1920. Geb. 2.20
(Guttentagsche Sammlung Deutscher Reichsgesetze Bd. 141.)

„Das Werk stellt die erste zusammenfassende kommentarische Darstellung der Sozialisierungsgesetzgebung dar und ist für alle Interessenten unentbehrlich."
Zentralblatt der Reichsversicherung.

Delius, H., Die Beamtenhaftpflichtgesetze des Reiches und der Länder. Vierte, vermehrte und vollkommen neubearbeitete Auflage. Taschenformat. 384 Seiten. 1929. Geb. 10.—
(Guttentagsche Sammlung Deutscher Reichsgesetze Bd. 94.)

Hohenstein, Adolf, und **Goldbaum,** Wenzel, **Reichsschädengesetze.** Textausgabe mit Anmerkungen. Oktav. 360 Seiten. 1922.
(Guttentagsche Sammlung Deutscher Reichsgesetze Bd. 150.) Geb. 4.—

Im ganzen ist das vorliegende Werk nicht nur ein wertvolles Hilfsmittel für den Fachmann, sondern ist besonders jedem Geschädigten zu empfehlen, der sich über seine Ansprüche orientieren will." *Auslandswarte.*

Wörterbuch des Völkerrechts und der Diplomatie. Begonnen von Professor Dr. **Julius Hatschek †.** Fortgesetzt und herausgegeben von Dr. **Karl Strupp,** Professor an der Universität Frankfurt a. M., Associé de l'institut de droit international, membre de l'Academie Diplomatique Internationale. Lexikon-Oktav.

Band I: Aachen—Lynchfall. VI, 860 Seiten. 1924.
35.—, in Halbleder geb. 40.—

Band II: Maas—Utschiali. 779 Seiten. 1925.
35.—, in Halbleder geb. 40.—

Band III (Schluß): Vasallenstaaten—Zwangsverschickung. Ferner Anhang: Abessinien—Weltgerichtshof; Sachverzeichnis und Mitarbeiterregister. II, 1316 Seiten. 1929. 62.—, in Halbleder geb. 67.—

„Der Vorsprung, den entsprechende Werke in französischem Sprachgewande bisher hatten, ist nunmehr in Deutschland eingeholt. Die Form der alphabetischen Zergliederung des Stoffes ermöglicht eine breitere Behandlung der Einzelfälle, die im internationalen Rechtsleben nicht selten von größerer Bedeutung als vorzeitig aufgestellte Abstraktionen sind." *Zeitschrift für Völkerrecht.*

Anzilotti, Lehrbuch des Völkerrechts. Übersetzt und herausgegeben vom Institut für ausländisches öffentliches Recht und Völkerrecht, Berlin. Groß-Oktav. 444 Seiten. 1929. 19.—, geb. 20.—

Mit der Herausgabe der Übersetzung dieses Lehrbuches des berühmten Völkerrechtlers ist das Institut für ausländisches öffentliches Recht und Völkerrecht einem in Deutschland außerordentlich fühlbaren Bedürfnis entgegengekommen. Das Buch ist nicht schlechthin eine Übersetzung der italienischen Originalausgabe, sondern berücksichtigt auch die gesamte Rechtsprechung und Literatur der letzten Zeit und stellt somit das zur Zeit modernste Lehrbuch des Völkerrechts überhaupt dar.

Niemeyer, Theodor, Völkerrecht. 168 Seiten. 1925. Geb. 1.80 (Sammlung Göschen Bd. 865.)

Dieses Bändchen gibt in gedrängter Form eine vollständige Übersicht über das Völkerrecht.

Beiträge zum ausländischen öffentlichen Recht und Völkerrecht. Herausgegeben im Auftrage des Instituts für ausländisches öffentliches Recht und Völkerrecht in Berlin in Gemeinschaft mit Friedrich Glum, Ludwig Kaas, Rudolf Smend, Heinrich Triepel von **Viktor Bruns.** Groß-Oktav.

Eine Sammlung einschlägiger wissenschaftlicher Abhandlungen, Materialsammlungen, Übersetzungen besonders wertvoller ausländischer Werke u. a.

Heft 1:

Staatsrecht und Politik. Rede beim Antritt des Rektorats der Friedrich-Wilhelms-Universität zu Berlin am 15. Oktober 1926. Von Heinrich **Triepel.** 40 Seiten. 1927. 2.—

Heft 2:

Volksentscheid und Volksbegehren. Ein Beitrag zur Auslegung der Weimarer Verfassung und zur Lehre von der unmittelbaren Demokratie. Von Dr. Carl **Schmitt,** o. ö. Professor der Rechte an der Universität Bonn. 54 Seiten. 1927. 2.60

Heft 3:

Der Aufbau des britischen Reiches. (Der Verhandlungsbericht der Reichskonferenz von 1926.) Eingeleitet und herausgegeben von Gerichtsassessor Dr. **K. Heck,** Referent am Institut für ausländisches öffentliches Recht und Völkerrecht. 152 Seiten. 1927. 6.—

Heft 4:

Die Souveränität. Ein Beitrag zur Theorie des Staats- und Völkerrechts. Von Dr. **H. Heller,** Privatdozent und Referent am Institut für ausländisches öffentliches Recht und Völkerrecht. 177 Seiten. 1927. 8.50

Heft 5:

Die Missionsfreiheit nach den Bestimmungen des geltenden Völkerrechts. Von Dr. Theodor **Grentrup,** S. V. D. 112 Seiten. 1928 5.50

Heft 6:

Das Minoritätenproblem und seine Literatur. Kritische Einführung in die Quellen und die Literatur der europäischen Nationalitätenfrage der Nachkriegszeit, unter besonderer Berücksichtigung des völkerrechtlichen Minderheitenschutzes.

Allgemeiner Teil. Von Jakob **Robinson**, Rechtsanwalt in Kaunas (Litauen). 265 Seiten. 1928. 9.—

Heft 7:

Der Reichssparkommissar. Von Dr. Karl **Bilfinger**, o. ö. Professor der Rechte an der Universität Halle. 68 Seiten. 1928. 3.60

Heft 8:

Die völkerrechtliche Stellung der fremden Truppen im Saargebiet. Von Dr. jur. J. M. **Bumiller**, Referent am Institut für ausländisches öffentliches Recht und Völkerrecht, Berlin. 156 Seiten. 1928. 9.—

Heft 9:

Das Recht des Ausnahmezustands im Auslande (Frankreich, Belgien, Niederlande, Italien, England, Irland). Bearbeitet im Institut für ausländisches öffentliches Recht und Völkerrecht. 296 Seiten. 1928. 14.—

Heft 10:

Die Beziehungen zwischen dem Parlament und den Gerichten in England. Eine rechtsvergleichende Studie. Von Heinrich B. **Gerland.** 137 Seiten. 1928. 8.—

Heft 11:

Zu den Problemen des fascistischen Verfassungsrechts. Akademische Antrittsvorlesung. Von Dr. Gerhard **Leibholz**, Privatdozent an der Universität Berlin, Referent am Institut für ausländisches öffentliches Recht und Völkerrecht. 112 S. 1928. 5.—

Heft 12:

Der deutsche und der französische Reichswirtschaftsrat. Ein Beitrag zu dem Problem der Repräsentation der Wirtschaft im Staat. Von Dr. Friedrich **Glum**, Privatdozent an der Universität Berlin, Wissenschaftliches Mitglied des Instituts für ausländisches öffentliches Recht und Völkerrecht. 188 Seiten. 1929. 9.—

Heft 13:

Das Wesen der Repräsentation unter besonderer Berücksichtigung des Repräsentativsystems. Ein Beitrag zur allgemeinen Staats- und Verfassungslehre. Von Dr. Gerhard **Leibholz**, Privatdozent an der Universität Berlin, Referent am Institut für ausländisches öffentliches Recht und Völkerrecht. Groß-Oktav. 214 Seiten. 1929. 14.—

Zeitschrift für ausländisches öffentliches Recht und Völkerrecht. Im Auftrage des Instituts für ausländisches öffentliches Recht und Völkerrecht herausgegeben von Dr. Viktor **Bruns**, Professor an der Universität Berlin, Leiter des Instituts.

Band I Teil 1: Abhandlungen. XXVIII, 657 Seiten. 1930. 43.—
Band I Teil 2: Urkunden. XVI, 858 Seiten. 1930. 54.—

Der neuen Zeitschrift für ausländisches öffentliches Recht und Völkerrecht ist es als Aufgabe gesetzt, die wichtigsten die Wissenschaft und die Praxis beschäftigenden Probleme des Völkerrechts und des außerstaatlichen öffentlichen Rechts zu behandeln. Sie wird zu all diesen Fragen eingehend Stellung nehmen und über alle wichtigen Ergebnisse der Gesetzgebung und der Rechtsprechung auf diesem Gebiete im In- und Ausland eingehend berichten. Der I. Jahrgang der Zeitschrift wird in zwei Bänden herausgegeben; künftig erfolgt das Erscheinen vierteljährlich.

Kraus, H., Internationale Schiedssprechung. Eine Sammlung der für das Deutsche Reich verbindlichen Verträge und Vertragsbestimmungen, die sich auf internationale Gerichtsbarkeit, Schiedsgerichtsbarkeit sowie Vergleichsverfahren beziehen, nebst den dazugehörigen deutschen Regierungsdenkschriften. Taschenformat. XXXVI, 348 Seiten. 1929. (Guttentagsche Sammlung Deutscher Reichsgesetze Bd. 174.) Geb. 10.—

Die vorliegende Sammlung ist eine systematische Zusammenstellung derjenigen Staatsverträge und Vertragsbestimmungen, die sich auf die friedliche Erledigung internationaler Streitigkeiten im juristisch geordneten Verfahren beziehen, soweit Deutschland daran beteiligt ist. Diese Zusammenstellung reicht vom Schiedsabkommen der Haager Friedenskonferenz von 1899 bzw. 1907 über die Locarnoverträge zum sog. Kellogpakt. Besonderer Wert wurde auf den Abdruck der Bemerkungen der deutschen Regierung zu fast allen diesen Verträgen gelegt.

Strupp, Karl, Das Werk von Locarno. Eine völkerrechtlich-politische Studie. Oktav. 180 Seiten. 1926. 10.—

„Die lückenlose Mitteilung aller für das Verständnis und die Auslegung wichtiger Urkunden macht das aktuelle Buch zu einem außerordentlich wertvollen Mittel der Erkenntnis des Inhalts und der Tragweite dieser grundlegenden Staatsverträge." *D. A. Z.*

Deutschland unter dem Dawes-Plan. Entstehung, Rechtsgrundlagen, wirtschaftliche Wirkungen der Reparationslasten. Von Professor Max **Sering**, Universität Berlin. Oktav. VIII, 237 Seiten. 1928. 10.—

Der weithin bekannte Volks- und Weltwirtschaftler nahm im Auftrage der Reichsregierung als Sachverständiger an der Weltwirtschaftskonferenz zu Genf teil und ist ganz besonders berufen, die Entstehungsgeschichte, die Rechtsgrundlagen, die volks- und weltwirtschaftlichen Auswirkungen des Dawes-Abkommens nach jeder Richtung hin zu untersuchen und darzustellen. Nachdem sich die Reparationen auch in der Form der Daweszahlungen als schwerstes Hindernis der normalen Entwicklung der deutschen Volkswirtschaft und somit auch für den Wiederaufbau der Weltwirtschaft überhaupt herausgestellt haben und eine Revision des Dawes-Abkommens immer dringlicher wird, ist eine Untersuchung dieses Problems nach einem nunmehrigen Stande von ganz besonderer Wichtigkeit.

2. Verwaltungsrecht

Reichsrecht

Blume, E., und **Weirauch**, W., **Die Eisenbahn-Verkehrsordnung** vom 16. Mai 1928 mit Allgemeinen Ausführungsbestimmungen sowie dem Internationalen Übereinkommen über den Eisenbahnfrachtverkehr vom 30. Mai 1925 und dem Internationalen Übereinkommen über den Eisenbahn-Personen- und Gepäckverkehr vom 12. Juni 1925. Textausgabe mit Anmerkungen. Vierte Auflage. Taschenformat. X, 482 Seiten. 1928. Geb. 9.—

(Guttentagsche Sammlung Deutscher Reichsgesetze Bd. 91.)

„Wir besitzen hier einen neuen, die tatsächlichen Verhältnisse bis zur Gegenwart berücksichtigenden Kommentar und damit ein treffliches Hilfsbuch für alle, die sich mit dem Eisenbahnverkehrsrecht theoretisch und praktisch zu beschäftigen haben. Der Kommentar wird besonders auch den Gerichten und den Anwälten gute Dienste leisten, da die Ausführungsbestimmungen zur Eisenbahnverkehrsordnung, die vollständig abgedruckt werden, sonst nur in den Tarifen veröffentlicht werden, die in den Kreisen der Juristen weniger bekannt sind. Allen, die es angeht, kann daher die Anschaffung der neuen Auflage dringend empfohlen werden."

Juristische Wochenschrift.

Fischer, O., und **Staedler**, E., **Die deutsche Post- und Telegraphengesetzgebung.** Teil I: Postrecht (mit Ausschluß des internationalen Rechts). Siebente Auflage. 47*, 586 Seiten. 1929. Geb. 15.—

(Guttentagsche Sammlung Deutscher Reichsgesetze Bd. 7.)

Mit der vorliegenden Neuauflage dieser lange Zeit vergriffen gewesenen Ausgabe wird dem Wunsche zahlreicher Interessenkreise entsprochen: Die neue Bearbeitung ist gegenüber der letzten Auflage wesentlich vermehrt und in allen Teilen neugestaltet. Sie enthält die Quellen des Postrechts, wobei die Postordnung in ihrer letzten Fassung (vom Januar 1929) erscheint.

Dem Ganzen wurde erstmalig eine Systematik des geltenden Postrechts vorangestellt; die Gesetzestexte wurden sorgfältig erläutert, Rechtsprechung und die einschlägige Literatur bis auf die letzte Zeit berücksichtigt.

Sebba, Julius, **Seewasserstraßenordnung.** (Polizeiverordnung zur Regelung des Verkehrs auf den deutschen Seewasserstraßen vom 31. März 1927.) Taschenformat. 493 Seiten. 1928. Geb. 8.50

(Guttentagsche Sammlung Deutscher Reichsgesetze Bd. 171.)

„Es bedarf hierbei wohl nicht der besonderen Hervorhebung, daß die Kommentierungsmethode des rühmlichst bekannten Neu-Herausgebers von Schaps-Seerecht auch in dem vorliegenden Werke eine knappe und doch gründliche geworden ist."

Verkehrsrechtliche Praxis.

Busse, Rudolf, **Luftrecht einschließlich Luftverkehrsgesetz und Pariser Luftverkehrsabkommen.** Taschenformat. XVIII, 448 Seiten. 1928. Geb. 10.—

(Guttentagsche Sammlung Deutscher Reichsgesetze Bd. 170.)

Das vorliegende Buch sucht in einem nationalen und internationalen Teil einen klaren Überblick über das gesamte Luftrecht zu geben; der neueste Stand der Rechtsprechung ist hierbei berücksichtigt. Den erläuterten Gesetzesabkommenstexten ist eine systematische Einführung in das gesamte Luftrecht mit seinen vielseitigen Rechtsdisziplinen vorausgeschickt.

Zeitschrift für das gesamte Luftrecht (ZLR.). Herausgegeben von Dr. jur. Otto **Schreiber,** o. Professor an der Universität in Königsberg i. Pr., Geh. Regierungsrat, Leiter des Instituts für Luftrecht. Erscheint in Bänden zu je vier Heften.

Band I 1926/28 — 50.—, geb. 55.—

Band II, Heft 1 — 10.—

„Organisation und Inhalt der Zeitschrift machen einen vorzüglichen Eindruck. Im Interesse ihres hohen sachlichen Zieles sind ihr weite Verbreitung und bester Erfolg zu wünschen." Weltwirtschaftliches Archiv.

Volkmann, Kurt, **Die Straßenverkehrsordnungen** nebst den einschlägigen Nebenbestimmungen. Taschenformat. 312 Seiten. 1929. Geb. 7.—

(Guttentagsche Sammlung Deutscher Reichsgesetze Bd. 175.)

Die vorliegende neue Zusammenstellung der für den Straßenverkehr in Stadt und Land geltenden Bestimmungen hat sich aus der Eigenart des Verkehrs notwendig gemacht. Die Erläuterung stützt sich auf die Musterordnung des Reichsverkehrsministeriums, der bis auf ganz geringfügige Änderungen alle Landesverordnungen engstens nachgebildet sind. Ferner enthält sie die Verordnung über den Kraftfahrzeugverkehr, die Berliner Straßenordnung, die Grundzüge betreffend den Radfahrverkehr, die entsprechenden preußischen Runderlasse sowie die österreichische Straßenpolizeiverordnung. Rechtsprechung und Literatur sind berücksichtigt.

Kirchner, Rudolf, **Gesetz über den Verkehr mit Kraftfahrzeugen** vom 3. Mai 1909. Vierte, völlig neubearbeitete Auflage. In Vorbereitung.

(Guttentagsche Sammlung Deutscher Reichsgesetze Bd. 92.)

„Der Verfasser hat sich mit der nicht unschwierigen Materie auf das beste vertraut gemacht und seine Kenntnisse mit großer Gewandtheit in logischen, klaren und ausführlichen Erläuterungen zum Gesetze verwertet." Zeitschrift für Polizei- und Verwaltungsbeamte.

Aumer, Georg, **Der Kraftfahrzeugverkehr.** Richtlinien für Polizeibeamte und Kraftfahrer. Mit 79 Abbildungen und Figuren. Zweite Auflage. Taschenformat. 208 Seiten. 1928. Geb. 4.50

„Ein kleines, aber nicht nur für jeden Polizeibeamten, sondern für jeden bei einem Kraftfahrzeugunfall — sei es nur als Zeugen — Beteiligten interessantes Kapitel über Hinweise auf Feststellungen bei Unglücksfällen und eine Übersicht über den Kraftfahrzeugbestand schließen die interessante Schrift, die — wenn sie sich auch ihrem Zweck entsprechend von juristischen Erörterungen fernhält — doch auch dem Juristen eine Fülle rechtstatsächlichen Materials, das gerade auf diesem Gebiete besonders wichtig ist, bietet." Juristische Wochenschrift.

Holzapfel, W., Die Siedlungsgesetzgebung im Reich und in Preußen. 347 Seiten. 1920. Geb. 3.—
(Guttentagsche Sammlung Deutscher Reichsgesetze Bd. 140.)
„Die zur Ausführung jener Gesetze bestimmten Behörden und auch die literarische Forschung wird dem Verfasser für seine mühevolle Arbeit Anerkennung zollen." Archiv für öffentliches Recht.

Behrend, Ernst, und **Stranz-Hurwitz,** Helene, **Sammlung von Wohlfahrtsgesetzen** des Deutschen Reichs und Preußens nebst den allgemeinen Wohlfahrtsgesetzen von Sachsen, Thüringen, Hamburg, Mecklenburg-Schwerin und -Strelitz, Oldenburg, Lippe und Lübeck.
Teil I: Taschenformat. 560 Seiten. 1923. Geb. 5.—
Teil II: Nebst Ausführungsgesetzen sämtlicher Länder zum Reichsjugendwohlfahrtsgesetz. Taschenformat. XVI, 551 Seiten. 1925. Geb. 9.—
Teil I und II zus. 12.—
(Guttentagsche Sammlung Deutscher Reichsgesetze Bd. 152 und 152a.)
„Die kurzen, alles Wesentliche zusammenfassenden Einleitungen zu den einzelnen Gesetzen sind mit außerordentlicher Sachkunde und Klarheit geschrieben; sie genügen zusammen mit den Literaturangaben völlig für den Praktiker, um die Gesetzestexte richtig handhaben zu können. Das Werk ist für alle in der Wohlfahrtspflege Arbeitenden unentbehrlich und sehr praktisch."
Nachrichtendienst des Deutschen Vereins für öffentliche Fürsorge.

Wegner, Arthur, **Jugendrecht.** Ein Lehrbuch zur Einführung. Oktav. IX, 219 Seiten. 1929. 6.—, geb. 7.50
„Ein gleichartiges und gleichwertiges Werk über das Jugendrecht gibt es noch nicht." Breslauer Zeitung.

Drewes, Paul, und **Sandré,** Emil, **Das Reichsgesetz für Jugendwohlfahrt** vom 9. Juli 1922 und **Jugendgerichtsgesetz** vom 16. Februar 1923 nebst Nebengesetzen. Zweite Auflage. Taschenformat. XVI, 496 Seiten. 1928. Geb. 11.—
(Guttentagsche Sammlung Deutscher Reichsgesetze Bd. 154.)
„Eine sehr handliche Gesetzesausgabe. Sie bietet in ausführlichen geschichtlichen und rechtlichen Vorbemerkungen und Einleitungen wertvolles Material zur Einführung in den Willen und Geist beider Gesetze und gibt in knappen, aber ausreichenden Erläuterungsbemerkungen zu den einzelnen Bestimmungen dem Praktiker die erforderlichen Unterlagen zur richtigen Anwendung. Das Werk dürfte sich in der Praxis bald beliebt machen."
Blätter für öffentliche Fürsorge.

Sandré, Emil, **Verordnung über die Fürsorgepflicht.** Vom 14. Februar 1924. Mit Einschluß der für die Durchführung dieser Verordnung in Frage kommenden reichs- und landesgesetzlichen Bestimmungen. Taschenformat. 342 Seiten. 1925. Geb. 6.—
(Guttentagsche Sammlung Deutscher Reichsgesetze Bd. 160.)
„Die Zusammenstellung der bis in die jüngste Zeit ergangenen gesetzlichen Bestimmungen, die in Beziehung zur Fürsorgepflichtverordnung stehen, gibt der

Sandréschen Arbeit ihre besondere Bedeutung. Die Anmerkungen sind zahlreich und zeichnen sich durch einen feinen, klaren Stil aus. Das Buch ist übersichtlich geordnet und leicht zu handhaben." Schleswig-Holsteinische Wohlfahrtsblätter.

Szczesny, Viktor, **Das Lichtspielgesetz** vom 12. Mai 1920 mit der Ausführungsverordnung, Einleitung, Gebührenordnung und Sachregister. Taschenformat. 106 Seiten. 1920. Geb. 1.50

(Guttentagsche Sammlung Deutscher Reichsgesetze Bd. 147.)

„Das neue Lichtspielgesetz hat hier eine ausführliche Kommentierung gefunden. Das Buch kann bei der gründlichen Behandlung des Stoffes als ein geeignetes Hilfsmittel für die Praxis bezeichnet werden."
Preußische Gemeinde-Zeitung.

Wündisch, Ernst, **Das Gesetz über Schußwaffen und Munition** vom 12. April 1928 (RGBl. I S. 143) nebst der Ausführungsverordnung der Reichsregierung vom 13. Juli 1928 (RGBl. I S. 198) und dem Preußischen Erlaß zur Durchführung des Gesetzes vom 7. September 1928 (MBliV. S. 925). Taschenformat. 139 Seiten. 1928. Geb. 5.—

(Guttentagsche Sammlung Deutscher Reichsgesetze Bd. 173.)

Durch das neue Gesetz über Schußwaffen und Munition vom 12. April 1928 sind auf diesem für die Öffentlichkeit so wichtigen Gebiet neue Rechtsverhältnisse geschaffen worden, für die die Praxis exakte Erläuterungen wünscht. Eine solche Erläuterung stellt das vorliegende Buch dar, das, von einem auf diesem Gebiet besonders erfahrenen Sachkenner bearbeitet, eine absolut zuverlässige Darstellung der neuen Bestimmungen enthält. Außer dem Gesetzestext sind die für die Praxis wichtigen Ausführungsbestimmungen des Reiches und Preußens abgedruckt. Auf Übersichtlichkeit, Leichtverständlichkeit und Vollständigkeit der Erläuterungen, die die Hauptvorzüge der Guttentagschen Sammlung sind, wurde auch bei diesem Gesetze Wert gelegt.

Fraustädter, W., und **Kreutzberger**, M., **Das deutsche Ausländerrecht.** Die Bestimmungen des Reichsrechts und preußischen Landesrechts. Textausgabe mit Erläuterungen und Sachregister. Taschenformat. 396 Seiten. 1927. Geb. 9.—

(Guttentagsche Sammlung Deutscher Reichsgesetze Bd. 166.)

„Eine höchst begrüßenswerte Veranstaltung, aus dem Bedürfnis der Praxis hervorgegangen und mit vollendetem Sachverständnis unternommen. Sowohl die Vollständigkeit der mannigfach verstreuten gesetzlichen Bestimmungen als deren Anordnung, Registrierung und Erläuterung durch Ausführungsbestimmungen, Gerichtsentscheidungen, Verwaltungspraxis ist vortrefflich."
Niemeyers Zeitschrift für internationales Recht.

Voß, Werner, Die reichs- und landesrechtlichen Bestimmungen auf dem Gebiete des **Gesundheitswesens.** Zusammengestellt und mit Anmerkungen versehen. Taschenformat. 608 Seiten. 1929. Geb. 11.—

(Guttentagsche Sammlung Deutscher Reichsgesetze Bd. 172.)

„Der Band enthält eine Sammlung der Gesetze, Verordnungen und Bestimmungen auf dem Gebiete des Gesundheitswesens, wie sie in dieser Vollständigkeit sonst nicht besteht. Dadurch erst ist ein zuverlässiger und rascher Überblick

über die einschlägigen weit verstreuten Bestimmungen gewährleistet. Übersichtlichkeit der Anordnung, die Erläuterungen und Verweisungen und die Handlichkeit des Formats sichern dem Buch einen weiten Benutzerkreis."
Württ. Zeitschr. f. Rechtspflege.

Hippel, W. von, Reichsviehseuchengesetz vom 26. Juni 1909 nebst Ausführungsvorschriften und dem preußischen Ausführungsgesetz. Zweite Auflage. Taschenformat. 486 Seiten. 1913.
Geb. 4.—
(Guttentagsche Sammlung Deutscher Reichsgesetze Bd. 103.)

Vorberger, L. von, Vogelschutzgesetz vom 30. Mai 1908 nebst den das Flugwild betreffenden Bestimmungen der Preußischen Jagdordnung. Taschenformat. 57 Seiten. 1909. Geb. 1.—
(Guttentagsche Sammlung Deutscher Reichsgesetze Bd. 89.)

Landesrecht

Bitter, von, Handwörterbuch der Preußischen Verwaltung. Dritte, vollständig umgearbeitete Auflage. Unter Mitwirkung zahlreicher hoher Reichs- und preußischer Staatsbeamten herausgegeben von Dr. Bill Drews, Staatsminister a. D., Präsident des Pr. Oberverwaltungsgerichts, und Dr. Franz Hoffmann, Wirklicher Geheimer Oberregierungsrat, Berlin. Lexikon-Oktav. 1928. 120.—, in Halbleder geb. 132.—

Erster Band, 1. Halbband: Abbaugerechtigkeiten—Fleisch- und Viehagenten. 552 Seiten.
2. Halbband: Fleischvergiftung—Kyffhäuserbund. Seite 553 bis 1134 und IX Seiten.

Zweiter Band: Lackfabriken—Zwischenkredit. VII, 1220 Seiten.
(Im Verlage der Firmen: Walter de Gruyter & Co., Berlin; Carl Heymanns Verlag, Berlin; Roßberg'sche Verlagsbuchhandlung, Leipzig.)

Das zentrale Werk der Praxis des Verwaltungsrechts.

Reichelt, H., Verwaltungsgesetzbuch für Preußen. Systematische Zusammenstellung der wichtigsten Verwaltungsgesetze und Verordnungen für Praxis und Unterrichtszwecke. Lexikon-Oktav. VII, 1302 Seiten. 1914. Geb. 7.60

„Das Buch ist sehr wertvoll, dem Praktiker unentbehrlich und leistet demjenigen, der sich auf eine Prüfung vorbereitet, vorzügliche Dienste. Allen Verwaltungsbehörden wird das Buch warm empfohlen."
Preußische Verwaltungs- und Finanz-Zeitung.

Friedrichs, K., Die Gesetzgebung über die allgemeine Landesverwaltung und Zuständigkeit der Verwaltungs- und Verwaltungsgerichtsbehörden. Dritte, durchgesehene Auflage. Taschenformat. XXIII, 295 Seiten. 1927. Geb. 5.—
(Guttentagsche Sammlung Preußischer Gesetze Bd. 42.)

„Der Wert dieser Arbeit liegt darin, daß er eine erschöpfende und klare Übersicht über das tatsächlich geltende Verwaltungsrecht bringt. Das Werk ist ein vorzügliches und nie versagendes Hilfsmittel." *Gesetz und Recht.*

Fischbach, Das Reichsbeamtengesetz vom 31. März 1873 in der Fassung der Bekanntmachung vom 18. Mai 1907 mit allen Abänderungen und Ergänzungen. Taschenformat. 311 Seiten. 1930. Geb. 6.—

(Guttentagsche Sammlung Deutscher Reichsgesetze Bd. 82.)

Die vorliegende Erläuterung des Beamtengesetzes durch den bekannten Staatsrechtler kommt einem besonderen Bedürfnis der Praxis entgegen, die zur Zeit eine den neuesten Fortschritten der Wissenschaft und Rechtsprechung entsprechende Handausgabe sehr entbehrt. Bemerkenswert ist, daß auch verwandte Gesetze und Verordnungen der einheitlichen Erläuterung unterzogen wurden, so daß dieses Buch für die Praxis ein der Sache wie der Erläuterungsart nach abgerundetes wichtiges Hilfsmittel darstellt.

Pfafferoth, Carl, **Preußische Beamtengesetzgebung.** Fünfte Auflage. XIV, 280 Seiten. 1916. Geb. 2.40

(Guttentagsche Sammlung Preußischer Gesetze Bd. 2.)

Dultzig, Eugen von, **Das preußische Disziplinargesetz für die nichtrichterlichen Beamten.** Taschenformat. XIV, 364 Seiten. 1914. Geb. 4.20

(Guttentagsche Sammlung Preußischer Gesetze Bd. 51.)

„Der Verfasser kennt das Disziplinarrecht aus eigener Tätigkeit und aus langer Erfahrung. Diese hat er zu einem praktischen Nachschlagebuch für alle praktischen Fragen des Disziplinarrechts ausgestaltet. Bei tunlichster Kürze sind doch recht erschöpfende, klare und anschauliche Erläuterungen entstanden, die das Verständnis und die Anwendung des Disziplinarrechts in zweckmäßiger Weise erleichtern. Das Büchlein verdient volle Beachtung."
Zeitschrift für Polizei- und Verwaltungsbeamte.

Hagemann, Rudolf, **Hinterlegungsordnung** vom 21. April 1913. Taschenformat. 175 Seiten. 1914. Geb. 2.20

(Guttentagsche Sammlung Preußischer Gesetze Bd. 53.)

„Das in der vorteilhaft bekannten Guttentagschen Sammlung erschienene Buch darf als ein Hilfsmittel zu dem nicht immer ganz einfachen Verständnis der neuen Hinterlegungsvorschriften bestens empfohlen werden; es ist klar, übersichtlich und ausführlich." *Zentralblatt für freiwillige Gerichtsbarkeit.*

Aschrott, P. F., Gesetz über die Fürsorgeerziehung Minderjähriger. Vom 2. Juli 1900. Nebst Ausführungsanweisungen. Dritte Auflage. Taschenformat. 374 Seiten. 1917. Geb. 2.80

(Guttentagsche Sammlung Preußischer Gesetze Bd. 28.)

„Das Buch gewährt nicht nur einen klaren Einblick in die gegenwärtige Gestaltung der Fürsorgeerziehung in Preußen, sondern es gibt auch über die Zweifelsfragen, welche bei der Auslegung des technisch ziemlich unvollkommenen Fürsorgeerziehungsgesetzes in besonders reicher Fülle auftauchen, durchweg eine erschöpfende und zutreffende Auskunft." *Das Recht.*

Marcks, A., Gesetz, betr. die Unterhaltung der öffentlichen Volksschulen. Taschenformat. 194 Seiten. 1906. Geb. 1.80
(Guttentagsche Sammlung Preußischer Gesetze Bd. 39.)

„Das handliche Büchlein wird, von sachkundiger Seite herrührend und praktisch angelegt, Verwaltungsbeamten, Schulvorständen, Lehrern beim Gebrauch gute Dienste leisten.“ Schulblatt der Provinz Brandenburg.

Ledermann, W., und Brühl, L., Die Städteordnung für die sechs östlichen Provinzen Preußens. Zweite Auflage. Taschenformat. 593 Seiten. 1913. Geb. 6.—
(Guttentagsche Sammlung Preußischer Gesetze Bd. 32.)

„Der Ledermann-Brühlsche Kommentar zur Städteordnung, eine hervorragende Arbeit des leider so früh verstorbenen Mannes und seines Mitarbeiters, ist von der Kritik und der Praxis so einmütig günstig aufgenommen worden, daß er auch in seiner zweiten durch Gesetzgebung, Literatur und Rechtsprechung der letzten zehn Jahre bereicherten Ausgabe keiner weiteren Empfehlung bedarf.“
Kommunale Praxis.

Wölbling, P., Bildung der neuen Stadtgemeinde Berlin. Zweite Auflage. Taschenformat. 114 Seiten. 1920. Geb. 1.40
(Guttentagsche Sammlung Preußischer Gesetze Bd. 59.)

„Einem Gesetz, daß als eine Ergänzung der Städteordnung abgefaßt ist, hat der Verfasser lebendigen Gedankeninhalt verliehen. Auf die Verknüpfung des Neuen mit der Städteordnung und ihrer engeren Gestaltung wird im einzelnen mit umfassender Sorgfalt hingewiesen.
Die Ebenmäßigkeit mit den Kommentaren anderer Gesetze der Guttentagschen Sammlung, die unter weniger leidenschaftlichen Kämpfen zur Entstehung gelangten, erringt der Verfasser durch seine strenge Sachlichkeit. Damit muß seinem Werk die Beachtung bei der Durchführung des Gesetzes und bleibender Wert gesichert erscheinen.“ Soziale Praxis.

Holzapfel, W., Umlegungsordnung. Taschenformat. 144 Seiten. 1921. 1.80
(Guttentagsche Sammlung Preußischer Gesetze Bd. 60.)

„Holzapfel, der hervorragende Kenner der Auseinandersetzungsgesetze, erläutert die Vorschriften der Umlegungsordnung in seiner scharfsinnigen Art in durchaus erschöpfender Weise und gibt in diesen Erläuterungen ein außerordentlich anschauliches Bild von der Umlegung der Grundstücke. Das Buch ist auch für Laien leicht und gut verständlich und kann jedem, der für die Umlegung Interesse hat, zur Benutzung angelegentlich empfohlen werden.“
Preußisches Verwaltungsblatt.

Holzapfel, W., Gesetz über Landeskulturbehörden. Taschenformat. 176 Seiten. 1919. Geb. 2.—
(Guttentagsche Sammlung Preußischer Gesetze Bd. 57.)

„Der Titel gibt den Inhalt des Werkchens vollständig an, hinzuzufügen ist aber, daß die Erläuterung, die umfangreich und eingehend ist und der praktischen Handhabung des Gesetzes Schritt für Schritt folgt, aus der Feder eines Mannes herrührt, der durch seine sachliche Qualifikation als gründlicher Kenner der Materie für eine zuverlässige Führung die größte Gewähr bietet. Dankenswert ist die Gründlichkeit der im bescheidenen Rahmen geleisteten Arbeit.“
Verwaltungs-Archiv.

Meyer, O., Gesetz, betr. die Anlegung und Veränderung von Straßen und Plätzen in Städten und ländlichen Ortschaften. Taschenformat. 211 Seiten. 1913. 3.—

(Guttentagsche Sammlung Preußischer Gesetze Bd. 50.)

Friedrichs, K., Strauß-Torney, Hugo von und **Saß,** Carl, **Gesetz, betr. Anlegung und Veränderung von Straßen und Plätzen** in Städten und ländlichen Ortschaften. (Straßen- und Baufluchtengesetz.) Kommentar. Groß-Oktav. 211 Seiten. 1920. 8.—, geb. 9.50

„Das Werk zeigt eine Reichhaltigkeit und Vollständigkeit, die sonst wenigen Kommentaren eigen ist, und übertrifft hierin noch weit die früheren Auflagen. Besonders erwähnenswert ist die geschickte Anordnung der Erläuterungen und das praktische Inhaltsverzeichnis.“
Wochenschrift des Architektenvereins zu Berlin.

Heine, H., Die preußischen Baupolizeigesetze nebst den sonstigen einschlägigen Reichs- und Landesgesetzen. Taschenformat. 404 Seiten. 1928. Geb. 8.—

(Guttentagsche Sammlung Preußischer Gesetze Bd. 64.)

Diesem Band ist die Aufgabe gestellt, die in erster Linie in Betracht kommenden Gesetze und sonstigen Vorschriften und die im Zusammenhang hiermit entstehenden Rechtsfragen in übersichtlicher Weise zusammenzufassen und zu erörtern. Die Rechtsprechung des Oberverwaltungsgerichts und anderer Gerichte ist hierbei berücksichtigt worden.

Goldschmidt, O., Gesetze gegen die Verunstaltung landschaftlich hervorragender Gegenden mit Ausführungsanweisungen. Taschenformat. 152 Seiten. 1912. Geb. 2.40

(Guttentagsche Sammlung Preußischer Gesetze Bd. 49.)

„Der Kommentar, der sich durch seine klare und prägnante Ausdrucksweise auszeichnet, läßt eine gründliche Durcharbeitung des Stoffes erkennen und bietet eine sachgemäße, sorgfältige und erschöpfende Erläuterung der einzelnen gesetzlichen Bestimmungen. Er wird als ein durch Vollständigkeit und Zuverlässigkeit ausgezeichnetes Hilfsmittel jedem Freunde des Heimatschutzes ein willkommener Ratgeber sein.“ *Jahrbuch des Verwaltungsrechts.*

Wulff, G., und **Herold, F., Wassergesetz** vom 7. April 1913. Mit Einleitung, Erläuterungen und Sachregister. Zweite, umgearbeitete Auflage von G. Wulff. Taschenformat. XVI, 665 Seiten. 1928. Geb. 12.—

(Guttentagsche Sammlung Preußischer Gesetze Bd. 52.)

Diese zweite Auflage des Preußischen Wassergesetzes soll noch mehr als die erste mit ihren Anmerkungen und dem ausführlichen Sachregister als Wegweiser durch die teils schwierigen und verwickelten Fragen dieser Materie dienen und den Juristen über die einschlägige Rechtsprechung und das Schrifttum überall in ihrem neuesten Stande unterrichten. Mit seiner Reichweite, Gründlichkeit und treffsicheren Kürze bildet dieser Kommentar ein Meisterstück.

Lohmann, W., Gesetz, betr. die Feuerbestattung. Taschenformat. 79 Seiten. 1912. Geb. 1.50
(Guttentagsche Sammlung Preußischer Gesetze Bd. 47.)

„Der Verfasser, der als Mitglied der Kommission des Abgeordnetenhauses an dem Zustandekommen des Gesetzes hervorragend beteiligt war, konnte als zuständiger Bearbeiter des Gesetzes in erster Linie gelten. Der kleine Kommentar ist besonderer Aufmerksamkeit sicher.“ Jahrbuch des Verwaltungsrechts.

Holtgreven, A., und Wolff, Th., Das Wildschadengesetz vom 11. Juli 1891. Kommentar. Vierte, vermehrte und verbesserte Auflage. Oktav. VIII, 216 Seiten. 1902. 4.—

„Dieses Werkchen verfolgt einen doppelten Zweck. Dasselbe will einerseits die juristisch zweifelhaften Punkte des Wildschadengesetzes wissenschaftlich erörtern und klarstellen und andererseits allen denjenigen, welche bei der Handhabung dieses Gesetzes in irgendeiner Weise, sei es als Private, Beamte, Grundbesitzer oder als Jagdberechtigte, beteiligt sind, ein praktischer Berater sein.“
Allgemeine Forst- und Jagdzeitung.

Born, A., Das preußische Fischereigesetz vom 11. Mai 1916 in der geltenden Fassung. Taschenformat. 428 Seiten. 1928. Geb. 7.50
(Guttentagsche Sammlung Preußischer Gesetze Nr. 62.)

Die Ausgabe bietet eine bis jetzt fehlende neue Darstellung des Fischereigesetzes, in der vor allem die neue Rechtsprechung eingehend verwertet ist. Außer dem Fischereigesetz, das eine ausführliche Erläuterung gefunden hat, sind die wichtigen Ausführungsverordnungen und im Anhang die einschlägigen Bestimmungen anderer für die Anwendung des Fischereigesetzes in Frage kommenden Gesetze berücksichtigt.

Born, A., Die preußischen Jagdgesetze in ihrer geltenden Fassung. Mit Erläuterungen versehen. Taschenformat. 433 Seiten. 1928.
(Guttentagsche Sammlung Preußischer Gesetze Nr. 63.) Geb. 8.—

Von einem erfahrenen Sachkenner bearbeitet, bietet die vorliegende Ausgabe eine eingehende Darstellung und Erläuterung der Gesetzgebung auf dem Gebiete des Jagdrechts. Außer der Jagdordnung sind die Ausführungsanweisungen, die in Frage kommenden Bestimmungen des Strafgesetzbuches, das Landesverwaltungsgesetz, das Gesetz über den Waffengebrauch der Forst- und Jagdbeamten, das Stempelsteuergesetz, die Verwaltungsgebührenordnung, die Preußische Pachtschutzordnung und das Reichsvogelschutzgesetz berücksichtigt.

Kunze, F., Das Jagdscheingesetz. Zweite Auflage. Taschenformat. 157 Seiten. 1899. Geb. 2.—
(Guttentagsche Sammlung Preußischer Gesetze Bd. 19.)

„Die eingehenden Anmerkungen und die im Titel hervorgehobenen Beigaben machen den kleinen Kommentar zu einem vortrefflichen, in der Praxis schwer entbehrlichen Hilfsmittel zur Auslegung des Gesetzes.“
Zeitschrift für die gesamte Strafrechtswissenschaft.

Caro, H., Gesetz, betr. Austritt aus der Landeskirche, vom 14. Mai 1873. Taschenformat. 190 Seiten. 1911. Geb. 2.40
(Guttentagsche Sammlung Preußischer Gesetze Bd. 46.)

„Ein sehr praktisches Buch, das in den Anmerkungen zum Wortlaut des Gesetzes eine reiche Fülle von Material bietet für alle möglichen Fragen, die mit Aus- und Übertritt zusammenhängen. Das genau gearbeitete Inhaltsverzeichnis ermöglicht bei gelegentlicher Benutzung ein leichtes Auffinden des Nötigen.“
Deutsch-Protestantische Bücherschau.

Kollenscher, M., Rechtsverhältnisse der Juden in Preußen. Taschenformat. VIII, 199 Seiten. 1910. 2.40
(Guttentagsche Sammlung Preußischer Gesetze Bd. 45.)

„Es fehlte bisher eine zusammenfassende, erschöpfende Darstellung der in den verschiedensten Quellen zerstreuten zahlreichen Judengesetze und Verordnungen, und es ist ein großes Verdienst des Verfassers, uns diese in klarer, übersichtlicher Form und Anordnung gegeben zu haben. Jede Synagogengemeinde und jeder, der sich mit jüdischen Angelegenheiten beschäftigt, müßte dieses Buch besitzen.“
Jüdische Rundschau.

3. Steuerrecht

Nieberl, A., Reichsabgabenordnung vom 13. Dezember 1919 nebst Einführungsverordnung vom 18. Dezember 1919 und Übergangsverordnung vom 11. Oktober 1921. Textausgabe mit Anmerkungen und ausführlichem Sachregister. Zweite, neubearbeitete Auflage. Taschenformat. 1927. Geb. 12.—
(Guttentagsche Sammlung Deutscher Reichsgesetze Bd. 143.)

„Dieses Werk will auf Grund der Ergebnisse der Praxis der praktischen Anwendung der RAbgO. dienen und auch für den Nichtjuristen verständlich sein. Daß dieser Zweck erreicht wird, dürfte dem Verfasser nicht bestritten werden. Die Darstellung ist leicht verständlich und klar. Das Sachregister ist gründlich bearbeitet. Jedenfalls wird das Buch, das einen mit der praktischen Handhabung der RAbgO. vertrauten Verfasser erkennen läßt, nicht nur den Steuerbeamten, sondern auch dem rechtsuchenden Publikum und seinen Beratern ein willkommener guter Führer auf diesem Gebiet sein.“ *Juristische Wochenschrift.*

Michaelis, Richard, Die Dritte Steuernotverordnung vom 14. Februar 1924. Mit besonders ausführlicher Berücksichtigung der Vorschriften über die Aufwertung und die öffentlichen Anleihen. Taschenformat. VIII, 388 Seiten. 1924. Geb. 7.—
(Guttentagsche Sammlung Deutscher Reichsgesetze Bd. 157.)

„Ganz besonders zu rühmen ist der Kommentar von Michaelis, der dank seiner eingehenden und gründlichen Bearbeitungsweise erheblichen Einfluß auf die Praxis gewonnen hat.“ *Juristische Wochenschrift.*

Hollaender, Adolf, Einkommensteuergesetz und Körperschaftsteuergesetz nebst den zugehörigen Aus- und Durchführungsbestimmungen, Verordnungen und Erlassen. Taschenformat. XXXIX, 697 Seiten. 1926. Mit Nachtrag. 1928. Geb. 24.—
(Guttentagsche Sammlung Deutscher Reichsgesetze Bd. 151.)

„Das auf die Bedürfnisse der Praxis abgestellte und ihnen gerecht werdende Buch wird jedem gute Dienste leisten, der sich handelnd oder leitend auf dem äußerst unsicheren, ohne Hilfsmittel überhaupt nicht begehbaren Boden der heutigen Einkommensteuer zurechtfinden muß.“ *Juristische Rundschau.*

Pick, Reichsbewertungsgesetz. Textausgabe mit Anmerkungen. In Bearbeitung.

Wrzeszinski, Richard, und **Simon**, H. Veit, **Vermögensteuergesetz und Reichsbewertungsgesetz.** Kommentar. In Bearbeitung.

Schachian, Herbert, **Erbschaftsteuergesetz**, Fassung vom 22. August 1925, mit Anmerkungen. Vierte Auflage. Oktav. 65 Seiten. 1926. 2.50

„*Das Buch enthält in der Form des Kommentars eine vollständige Darstellung des Erbschaftssteuerrechts und der zugrunde liegenden bürgerlich-rechtlichen Vorschriften des Erbrechts. Als wissenschaftliche und praktische Leistung steht der klar und scharf geschriebene Kommentar in vorderster Reihe unter seinen Rivalen; er ist als Wegweiser ganz besonders zu empfehlen.*“
Juristische Wochenschrift.

Hoffmann, A., **Die preußischen Erbschaftsteuergesetze.** Taschenformat. 561 Seiten. 1905. 3.—

(Guttentagsche Sammlung Preußischer Gesetze Bd. 20.)

Lindemann, Otto, **Umsatzsteuergesetz** (neueste Fassung) mit Ausführungsbestimmungen. Vierte, vermehrte und verbesserte Auflage. Taschenformat. 518 Seiten. 1926. Geb. 10.—

(Guttentagsche Sammlung Deutscher Reichsgesetze Bd. 132.)

„*Es handelt sich um einen ausführlichen, gediegenen und klar abgefaßten Kommentar, der den weiteren Vorzug besitzt, auf dem laufenden zu sein. Das Werk kann allen Interessenten nur warm empfohlen werden.*“ *Industrie- und Handels-Zeitung.*

Meyer, E. H., **Gesetzgebung über Steuer- und Kapitalflucht.** Zweite Auflage. Taschenformat. 129 Seiten. 1921. Geb. 1.60

(Guttentagsche Sammlung Deutscher Reichsgesetze Bd. 145.)

„*Das Büchlein enthält den Text der einschlagenden vier Gesetze samt den vier Verordnungen gegen die Kapitalabwanderung bzw. Kapitalflucht, eine kurze Übersicht über den Inhalt der Gesetze und sehr knapp gehaltene Anmerkungen. Sein Wert liegt in der handlichen Zusammenfassung der einschlagenden Vorschriften.*“ *Juristische Wochenschrift.*

Lindemann, Otto, **Grunderwerbsteuergesetz** (neueste Fassung) mit den Ausführungsbestimmungen. Zweite, völlig umgearbeitete Auflage. Taschenformat. 186 Seiten. 1926. Mit Nachtrag 1927. Geb. 4.—

(Guttentagsche Sammlung Deutscher Reichsgesetze Bd. 139.)

„*Das Buch wird manchem in den mannigfachen Streitfragen des in der Praxis sehr einschneidenden Gesetzes ein willkommener Ratgeber sein. Die Erläuterungen zeichnen sich durch Klarheit und Gemeinverständlichkeit im besten Sinne aus.*“ *Württembergische Industrie.*

Hagelberg, E., und Krämer, L., Grunderwerbsteuergesetz vom 12. September 1919 (RGBl. S. 1617) in der Fassung des Gesetzes vom 11. März 1927 (RGBl. I S. 72) nebst Einleitung, Sachregister und Ausführungsbestimmungen und der einschlägigen Vorschriften des Finanzausgleichs-Steuermilderungsgesetzes und Steuerstrafrechts. Für die Praxis erläutert. Zweite völlig umgearbeitete und erweiterte Auflage. 1928. Groß-Oktav. 355 Seiten. Geb. 15.—

„Die verhältnismäßige Kürze ihrer Erläuterungen bei großer Vollständigkeit ist zu rühmen. Das Buch ist nicht nur für den Juristen, sondern auch für den gebildeten Laien, namentlich Grundstücksmakler und Hausbesitzer, von großem, praktischen Wert.“ Zeitschrift d. Deutsch. Notarvereins.

Hagelberg, E., und Krämer, L., Wertzuwachssteuerrecht. Kommentar. 256 Seiten. 1929. 12.—, geb. 13.50

Die Verfasser kommentieren die neue Wertzuwachssteuerordnung für Berlin und die preußische Mustersteuerordnung. Ihr Buch ist ein Leitfaden für die Steuerpflichtigen und ihre Rechtsberater und die mit der Wertzuwachssteuer befaßten Behörden. Es stellt die rechtliche und wirtschaftliche Bedeutung der Bestimmungen klar. Die Rechtsprechung des Preußischen Oberwaltungsgerichts wurde erschöpfend berücksichtigt. Auch Sepzialfragen, wie die Aufwertung und das Schwarzkaufwesen, wurden behandelt.

Hoepker, Heinrich, Die Industriebelastungsgesetze vom 30. August 1924 nebst den Durchführungsbestimmungen zum Gesetz über die Industriebelastung. Taschenformat. XV, 200 Seiten. 1925. Mit Nachträgen. Geb. 4.—

(Guttentagsche Sammlung Deutscher Reichsgesetze Bd. 159.)

„Die Anmerkungen sind erschöpfend und führen den Leser mit Geschick in die schwierige und neue Materie ein. Rechtsanwälte sowie Kaufleute, für welche die Industriebelastung in Frage kommt, werden das mit einem guten Sachregister ausgestattete Werk mit gleichem Nutzen gebrauchen!“ Industrie- und Handels-Zeitung.

Eiffler, Kurt, Staatliche Verwaltungsgebühren. Gesetz über staatliche Verwaltungsgebühren vom 29. September 1923 nebst Gebührenordnungen und Ausführungsbestimmungen. Taschenformat. 192 Seiten. Mit Nachtrag. 1925. Geb. 6.—

(Guttentagsche Sammlung Preußischer Gesetze Bd. 61.)

„Das Buch, gut gegliedert und reichlich mit Erläuterungen und Anmerkungen versehen, ist ein ausgezeichnetes Hilfsmittel für alle, die mit Verwaltungsgebühren zu tun haben.“ Kommunales Echo.

Loeck, P., und Eiffler, K., Preußisches Stempelsteuergesetz mit den gesamten Ausführungsbestimmungen. Unter besonderer Berücksichtigung der Entscheidungen der Verwaltungsbehörden und der Gerichte herausgegeben. Zehnte, neubearbeitete Auflage. Taschenformat. 476 Seiten. 1928. Geb. 13.—

(Guttentagsche Sammlung Preußischer Gesetze Bd. 18.)

„Die zahlreichen Auflagen zeugen für die Güte und praktische Brauchbarkeit des Buches, das durch den von Eiffler hinzugefügten Anhang auf den gegenwärtigen Rechtsstand gebracht ist.“ Finanz-Ministerialblatt.

Lebbin, Georg, **Nahrungsmittelgesetze** mit Erläuterungen. Zweite, stark vermehrte Auflage in zwei Bänden.

Zweiter Band: **Getränkegesetze und Getränkesteuergesetze** (Wein, Bier, Branntwein, Mineralwasser). Unter Mitarbeit von Rechtsanwalt Dr. Kniebe. Taschenformat. XII, 400 Seiten. 1926. Geb. 10.—

(Guttentagsche Sammlung Deutscher Reichsgesetze Bd. 54b.)

„Die wichtigsten Gesetze sind eingehend kommentiert und durch die einschlägigen Verordnungen, Ausführungsbestimmungen, Erlasse, Entscheidungen oberster Gerichte und nicht zuletzt die internationalen Abkommen so vollständig ergänzt, daß die Sammlung als unentbehrliches Hilfsmittel, wie es in dieser Art bislang noch fehlte, für den Sachbearbeiter bei Behörden und Verbänden sowohl als auch für den Kaufmann der Branche zu begrüßen ist.“
Württembergische Wirtschafts-Zeitschrift.

Windisch, Friedrich, **Das Tabaksteuergesetz** vom 12. September 1919 nebst den Ausführungsbestimmungen vom 26. Februar 1920. Taschenformat. 286 Seiten. 1920. Mit Nachtrag 1925. Geb. 4.—

(Guttentagsche Sammlung Deutscher Reichsgesetze Bd. 146.)

„Endlich ein Kommentar zum Tabaksteuergesetz! Die Ausgabe kommt den Wünschen der Praxis nach einer erschöpfenden Darstellung des neuen Gesetzes in umfassender Weise entgegen. Außer den Behörden und Beamten, in deren Hand die Durchführung des Gesetzes gelegt ist, bildet das Buch auch für die Steuerzahler eine ausgezeichnete Informationsquelle für alle Fragen, die in der Praxis vorkommen. Die zahlreichen ausführenden Verordnungen sind abgedruckt.“
Deutsche Tabak-Zeitung.

VII. Entscheidungs-Sammlungen und Zeitschriften.

Entscheidungen des Reichsarbeitsgerichts. Herausgegeben von den Mitgliedern des Reichsarbeitsgerichts. Oktav.

Band	I.	1928	6.50, geb. 8.—
Band	II.	1928/29	6.50, geb. 8.—
Band	III.	1929	6.50, geb. 8.—
Band	IV.	1929/30	6.50, geb. 8.—

Entscheidungen des Reichsgerichts. Herausgegeben von den Mitgliedern des Gerichtshofes und der Reichsanwaltschaft. Oktav. (Zwei Sammlungen:)

1. **Entscheidungen in Zivilsachen.** (Werden in Heften im Umfange von etwa 5 bis 6 Bogen sowie in vollständigen Bänden, geheftet und gebunden, ausgegeben. Jährlich 4 Bände.) 1.—126. Band. Je 6.50, geb. 8.—

2. **Entscheidungen in Strafsachen.** (Werden in Heften im Umfange von 5 bis 6 Bogen sowie in vollständigen Bänden, geheftet und gebunden, ausgegeben. Jährlich 1 Band.) 1.—63. Band.
Je 6.50, geb. 8.—

Zeitschrift für die gesamte Strafrechtswissenschaft. Gegründet von Fr. von **Liszt** und A. **Dochow.** Unter ständiger Mitarbeiterschaft hervorragender Fachmänner herausgegeben von Dr. K. von **Lilienthal,** Professor in Heidelberg, Dr. Ed. **Kohlrausch,** Professor in Berlin, und Dr. W. **Gleispach,** Professor in Wien. Der Jahrgang besteht aus 8—9 Heften. Quart.

Bd. 1—43. 1881—1922. Je 15.—. Bd. 44. 1922. 25.—. Bd. 45. 1924. 21.—. Bd. 46—49. 1925—1929. Je 30.—. Bd. 50. 1929/30. 36.—.

Die nunmehr im 50. Jahrgang erscheinende Zeitschrift betrachtet die Mitarbeit an der Fortentwicklung des deutschen Strafrechts als ihre vornehmste Aufgabe und nimmt zu allen strafrechtlichen Fragen eingehend Stellung. In dem „Literaturbericht" wird laufend über alle wichtigen Erscheinungen auf dem Gebiete der Strafrechtsliteratur referiert.

Juristische Rundschau. Herausgegeben von Otto **Lindemann,** Ministerialdirektor, Geh. Oberjustizrat, Berlin, Dr. Friedrich **Flad,** Senatspräsident beim Reichsgericht, Leipzig, Fritz **Hartung,** Ministerialrat im Preußischen Justizministerium, Berlin, und

Höchstrichterliche Rechtsprechung. Herausgegeben von Eugen **Friedrichs,** Oberlandesgerichtsrat, Naumburg a. d. S., Dr. Albert **Feisenberger,** Reichsanwalt, Leipzig, Benno **Mugdan,** Kammergerichtsrat i. R., Geh. Justizrat, Berlin. — Erscheint am 1. und 15. jeden Monats.

6. Jahrgang. 1930. Vierteljährlich 7.50, Einzelheft 1.50. Beilage „Höchstrichterliche Rechtsprechung" einzeln vierteljährlich 5.—

„Die Juristische Rundschau hat sich immer mehr zu einer führenden juristischen Zeitschrift entwickelt. Die ständige Benutzung dieser Zeitschrift wird und muß allen Kollegen des Kammergerichts dringend empfohlen werden."
Zeitschrift der Anwaltskammer.

Judicium. Vierteljahresschrift für die gesamte Zivilrechtspflege. Unter ständiger Mitarbeit von J. Goldschmidt (Berlin), H. Lehmann (Köln), R. Pollak (Wien), L. Rosenberg (Gießen), H. Walsmann (Rostock) herausgegeben von W. **Kisch** (München), H. **Lucas** (Berlin), A. **Mendelssohn-Bartholdy** (Hamburg), M. **Pagenstecher** (Hamburg), J. D. **Sauerländer** (München), H. **Sperl** (Wien), E. **Volkmar** (Berlin). Organ der Vereinigung Deutscher Zivilprozeßrechtslehrer. Vierteljährlich erscheint 1 Heft. Der Jahrgang beginnt am 15. November. 2. Jahrgang 1929/30. 24.—

(Friederichsen, de Gruyter & Co., m. b. H., Hamburg 36.)

Zeitschrift für ausländisches und internationales Privatrecht. Herausgegeben in Gemeinschaft mit Ernst **Heymann**, Heinrich **Titze**, Martin **Wolff**, ordentliche Professoren an der Universität Berlin, wissenschaftliche Berater des Instituts, Max **Pagenstecher**, o. Professor an der Universität Hamburg, Franz **Schlegelberger**, Ministerialdirektor im Reichsjustizministerium, Honorarprofessor an der Universität Berlin, von Ernst **Rabel**, o. Professor an der Universität Berlin, Direktor des Instituts. Jährlich 6 Hefte im Umfang von etwa 65 Bogen. Preis des dritten Jahrganges 50.—

„Wer sich für Rechtsvergleichung und internationales Privatrecht interessiert, feiert einen Festtag beim Erscheinen einer neuen Zeitschrift auf dem Gebiete, das für den Bereich deutscher Rechtswissenschaft noch immer als zu wenig bearbeitet gelten muß. Das Organ tritt dem äußeren Formate und der Ausstattung nach glänzend auf und des ersten Heftes Inhalt verspricht auch den Glanz des inneren Formates und der Qualität.“ Zentralblatt für die juristische Praxis.

Zeitschrift für ausländisches öffentliches Recht und Völkerrecht. Im Auftrage des Instituts für ausländisches öffentliches Recht und Völkerrecht herausgegeben von Dr. Viktor **Bruns**, Professor an der Universität Berlin, Leiter des Instituts.
Band I Teil 1: Abhandlungen. XVIII, 657 Seiten. 1930. 43.—
Band I Teil 2: Urkunden. XVI, 858 Seiten. 1930. 54.—

Zeitschrift für Bergrecht. Bis zu seinem Tode herausgegeben von dem Wirkl. Geh. Rat, Berghauptmann a. D. Dr. jur. H. **Brassert**. Redigiert und herausgegeben von den rechtskundigen Ministerialräten der Bergabteilung des Preußischen Ministeriums für Handel und Gewerbe. Jährlich 1 Band von mehreren Heften. Die Hefte erscheinen in zwangloser Folge. Jahrgang 69. 1928/29. 20.—. Jahrgang 70. Heft 1/2. 1929. 10.—.

Die führende Zeitschrift auf diesem Gebiete, die die gesamte Berggesetzgebung des In- und Auslandes verzeichnet und laufend über die Entscheidungen der höchsten Gerichtshöfe berichtet. In zahlreichen Abhandlungen aus der Feder erster Fachleute wird zu allen Fragen des Bergrechts Stellung genommen.

Zeitschrift für das gesamte Luftrecht (ZLR.). Herausgegeben von Dr. jur. Otto **Schreiber**, o. Professor an der Universität in Königsberg i. Pr., Geh. Regierungsrat, Leiter des Instituts für Luftrecht. Erscheint in Bänden zu je 4 Heften.
Band I. 1926/28. 50.—, geb. 55.—. Band II, Heft 1. 10.—.

„Der erste Band beweist nachdrücklich die Existenzberechtigung der bedeutenden Zeitschrift.“ Zeitschrift für ausländisches und internationales Privatrecht.

Bank-Archiv. Zeitschrift für Bank- und Börsenwesen. Unter Mitwirkung von hervorragenden Fachmännern herausgegeben von Geh. Justizrat Prof. Dr. **Rießer**, Berlin. Schriftleitung: Rechtsanwalt Otto **Bernstein**, geschäftsführendes Mitglied des Centralverbandes des Deutschen Bank- und Bankiergewerbes. Quart. Jährlich 24 Nummern. XXIX. Jahrgang. 1929/30. Pro Halbjahr 12.—

FSC
www.fsc.org
MIX
Papier | Fördert
gute Waldnutzung
FSC® C083411

Kolibri 360 GmbH
Ferdinand-Jühlke-Straße 7
99095 Erfurt, Deutschland
produktsicherheit@kolibri360.de